英検準1級 英単語大特訓

The Secret of Success in Vocabulary Building for Eiken Grade Pre-1

植田一三
Ueda Ichizo

［CD2枚付］

プロローグ

　皆さんお元気ですか。英語の勉強はいかがですか。Ichy Uedaです。英検準1級の語彙問題は、英字新聞や国内の英語ニュース放送などが辞書なしでかなりわかる、7000語水準の一般語彙と時事英語語彙と句動詞問題から構成されています。ところが、大学入試必須の5000語水準語彙さえ定着していない人や、時事英語や句動詞が苦手な人にとっては、語彙問題のハードルは高いものとなっています。また、この語彙セクションの出来栄えは、語彙問題のスコアだけでなく、読解問題やリスニング問題のスコアにも大きく影響してきます。そこで、是が非でも、効果的な最短距離ボキャブラリービルディングによって、すばやく語彙問題のスコアをUPし、準1級に合格できる英語力を身につけていただきたく本書を作成しました。

　そういったボキャブラリービルディングへの執念から生み出された、類いまれな本書の特長は、次の16点です。

1. 準1級語彙レベルの分析と準1級合格力の診断テストによって、自分の語彙力の位置付けをし、苦手を発見できるようになっている。
2. ボキャブラリービルディングの極意を学び、最短距離で語彙力をUPさせることができる。
3. 準1級に合格するための語彙を覚えやすいように、頻度別に語彙を厳選している。これによって、2級語彙の漏れもなくすことができ、英検1級を目指す読者も、準1級語彙の漏れをなくすことができる。
4. 頻度が高く、単語を覚えやすい、厳選されたフレーズ（コロケーション）を音読することによって語彙を覚えられ、認識語彙だけでなく運用語彙も増やしやすい。
5. 見出し語の和訳は、数ある意味の中から、英英辞典の定義を参考に厳選してあり、できる限り各語のシンボルをつかみやすいようにしてある。
6. 類語の言い換えは、数多い類語の中から最も意味が近く、準1級合格につながりやすいものを厳選している。
7. ハイレベルな6000語と7000語水準に関しては、例文とフレーズの両方で覚え、記憶効率を高めるようになっている。
8. ほとんどの語に、ワンポイントレッスンを記し、その語を記憶しやすいように工夫されている。

9. 英単語を語呂合わせで記憶しやすいように、「スーパー記憶術」を記している。
10. すべての語彙には、R（英文を読解したり、読解問題を解くのに重要な語彙）、L（リスニング力を高めたり、リスニング問題を解くのに重要な語彙）、W（英文ライティングやレターライティング問題をこなすのに重要な語彙）、S（スピーキング力をUPさせたり、2次試験をこなすのに重要な語彙）のマーキングがしてあり、認識・運用語彙を増やしやすい。
11. 項目ごとに復習テストがあり、語彙習得度を確認できる。
12. 準1級に合格するのに厳選された必須句動詞を覚えやすいように、例文、ワンポイントレッスンと類語言い換えを記している。
13. 語彙問題だけでなく、読解力・リスニング力やそれらの問題のスコアをUPさせるために欠かせない、時事英語語彙を厳選している（さらに太字・細字によって頻度のマーキングをしている）。
14. 準1級合格に重要な紛らわしい語を、クイズによって覚えやすくしてある。
15. 読解力・リスニング力やそれらの問題のスコアをUPさせるために不可欠な、多義語の知識を身につけるように、「意外な意味を持つ動詞」100を厳選している。
16. 30日間完成プログラムになっているので、計画的に語彙力をUPすることができる。

　以上のような画期的なボキャブラリービルディングの決定版の制作にあたって、多大な努力をしてくれたアクエアリーズスタッフの山本常芳子氏（第3章と第4章）、田中秀樹氏（第6章と校正）、米岡エリ氏（第1章）、上田敏子氏（第2章・第5章と校正）、Michy里中氏（第2章と校正）、夏山登志矢氏（第3章）、田岡千明氏（第1章と第2章の校正）、長谷川幸男氏（第3章の校正）、久保信枝氏（編集と校正）、原由記氏（校正）、および、本書執筆の母体となった参考文献の著書の方々には、心から感謝の意を表したいと思います。それから何よりも、われわれの努力の結晶である著書をいつも愛読してくださる読者の皆さんには、心からお礼を申し上げます。それでは皆さん、明日に向かってボキャブラリービルディングの道を、

　　　　Let's enjoy the process!（陽は必ず昇る！）Thank you!

植田一三

英検準1級英単語大特訓　CONTENTS

序　章　ボキャブラリービルディングの極意と語彙力診断　9

**第1章　準1級試験でも狙われる
　　　　２級難レベル語彙の漏れをなくせ！**

第1日　まずは２級難レベル語彙を完全マスター！1　20
　　・音素の力で準１級語彙光速マスター！①　31
　　・音素の力で準１級語彙光速マスター！②　32

第2日　まずは２級難レベル語彙を完全マスター！2　33
　　・音素の力で準１級語彙光速マスター！③　43
　　・音素の力で準１級語彙光速マスター！④　44
　　・準１級語彙クイズ２級レベル　45

**第2章　準1級合格のための基礎固め＆難関大学突破
　　　　最重要5000語水準語彙をマスター！**

第3日　5000語水準語彙を完全マスター！1　48
　　・語根の知識で準１級語彙を光速マスター！①　54

第4日　5000語水準語彙を完全マスター！2　56
　　・語根の知識で準１級語彙を光速マスター！②　64

第5日　5000語水準語彙を完全マスター！3　67
　　・語根の知識で準１級語彙を光速マスター！③　73

第6日　5000語水準語彙を完全マスター！4　75
　　・必須派生語の知識でスーパーボキャブラリービルディング！
　　　（5000語水準①）　81

第7日　5000語水準語彙を完全マスター！5　82
　　・必須派生語の知識でスーパーボキャブラリービルディング！
　　　（5000語水準②）　89

第8日　5000語水準語彙を完全マスター！6　90
　　・必須派生語の知識でスーパーボキャブラリービルディング！
　　　（5000語水準③）　97
　　・必須派生語の知識でスーパーボキャブラリービルディング！
　　　（5000語水準④）　98
　　・準１級語彙クイズ5000語レベル①　99
　　・準１級語彙クイズ5000語レベル②　101

第3章 準1級合格＆難関大学余裕合格に欠かせない必須6000語水準語彙をマスター！

- 第9日 必須6000語水準語彙を完全マスター！ **1** 104
  - ・語根の知識で準1級語彙を光速マスター！④ 114
- 第10日 必須6000語水準語彙を完全マスター！ **2** 117
  - ・語根の知識で準1級語彙を光速マスター！⑤ 127
- 第11日 必須6000語水準語彙を完全マスター！ **3** 130
  - ・英検準1級必須類語グループクイズにチャレンジ！《動詞編①》 139
  - ・英検準1級読解＆リスニング問題必須副詞パラフレーズをマスター！① 141
- 第12日 必須6000語水準語彙を完全マスター！ **4** 142
  - ・英検準1級読解＆リスニング問題必須副詞パラフレーズをマスター② 152
  - ・英検準1級必須類語グループクイズにチャレンジ！《動詞編②》 153
- 第13日 必須6000語水準語彙を完全マスター！ **5** 155
  - ・必須派生語の知識でスーパーボキャブラリービルディング！（6000語水準①） 164
  - ・必須派生語の知識でスーパーボキャブラリービルディング！（6000語水準②） 165
  - ・必須派生語の知識でスーパーボキャブラリービルディング！（6000語水準③） 166
- 第14日 必須6000語水準語彙を完全マスター！ **6** 167
  - ・コロケーションの知識で加速的語彙力ＵＰ！6000語レベル《形容詞》 179
  - ・コロケーションの知識で加速的語彙力ＵＰ！6000語レベル《動詞》 181
  - ・コロケーションの知識で加速的語彙力ＵＰ！6000語レベル　　《名詞》 182
  - ・準1級語彙クイズ6000語水準 183

第4章 準1級余裕合格＆超難関大学突破重要7000語水準語彙をマスター！

- 第15日 7000語水準語彙を完全マスター！ **1** 186
  - ・語根の知識で準1級語彙を光速マスター！⑥ 194
- 第16日 7000語水準語彙を完全マスター！ **2** 197
  - ・語根の知識で準1級語彙を光速マスター！⑦ 205
  - ・英検準1級必須類語グループクイズにチャレンジ！《形容詞編①》 207

第17日　7000 語水準語彙を完全マスター！**3**　209
　　　・必須派生語の知識でスーパーボキャブラリービルディング！
　　　　（7000 語水準①）　219
　　　・必須派生語の知識でスーパーボキャブラリービルディング！
　　　　（7000 語水準②）　220
第18日　7000 語水準語彙を完全マスター！**4**　221
　　　・英検準1級必須類語グループクイズにチャレンジ！
　　　　《形容詞編②》　230
　　　・コロケーションの知識で加速的語彙力 UP！
　　　　7000 語レベル《動詞》　232
　　　・コロケーションの知識で加速的語彙力 UP！
　　　　7000 語レベル《名詞》　233
第19日　7000 語水準語彙を完全マスター！**5**　234
　　　・コロケーションの知識で加速的語彙力 UP！
　　　　7000 語レベル《形容詞》　242
　　　・準1級語彙クイズ 7000 語レベル　243

第5章　語彙・読解・リスニング問題スコア UP 最重要時事英語語彙をマスター！

第20日　最重要時事英語語彙を完全マスター！**1**　246
　　　・時事英語語彙復習テスト①ビジネス・経済　251
　　　・読解＆リスニング力 UP　意外な意味を持つ動詞をマスター！①　252
　　　・紛らわしい語大特訓　スーパーボキャブラリーテスト Part 1［動詞編］
　　　　254
第21日　最重要時事英語語彙を完全マスター！**2**　256
　　　・時事英語語彙復習テスト②政治・司法　259
　　　・読解＆リスニング力 UP　意外な意味を持つ動詞をマスター！②　260
第22日　最重要時事英語語彙を完全マスター！**3**　261
　　　・時事英語語彙復習テスト③教育・文化　264
　　　・読解＆リスニング力 UP　意外な意味を持つ動詞をマスター！③　265
　　　・紛らわしい語大特訓　スーパーボキャブラリーテスト Part 2［形容詞編］
　　　　266
第23日　最重要時事英語語彙を完全マスター！**4**　269
　　　・時事英語語彙復習テスト④一般社会問題・メディア　272
　　　・読解＆リスニング力 UP　意外な意味を持つ動詞をマスター！④　273
第24日　最重要時事英語語彙を完全マスター！**5**　274
　　　・時事英語語彙復習テスト⑤サイエンス・環境　279
　　　・読解＆リスニング力 UP　意外な意味を持つ動詞をマスター！⑤　280

・紛らわしい語大特訓　スーパーボキャブラリーテスト Part 3［名詞編］
　281

第25日　最重要時事英語語彙を完全マスター！ 6　283
・時事英語語彙復習テスト⑥医学・医療　286
・読解＆リスニング力 UP　意外な意味を持つ動詞をマスター！⑥　287

第26日　最重要時事英語語彙を完全マスター！ 7　288
・時事英語語彙復習テスト⑦乗り物・エンタメ・日常生活　291
・読解＆リスニング力 UP　意外な意味を持つ動詞をマスター！⑦　292

第6章　句動詞・リスニング問題＆2次試験スコア UP 最重要句動詞をマスター！

第27日　最重要句動詞を完全マスター！ 1　294
・UP の必須句動詞 Top 35 マスター！「完」「満」→完了する・仕上げる・高める・強調するをイメージ　300
・DOWN の必須句動詞 Top 20 マスター！「下」→弱める・固定する・減る・押さえつける・完全にをイメージ　301
・WITH の必須句動詞 Top 10 マスター！「関」「結」→関わり合う・結ぶをイメージ　302

第28日　最重要句動詞を完全マスター！ 2　303
・IN の必須句動詞 Top 10 マスター！「入る」→中に取り込む・中に入っていくをイメージ　309
・OUT の必須句動詞 Top 20 マスター！「出」→出る・追い出す・出す・消えるをイメージ　309
・ON の必須句動詞 Top 15 マスター！「加わる」→頼る・影響を与える・迫る・繰り返す・関連するをイメージ　310

第29日　最重要句動詞を完全マスター！ 3　311
・OVER の必須句動詞 Top 10 マスター！「越」「覆」→超えて・渡す・覆う・優先する・繰り返しをイメージ　317
・FOR の必須句動詞 Top 10 マスター！「片方」「双方向」に向かう→予定・原因・基準をイメージ　317

第30日　最重要句動詞を完全マスター！ 4　318
・OFF の必須句動詞 Top 14 マスター！「離」→離れる・発する・放つ・減る・済ませるをイメージ　329
・AROUND の必須句動詞 Top10 マスター！「回」→周りを回って・避けるをイメージ　330
・その他の必須句動詞 Top30 マスター！　331
・句動詞クイズにチャレンジ　333

英語索引　335

序章　ボキャブラリービルディングの極意と語彙力診断

　英検準1級の語彙セクションでは、英字新聞や国内の英語ニュース放送などが辞書なしで理解するのに最低限必要な、5000～7000語水準を中心とした一般語彙問題、時事英語語彙と句動詞問題が出題されています。ところが、難関大学入試語彙や、時事英語、句動詞が苦手な人にとっては、語彙問題のハードルは高く、事実、25点満点中、受験者全体の平均点が13点、合格者のみでは17点となっています。

　この語彙セクションの出来栄えは、語彙問題のスコアだけでなく、読解問題やリスニング問題のスコアにも大きく影響してくるので、是が非でも、効果的な最短距離ボキャブラリービルディングにより、スコアUPをしていただきたいものです。それではまず、「語彙水準と英語資格試験レベル」の表をご覧ください。

語彙水準と英語資格試験レベル

1000語水準	英検3級合格レベル［中学3年習得］
2000語水準	英検準2級合格レベル［高校1年習得］（TOEIC 300点突破レベル）
3000語水準	英検2級A落ちレベル［高校2年習得］（TOEIC 400点突破レベル）
4000語水準	英検2級ぎりぎり合格レベル［高校3年習得］（一般大学入試・TOEIC 500点・iBT TOEFL 48点・IELTS 4-4.5点突破レベル）
5000語水準	英検2級余裕合格レベル（準1級A落ちレベル・やや難関大学入試・TOEIC 640点・iBT TOEFL58点・IELTS 4.5-5・国連英検B級突破レベル）
6000語水準	英検準1級ぎりぎり合格レベル（難関大学入試・TOEIC 730点突破・iBT TOEFL70点・IELTS 5-6点レベル）
7000語水準	英検準1級合格レベル（TOEIC 860点突破・iBT TOEFL 84点・IELTS 6-6.5点・国連英検A級合格レベル）
8000語水準	英検準1級余裕合格レベル（英検1級A落ち・TOEIC920点・

	iBT TOEFL 92点・IELTS 6.5-7点・GRE 420点突破レベル）
9000語水準	英検1級ぎりぎり合格レベル（TOEIC 960点・iBT TOEFL 100点・IELTS 7-7.5点・GRE 460点突破レベル）
10000語水準	英検1級合格（TOEIC 980点・iBT TOEFL 108点・IELTS 7.5点・GRE 520点突破レベル）
15000語水準	英検1級余裕合格レベル［英検1級語彙問題満点］（TOEIC 990点・国連英検特A級合格・GRE 640点突破レベル）
20000語水準	英検1級語彙問題毎回満点・GRE 720点突破レベル
30000語水準	GRE 800点突破レベル

　まず4000語水準は、高校3年次履修内容を習得し、一般大学入試を突破できるレベルですが、英検では2級にぎりぎり合格するレベルです。次の5000語水準は、やや難関といわれる大学入試を突破でき、英検では2級を余裕合格でき、準1級ではA落ちレベルとなっています。続く6000語水準は、トップの難関大学の入試問題に出題される単語で、英検準1級にぎりぎり合格できるレベルです。さらに、次の7000語水準語彙をマスターすれば、英検準1級に合格できるレベルに達しています。ちなみに、8000語水準語彙になると、英字新聞はかなり楽に読め、*TIME*や*NEWSWEEK*、*The Economist*といったレベルの高い雑誌を、未知の単語を推測しながら読むことができ、準1級の語彙問題は楽勝で正解して準1級に余裕合格できます（英検1級ならA落ちレベルに達しているといえます）。

　実際の語彙で例を挙げれば、「残念である」を意味するsorryは1000語水準ですが、それが準2級に余裕合格できる3000語水準になると、ashamedになり、2級にぎりぎり合格できる4000語水準になるとregretfulになります。さらに準1級にぎりぎり合格できる6000語水準ではrepentantですが、8000語水準ではpenitent、1級にぎりぎり合格できる9000語水準ではremorsefulとなります。ちなみに、米国の大学院入試問題であるGRE(800点満点)で7割取れる13000語ではrueful、8割取れる17000語水準ではcontriteになります。

　語彙水準についておわかりいただけたところで、今度は皆さんに、現在の語彙力を診断するテストを受けていただきましょう。問題構成は、①英検2級レベル語彙10問、②5000語レベル語彙10問、③6000語レベル語彙10問、④7000語レベル語彙10問、⑤時事英語語彙20問、⑥句動詞20問の計80問となっ

ています。制限時間は15分です。準備はいいですか？　それでは、スタート！

語彙力診断テスト①　（英検2級レベル）

次の（　　）に合う適切な英語を下の選択肢から選んでください。

1. バカげた考え　（ I ） idea
2. 愛国心　（ A ×） spirit
3. 日なたで成長する　（ J ×） in the sun
4. 永遠の愛　（ D ） love
5. 隠しカメラ　（ E ×） camera
6. 過失を認める　（ B ×） my error
7. 下手な言い訳　（ G ×） excuse
8. 仮想の状況　（ C ×） situation
9. 同等の価値　（ H ） value
10. そこそこの収入　（ F ） income

(A)clumsy　(B)concealed　(C)acknowledge　(D)eternal　(E)patriotic
(F)decent　(G)thrive　(H)equivalent　(I)absurd　(J)hypothetical

解　答　1.(I)　2.(E)　3.(G)　4.(D)　5.(B)　6.(C)　7.(A)　8.(J)　9.(H)　10.(F)

語彙力診断テスト②　（5000語レベル）

1. 満場一致の合意　（ H ） agreement
2. あいまいなコメント　（ C ） comment
3. 自然災害　natural （ J ）
4. 大統領暗殺の陰謀　（ G ×） to assassinate the President
5. 命令文　（ F ×） sentence
6. 無名の作家　（ E ×） writer
7. 悪天候　（ A ×） weather condition
8. 突然の変化　（ D ×） change
9. 医療器具　medical （ B ×）
10. 子供に甘い親　（ I ×） parent

11

(A) imperative (B) conspiracy (C) ambiguous (D) apparatus (E) abrupt
(F) obscure (G) indulgent (H) unanimous (I) adverse (J) calamity

解答　1.(H) 2.(C) 3.(J) 4.(B) 5.(A) 6.(F) 7.(I) 8.(E) 9.(D) 10.(G)

語彙力診断テスト③ （6000語レベル）

1. 従順な生徒　(H ˣ) student
2. 慎ましい生活　(B ˣ) living
3. 退屈で繰り返しばかりの仕事　(G ˣ) and repetitive work
4. 輸出相手国　export (E ˣ)
5. 無益な試み　(I ˣ) attempt
6. 垂直線　(∈J) line
7. 政治的風刺　political (D)
8. 首尾一貫した主張　(F ˣ) argument
9. 新時代の到来　the (A ˣ) of the new era
10. 人体構造の研究　the study of human (C)

(A) futile (B) coherent (C) anatomy (D) satire (E) docile
(F) counterpart (G) frugal (H) tedious (I) advent (J) perpendicular

解答　1.(E) 2.(G) 3.(H) 4.(F) 5.(A) 6.(J) 7.(D) 8.(B) 9.(I) 10.(C)

8/24

語彙力診断テスト④ （7000語レベル）

1. 図書館に隣接した建物　building (B) to the library
2. 礼儀作法を守る　observe the (J)
3. 粘り強い努力をする　make (F) efforts
4. 成功に自己満足する　become (A ˣ) about the success
5. 冷静さを保つ　keep my (C)
6. 浅はかな振る舞い　(H) behavior
7. 夫婦間の不和　marital (I)
8. 建物は無傷のままである。　The building remains (≠Dˣ).

9. 封建制度の名残　(　R　) of the feudal system
10. 会社の本質的な価値　(　E　) value of companies

(A) composure　(B) adjacent　(C) intrinsic　(D) remnant　(E) intact
(F) tenacious　(G) complacent　(H) frivolous　(I) discord　(J) proprieties

---

解答　1.(B)　2.(J)　3.(F)　4.(G)　5.(A)　6.(H)　7.(I)　8.(E)　9.(D)　10.(C)

語彙力診断テスト⑤　(時事英語語彙)

1. 税収　tax (　J　)　　　　　2. 定年退職　(　L　) retirement
3. 2国間交渉　(　D　) talks　　4. 人口密度　population (　G　)
5. オゾン層枯渇　ozone (　B　)　6. 自然生息地　natural (　T　)
7. 死亡率　(　R　) rate　　　　　8. 交通渋滞　traffic (　C　)
9. 公共料金　(　K　) rate　　　　10. 支払不履行　(　A　) in payment
11. 貿易赤字　trade (　H　)　　　12. 税金控除　tax (　P　)
13. 内線番号　(　Q　) number　　14. 武器密輸　arms (　S　)
15. 有権者　(　I　) voters　　　　16. 国会の解散　Diet (　F　)
17. 教員免許証　teaching (　E　)　18. 震源地　(　O　) center
19. 大統領拒否権　presidential (　M　)　20. 求人広告　(　N　) ad

(A) default　　(B) density　　(C) extension　　(D) revenue　　(E) certificate
(F) deduction　(G) veto　　　(H) depletion　　(I) utility　　(J) mandatory
(K) mortality　(L) deficit　　(M) congestion　(N) eligible　(O) bilateral
(P) smuggling　(Q) classified　(R) seismic　　(S) dissolution　(T) habitat

---

解答　1.(D)　2.(J)　3.(O)　4.(B)　5.(H)　6.(T)　7.(K)　8.(M)　9.(I)　10.(A)
　　　　11.(L)　12.(F)　13.(C)　14.(P)　15.(N)　16.(S)　17.(E)　18.(R)　19.(G)　20.(Q)

語彙力診断テスト⑥ （句動詞）

1. 電車でうたた寝する　（ J) in the train
2. 上司と喧嘩する　（ N) with my boss
3. 議論して合意に至る　（ G) an agreement
4. 電話番号をメモする　（ M) the phone number
5. 突然、台所で意識を失う　（ E) suddenly in the kitchen
6. 店でぼられる　get（ B) at the store
7. 健康にこたえる　（ R) your health
8. 会議を終える　（ E) the meeting
9. 銀行を救済する　（ S) the bank
10. 肩の調子が悪い　My shoulders（ P ）.
11. 理論を裏付ける　（ A) the theory
12. 過去をくよくよ考える　（ H) the past
13. 相違点を解決する　（ L) differences
14. 不況を乗り越える　（ C) the recession
15. 次善の策で行く　（ F) the second best
16. 酒が習慣になる　（ Q) drinking
17. 薬の効果が徐々に弱まる。The effect of the medicine（ D ）.
18. セキュリティーを強化する　（ I) security
19. ストライキをする　（ K) on strike
20. 新しい従業員を訓練する　（ T) new employees

(A) tell on	(B) bear out	(C) take to	(D) jot down	(E) pass out
(F) settle for	(G) doze off	(H) hammer out	(I) wrap up	(J) ripped off
(K) act up	(L) bail out	(M) dwell on	(N) break in	(O) wears off
(P) iron out	(Q) fall out	(R) beef up	(S) pull through	(T) walk out

解　答　1.(G) 2.(Q) 3.(H) 4.(D) 5.(E) 6.(J) 7.(A) 8.(I) 9.(L) 10.(K)
11.(B) 12.(M) 13.(P) 14.(S) 15.(F) 16.(C) 17.(O) 18.(R) 19.(T) 20.(N)

さて皆さん、語彙力診断テストはいかがでしたか。難しかったでしょうか。採点をした後で、スコアをグラフに記入して、自分の弱点を発見してください。もし苦手を発見した場合は、この本でそのセクションから攻略していくのも一案です。

(1) 一般語彙問題 (2級語彙・5000語・6000語・7000語水準) のスコアの合計
(2) 時事英語語彙問題スコア
(3) 句動詞語彙問題スコア

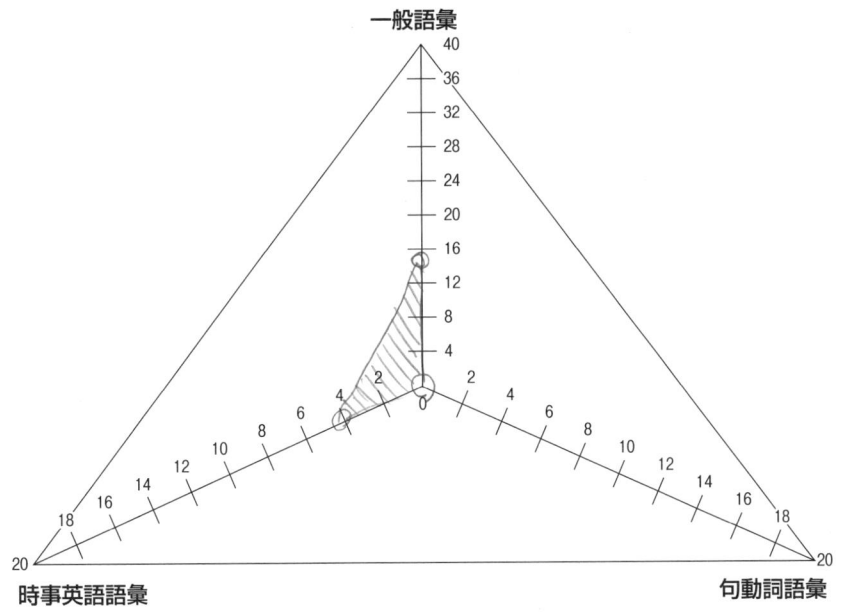

(評価)
各セクションとも、スコア8割以上は準1級「余裕合格レベル」、7割以上は「合格レベル」、6割は「もう一息」、5割以下は「要努力」。一般語彙セクションは、各レベルとも、8点以上は「クリア」、5－7点は「もう一息」、4点以下は「要努力」です。

さて、皆さんにレベルチェックをしていただいたところで、今度は英検の過去の問題の語彙レベルと合格対策について述べていきましょう。

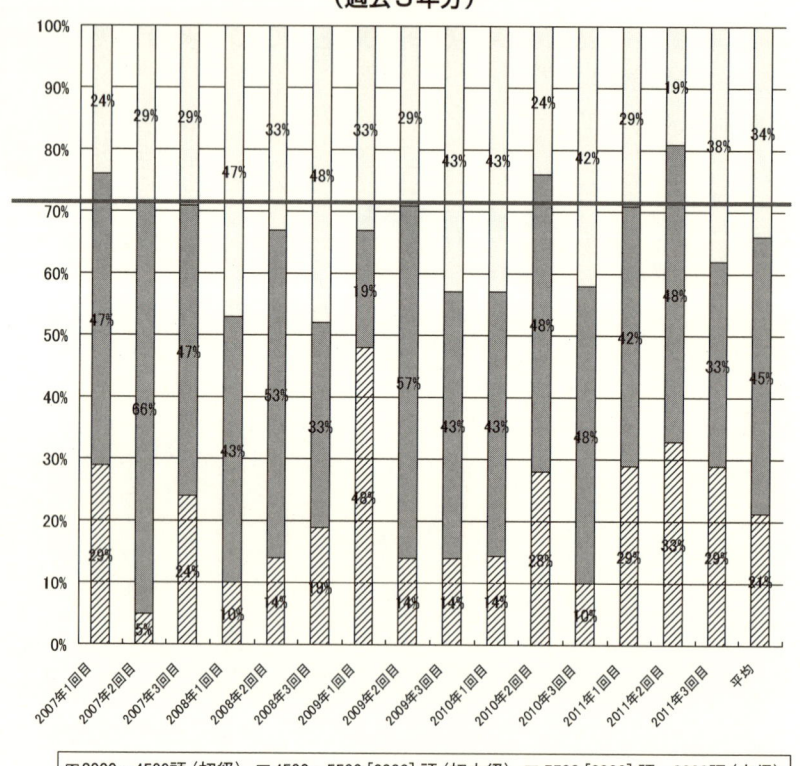

英検準1級語彙問題難易度比較表
（過去5年分）

英検準一級に合格するためには、最低でも、4個の初級4000～5000語レベル（毎回平均4問出題）と、10個の中級5000～6000語レベル（毎回平均10問出題）の全問と1個の上級6000～8000語レベル語彙（平均7問出題）で、句動詞を省く21問中の15問の約7割を正解する必要があります。さらに何度受けても合格するレベルだと17問正解です。
　それでは、どうすれば効果的にボキャビルをして語彙力を高められるかについてですが、その極意は次の5つです。

1．シャドーイングとリピーティング（テキストを見ながら放送を真似して音読する）で、英単語を音で吸収する。
2．英単語のコアの意味をつかみ、シンボルビルディングをする。
3．コロケーションを何度も音読して覚える。
4．類語グループでボキャビルする。
5．英語の資格試験を活用する。

　1は英語学習の基本で、「聞いて、それを真似て言う」を毎日励行することによって、"Your lips or tongue can learn it." となり、記憶も高まります。声に出さずに覚えるとすぐに忘れてしまいますが、フレーズを語呂で覚えれば忘れにくくなります。
　2に関しては、英単語の英和辞典の意味は、日本語では何に相当するかを模索したもので、英英辞書にあるような定義とは食い違っている場合がほとんどなので、英単語はフレーズを覚え、和訳はできるだけ意味の近いものを参考程度に見るようにしなければなりません。本書ではそういった意味での配慮をし、できる限り英英辞典の定義を反映した和訳をつけています。
　3に関しては、英単語がなかなか覚えられないという人に対して私はよく、「コロケーションを年の数だけ音読せよ」と言っています。英単語の意味は忘れても、フレーズは口から自然に語呂で出てくるというようになれば素晴らしいことです。本書では、コーパスを用いてその意味でも最も頻度の高く役立つフレーズを選んでいます。
　4も加速的ボキャビルの基本で、実用英語の読解やリスニング問題は、選択肢が言い換えられているので、普段からそれに慣れておく必要があります。本書では、各見出し語に最も近い類語や言い換えで最低限必要なものを記していますので、しっかりと読んでください。

5の資格試験の受験は言うまでもないでしょう。中学・高校の時は単語テストがあったために単語が増えていたのが、大学に入ってテストがなくなると減っていったでしょう。よほどの天才でもない限り、語彙テストもないのに自然に増えることはあり得ず、語彙を増やすためには、母国語並みに膨大な **exposure** がいるのです。外国語学習の場合、頻度別語彙集を用いてのシステマチックなボキャビル＆語彙テストと、英語放送や英語文献の **input** の2段構えで行く必要があります。その意味で、年に3回あり、語彙に重点を置く英検はぜひ受験してほしい素晴らしい検定試験です。

　さて、それでは皆さん、早速明日に向かって加速的ボキャブラリービルディングの道を、

Let's enjoy the process!（陽は必ず昇る！）

第1章

準1級試験でも狙われる2級難レベル語彙の漏れをなくせ！

あなどるなかれ！ 準1級合格に最も重要な基礎力養成！

CD1・Track 1

基礎編

第1日
まずは2級難レベル語彙を完全マスター①

001 □ **abstract**
[ǽbstrækt]
RLW 形抽象的な、観念的な(≒ notional, conceptual)
abstract art[concept, noun](抽象芸術[概念、名詞])⇔
形concrete 具体的な
ポイント ab(分離して)＋tract(引っ張る)と「訳がわからなくなる」と覚えよう。

002 □ **absurd**
[æbsə́ːd]
RLWS 形ばかげた、常識はずれの(≒ ridiculous, foolish)
absurd idea[tax rates](ばかげた考え[税率])
記憶術 ridiculousをとことん強めて「完全に阿呆さー！」と覚える。

003 □ **accommodate**
[əkɑ́mədèɪt]
RLWS 動収容できる、対応する(≒ hold, help, adapt, provide)
accommodate 500 guests(客500人を収容できる)、
accommodate the needs(ニーズに応える)、名
accommodation charge[plan](宿泊料[宿泊プラン])
ポイント 幅広く使える多義語。
記憶術 「あっこもデートだ、ホテルに泊めちゃお」で覚えやすい。

004 □ **acknowledge**
[æknɑ́lɪdʒ]
RL 動認める、感謝する、知らせる(≒ admit, concede, answer)
acknowledge my error(自分の過失を認める)、**acknowledge** the support(支援に感謝する)、**acknowledge** the receipt of the letter(手紙を受け取ったことを知らせる)
記憶術 「悪の理事長、罪を認める」で覚えやすい。

005 □ **acquaint**
[əkwéɪnt]
RL 動熟知させる、知らせる(≒ inform, notify)
acquainted with each other(お互いに顔見知りである)、
名 have little **acquaintance** with the man(その男と面識がない)

006 □ **adequate**
[ǽdɪkwət]

RL 形 十分な、適切な（≒ sufficient, acceptable）
adequate supply［resources, support］（十分な供給［資源，支援］）
ポイント「目的やニーズを満たすのに十分な」という意味。
反 inadequate（不適切な）も一緒に覚えておこう。
記憶術「アジ食えと妥当なアドバイス」で覚えよう。
記憶術「こんなものは食えんと知らせる」と覚えやすい。

007 □ **adhere**
[ædhíɚ]

RL 動 固守する、接着する（≒ stick, cling）
adhere to the principles（主義を貫く）、**adhere** to the surface（表面に付着する）、形 **adhesive** tape（接着テープ）、名 **adherent** of Islam（イスラム教信奉者）
記憶術「あどひゃー！とくっつきさー大変！」と覚えよう。

008 □ **admirable**
[ǽdmərəbl]
〔発音注意〕

RL 形 称賛に値する、見事な（≒ respectable, honorable）
admirable job［goal］（称賛に値する仕事［目標］）、
名 **admiration** for the achievement（その功績に対する称賛）、名 secret **admirer**（隠れファン）
ポイント 動 admire は praise（口に出してほめる）と違って「心の中で尊敬しあこがれる」
記憶術「あ（ど）うまいやーと感心する」で覚えやすい。

009 □ **antonym**
[ǽntnɪ̀m]

RLWS 名 反意語、反義語 ⇔ synonym 名 同意語、類義語
ポイント ant-（反～）＋ onym（名詞）→「反意語」となった語。

010 ☑ **apparent**
[əpǽrənt]

RLW 形 明らかな、見かけの（≒ evident, seeming）
apparent reason［conflict］（明らかな理由［矛盾］）、**apparent** age（見た目年齢）、副 **apparently** healthy［difficult］（見かけは健康［難し］そうである）
記憶術「あぱらんと、丸見え太ったおなか」と覚えよう。

011 ☑ **associate**
[əsóʊʃìeɪt]

RLW 動 関連付ける、交際する（≒ link, socialize）
associated with the case［aging］（事件［老化］と関係がある）、名 **association** between smoking and lung cancer（喫煙と肺がんとの関連）
ポイント as-（～と）＋ soci-（結ぶ）＋ -ate ＝～と結ぶ→「関連付ける」。

012 □ **assumption**
[əsʌ́mpʃən]
RL 名 仮定、思い込み（≒ supposition, hypothesis）
bold [cultural] **assumptions**（大胆な仮説 [文化的思い込み]）、動 **assume** the responsibility（責任を負う）
ポイント assume は consume と同じ sume（取る）を含んでおり、「心に取り込む」。

013 □ **astonish**
[əstánɪʃ]
RL 動 驚かす（≒ surprise, amaze）
astonish the world [readers]（世間 [読者] をアッと驚かす）、形 **astonishing** results [economic growth]（驚異的成果 [経済成長]）
ポイント surprise は「意外性」、amaze は「信じられない」、astonish は「仰天」を表す。
記憶術 「アスとにかくすごい！と驚かす」と覚えよう。

014 □ **attribute**
[ətríbjuːt]
RL 動 〜に帰する、〜のせいにする（≒ ascribe, credit）
attribute the low birthrate to the recession（少子化は不況が原因だ）、名 important **attributes** of a leader（リーダーにとって重要な特性）、形 death **attributable** to smoking（喫煙に起因する死）
ポイント a（の方へ）＋ tribute（割り当てる）からこの意味になった語。
記憶術 「あっ鳥びゅーと飛んで巣に帰する」と覚えよう。

015 ☑ **beast**
[bíːst]
RL 名 獣、動物（≒ brute, barbarian）
beauty and the **beast**（美女と野獣）、savage **beast**（猛獣）

016 ☑ **betray**
[bɪtréɪ]
RL 動 裏切る、さらけ出す（≒ be disloyal [unfaithful] to, reveal）
betray the allies [public trust]（同盟国 [世間の信頼] を裏切る）、名 **betrayal** of the public（国民に対する裏切り）
記憶術 「び（見）とれい！いつか裏切ってやる！」と覚えよう。

017 ☑ **blessing**
[blésɪŋ]
RL 名 恩恵、祝福（≒ grace, benefit）
divine [nature's] **blessing**（神の [自然の] 恵み）、
動 **blessed** with good weather [friends]（天候 [良い友人] に恵まれる）

ポイント 演説の最後に "God bless you." くしゃみをした人に "Bless you." とよく言います。

018 ☑ **breed**
[bríːd]

RL 動 繁殖させる、飼育する（≒ raise, cause, multiply）
breed cattle（牛を飼育する）、名 **breeding** ground for mosquitoes（蚊の繁殖地）、**breeding** ground for corruption [terrorism]（汚職 [テロ] の温床）

記憶術 「ぶりーどんどん繁殖させる」で覚えよう。

019 ☑ **capacity**
[kəpǽsəti]

RLWS 名 能力、容量、生産能力（≒ ability, capability）
capacity of a battery（バッテリー容量）、mental **capacity**（知的能力）

ポイント 日本語ではよく「キャパ（収容力）」と言われている。

020 ☐ **cease**
[síːs]

RL 動 やめる、絶える、終わる（≒ stop, halt）
cease fire [payment, military action]（発射 [支払い、軍事行動] を中止する）、形 **ceaseless** struggle（終わりなき戦い）

ポイント You never cease to amaze me!（君ってホントにおもしろいヤツだな！）の表現でよく使われる。

記憶術 「終わって、死ーす」と覚えよう。

021 ☐ **cling**
[klíŋ]

RL 動 執着する、しがみつく（≒ adhere, stick）
cling to the past glory [status]（過去の栄光 [地位] にしがみつく）

ポイント 「全身でしがみつく」イメージ。

022 ☐ **clumsy**
[klʌ́mzi]

RLWS 形 ぎこちない、不器用な（≒ awkward, all thumbs）
clumsy movements（ぎこちない動き）、**clumsy** excuse（下手な言い訳）、名 social **clumsiness**（付き合い下手）

ポイント 日本語の「どんくさい」に近い。

記憶術 「こら、むずかしいとは不器用な」で覚えよう。

023 ☐ **collision**
[kəlíʒən]

RLW 名 衝突、対立（≒ crash, smash, clash）
head-on **collision**（正面衝突）、**collision** of interests（利害の対立）、動 **collide** with a car（車と衝突する）

記憶術 「こら、井戸にぶつかるぞ！」と覚えよう。

024 ☑ command
[kəmǽnd]

RLW 名 動 命令(する)、運用能力、展望(する)、駆使する(≒ order, control, mastery)

command a panoramic view of the town(その町を一望できる)、command his men to fire(部下に発砲を命令する)、have a good command of English(英語が堪能である)、形 commanding lead(圧倒的なリード)、commanding position(遠くまで見渡せる場所)

ポイント コンピュータ用語で「コマンド」は「命令」の意味。

025 ☐ conceal
[kənsíːl]

RL 動 隠す、秘密にする(≒ hide, cover, disguise)

conceal the evidence(証拠を隠す)、concealed camera(隠しカメラ)、名 data concealment(データ隠蔽)

ポイント con-(すっかり)＋ceal(隠す)＝すっかり隠す→秘密にする。化粧品の「コンシーラー」で覚えやすい！

026 ☐ conscience
[kánʃəns]

RLWS 名 善悪の判断力、良心(≒ moral sense of right and wrong)

have a guilty conscience(罪悪感を持つ)、
形 conscientious worker[teacher](真面目な労働者[教師])

ポイント con(完全に)＋sci(知る)→「善悪の判断力」となる語。

記憶術 「誰も来ん、チャ(シャ)ンスと罪を犯せば後で良心痛む」と覚えよう。

027 ☐ consent
[kənsént]

RLWS 名 承諾、同意、許可(≒ assent, approval, agreement)

written consent(承諾書)、informed consent(インフォームドコンセント)は日本語になっています。

028 ☐ conspicuous
[kənspíkjuəs]

RL 形 目立ってすぐわかる、目を見張るような(≒ noticeable, impressive)

conspicuous warning sign[color](人目を引く警告標識[色])、conspicuous success(大成功)、conspicuous by your absence(休むとかえって目立つ)

ポイント con(完全に)＋spic(specio[特別に見える])から来た語。

記憶術 「結婚スピークキャー素敵！目立ってる」と覚えよう。

029 ☑ **contemporary** RLW 形 現代に属する、同時代の（≒ modern, present）
[kəntémpərèri] **contemporary** arts [society]（現代美術［社会］）、
名 **contemporaries** of Shakespeare（シェイクスピアと同時代の人々）
ポイント con（共に）＋tempo（時）→「同時代の」となった語。類語currentは「今も通用している」、modernは「現代的な」、presentは「今も起こり存在している」。

030 ☑ **dawn** RLW 名 夜明け、始まり（≒ beginning, origin）
[dɔ́:n] the **dawn** of a new era（新時代の幕開け）、the **dawn** of civilization（文明の始まり）
記憶術 「ドーン！と夜明けが始まるぞ」で覚えやすい。

031 ☑ **deadline** RLWS 名 締切、期限（≒ time limit, due date）
[dédlàin] meet [face] the **deadline**（締切に間に合う［締切が迫る］）
ポイント 「締切」とは「死線」をさまようこと！

032 ☐ **decent** RLWS 形 かなりいい、品位のある、きちんとした服装の（≒ satisfactory, appropriate）
[dí:snt] **decent** job [life, income]（そこそこの仕事［暮らし、収入］）、名 common **decency**（常識的な礼儀や良識）
記憶術 「なんでー銭湯行くの、きちんとした服着て」で覚えよう。

033 ☐ **dedicate** RLWS 動 (時間や労力など)を捧げる、専念する（≒ devote, commit）
[dédɪkèɪt] **dedicated** to the research（研究に打ち込む）、名 **dedication** to public service（公職への献身）
ポイント de（下に）＋dic（言う）→「献身する」となった語。

034 ☐ **descendant** RL 名 子孫、末裔（≒ offspring）
[dɪséndn̩t] direct [remote] **descendant**（直系の［遠い］子孫）、
動 **descend** from the mountain（山から下りる）、
形 in **descending** order（降順に）
ポイント scend（登る）をde（下に）で打ち消して生まれた語。

反 ascend（上る）

035 □ deserted
[dezə́ːtɪd]

RL 形 人の住まない、見捨てられた（≒ abandoned, uninhabited）
deserted island（無人島）、**deserted** street（人気のない道）
記憶術 「名desert（砂漠）に動desert（置き去りにする）」と覚えよう。

036 □ discard
[dɪskáːd]

RL 動 捨てる、放棄する（≒ throw away, dispose of）
discard cigarette butts［a prejudice］（タバコの吸殻［偏見］を捨てる）
ポイント dis-（除去）＋ card（トランプ札）＝トランプ札を除去する→「捨てる」と覚えよう。

037 □ dominate
[dámənèɪt]

RLWS 動 支配する、影響を及ぼす（≒ rule, command）
dominate the market［economy］（市場［経済］を牛耳る）、名 female［male］ **dominance**（女性［男性］の優位）
ポイント kingdom（王国）と同じdom（主）を語根に持つ語。

038 □ drought
[dráʊt]

RL 名 干ばつ、欠乏（≒ dry spell, water shortage）
drought-stricken areas（干ばつに見舞われた地域）
記憶術 「ドライうっとうしい干ばつ」でイメージしよう。

039 □ enclose
[enklóʊz]

RLW 動 囲む、同封する（≒ surround, include）
enclose my CV for your consideration（検討用に履歴書を同封する）、名 barbed-wire **enclosure**（有刺鉄線の囲い）
ポイント en-（中へ）＋ -close（閉じる）＝中に閉じる→「囲む」と覚える。

040 ☑ encounter
[enkáʊntəː]

RL 動 名 出くわす、遭遇（する）（≒ face, come across）
encounter a difficulty［crisis］（困難［危機］に遭遇する）、**encounter** group（《心理学》出会い集団）

041 □ endeavor
[endévəː]

RL 名 努力、試み（≒ effort, attempt）
fruitless［tireless］ **endeavor**（無駄な［たゆみない］努力）、artistic［creative, academic］ **endeavor**（芸術的［創造的、学問的］努力）

記憶術「努力しなくても、いいんでばーたら」で覚えよう。

042 □ **equivalent**
[ɪkwívlənt]
RLWS 形 名 同等の、同義の、同等物、相当物（≒ equal, comparable）
English **equivalent** to the Japanese word（その日本語に相当する英語）、**equivalent** value[amount]（同価[量]）
ポイント equi-(等しい)＋-valent(価値がある)＝等価値がある→「同等の」と覚える。

043 ☑ **eternal**
[ɪtə́ːnl]
RL 形 永遠の、不変の、不断の（≒ permanent, everlasting）
eternal love[youth]（永遠の愛[若さ]）、名 **eternity** of the soul（魂の永遠性）
記憶術「彼のことを思うと心が永遠に、痛ーなる」で覚えよう。

044 □ **eventually**
[ɪvéntʃuəli]
RL 副 ついに、最終的に、結局（≒ ultimately, in the end）
eventually died from the illness（ついには病気で死んだ）、形 **eventual** outcome[goal]（最終的な結果[目標]）

045 □ **excursion**
[ɪkskə́ːʒən]
RL 名 小旅行（≒ trip, journey）
one-day **excursion**（日帰り旅行）
ポイント ex(外へ)＋cur(走る)→「小旅行」となった語む。
記憶術「いかすカーじゃん、旅行へ行こう」で覚えよう。

046 □ **execute**
[éksəkjùːt]
RL 動 実行する、果たす、処刑する（≒ carry out, implement）
execute a command[program]（命令[プログラム]を実行する）、**executed** by hanging（絞首刑になる）、名 **execution** by hanging（絞首刑）、名 形 **executive** board meeting[members]（重役会[重役、理事]）
記憶術「行く至急と、任務遂行する」と覚えよう。

047 □ **expose**
[ɪkspóʊz]
RLWS 動 さらす、暴露する（≒ reveal, uncover）
exposed to radiation[direct sunlight]（放射能[直射日光]にさらされている）、名 **exposure** to heat[toxic chemicals]（熱[有毒化学物質]にさらされること）、名 world **exposition**

（万国博覧会）

ポイント ex-(外へ)＋-pose(置く)＝外に置いて→「さらす」と覚えよう。

048 □ **faculty**
[fǽkəlti]

RLWS 名 **教授陣、能力、機能、学部**(≒capacity, department)
faculty member(教職員)、mental **faculty**(知的能力)、the **faculty** of engineering(工学部)
ポイント facは「作る」という意味の語根。「能力」ある「教授」が集まる「学部」と覚えよう。

049 □ **famine**
[fǽmɪn]

RL 名 **飢饉、飢餓**(≒starvation, hunger)
die from **famine**(飢餓で死ぬ)
ポイント hungry＜starving＜famishedと意味が強くなっていく。
記憶術 「ふぁーみんな飢饉で死んじゃう！」で覚えよう。

050 □ **fatigue**
[fətíːg]

RL 名 **疲労、骨折り**(≒tiredness, weariness)
mental [chronic] **fatigue**(精神的[慢性]疲労)
記憶術 「疲れ果ていグーグー寝ちゃう」と覚えよう。

051 □ **fertile**
[fə́ːtl]

RL 形 **肥沃な、多産の**(≒rich, productive)
fertile soil[land](肥沃な土壌[土地])、名 declining **fertility** rate(出産率の低下)、**fertility** treatment(不妊治療)
記憶術 「ふぁー取るよどんどん作物、多産の土地で」と覚えよう。

052 □ **gaze**
[géɪz]

RL 動 **(興味・驚きを持って)凝視する、注視する**(≒stare, peer)
gaze into each other's eyes(見つめ合う)
ポイント stareは「じろじろ見る」で、stare at the screen(画面を凝視する)。

053 □ **genuine**
[dʒénjuɪn]

RLWS 形 **本物の、心からの**(≒authentic, real)
genuine love(真の愛)、**genuine** diamond(本物のダイヤモンド)、**genuine** hospitality(心からのもてなし)
ポイント gen(生まれつき)から「自然の→本物の」となった語。

054 □ **glimpse** [glímps]	RL 名 ひと目、かすかに現れること、短い経験（≒ glance, peek） catch a **glimpse** of the truth（真実を垣間見る） ポイント glance（ちらっと目を向ける）と違って、glimpseはglanceして見えた不完全な光景や姿のこと。
055 □ **grasp** [grǽsp]	RL 動 理解する、つかむ（≒ grab, seize） **grasp** the concept [meaning]（概念[意味]を理解する）、**grasp** her by the hand（彼女の手をつかむ） ポイント grip, grabと同じgrは「ぐりっとつかむ」。
056 □ **grave** [gréɪv]	RL 形 重大な、厳粛な（≒ serious, solemn） in **grave** danger（重大な危機にある）、名 the **gravity** of the problem [issue]（問題[事]の重大性） ポイント 名詞の「墓」の意味からシリアス感がわかる。類語solemnは「儀式の厳粛さ」、somberは「落ち着いた真剣さ」、graveは「深刻な事態」を表す。
057 □ **grief** [gríːf]	RL 名 深い悲しみ、悲嘆（≒ sorrow, distress） overwhelmed with **grief**（悲しみに打ちひしがれる）、動 **grieve** over the loss of our pet（ペットの死を悲しむ） 記憶術「悲しみは心え**ぐりー**ふらっと倒れる」と覚えよう。
058 □ **harsh** [hάːrʃ]	RLWS 形 厳しい、無情な、不快な（≒ severe, grim） **harsh** realities of life [living conditions]（厳しい人生の現実[生活状況]）、副 **harshly** criticize the government（政府を厳しく非難する）
059 □ **hostile** [hάstl]	RLWS 形 敵意のある、厳しい、冷淡な（≒ antagonistic, harsh, averse） **hostile** environment（厳しい環境）、**hostile** criticism（敵意ある批判）、名 **hostility** toward outsiders（よそ者に対する敵意）
060 □ **humble** [hΛmbl]	RL 形 謙虚な、質素な、粗末な（≒ modest, lower-class） **humble** home（粗末な家）、**humble** language（謙譲語） ポイント hum（地面）に座っているイメージ。

第1章 2級難レベル語彙の漏れをなくせ！

記憶術「ご飯ぶるぶる震えて食べる質素な生活」で覚えよう。

---

061 ☑ **humid**
[hjúːmɪd]
RLWS 形 湿気の多い、むしむしする(≒ moist, wet)
hot and **humid** weather(蒸し暑い天気)、名 **high-humidity** environment(高湿度環境)

---

062 □ **hypothetical**
[hàɪpəθétɪkl]
RL 形 仮説の、仮想の(≒ theoretical, supposed)
hypothetical situation[question](仮想の状況[質問])、名 **hypothesis** and test(仮説と検証)
ポイント hypo(下位の)＋thesis(主張)＝hypothesis(仮説)が立証されるとtheory(理論)になる。

---

063 □ **immature**
[ìmət(j)úɚ]
RLWS 形 未熟な(≒ childish, inexperienced, undeveloped)
immature behavior(幼稚な振る舞い)、**immature** fruit(熟していない果物)
ポイント mature(大人のように分別をわきまえた)の反意語。

---

064 □ **immense**
[ɪméns]
RLW 形 多大な、巨大な(≒ tremendous, vast)
immense pressure(ものすごいプレッシャー)、副 **immensely** popular(非常に人気のある)
ポイント im-(否定)＋mense(計る)＝計れない→「計れないほど大きい」と覚える。
記憶術「いっ！メンスで多大な血の海」ですぐに覚えられる。

---

065 □ **immortal**
[ɪmɔ́ɚtl]
RL 形 不死の、不朽の、永遠の(≒ eternal, timeless)
immortal works of art(不朽の芸術作品)、名 the **immortality** of the soul(魂の不滅)
ポイント im-(否定)＋mortal(死ぬ運命にある)＝死ぬ運命にない→「不死の」となった語。

---

066 □ **impose**
[ɪmpóʊz]
RLW 動 課す、負わす(≒ force, charge)
impose sanctions against rogue states(無法国家に制裁を課す)
ポイント im-(中に)＋pose(置く)＝上に置く→「課す、負わす」となった語。

音素の力で準1級語彙光速マスター！①

sp-, spr- スパーっと飛び出すエネルギー、spa（スパー）と温泉湧き出す

spank（ピシャリとたたく、平手打ち）スパーン！と尻たたく。
sparkle（火花（を発する）、輝き、輝く）スパークル！と火花を発する。
splendid（豪華な、立派な）スプレンディッドゥ！と華麗だよ。
spook（おばけ、驚かす）スプーク！とおばけ飛び出る。
sprinkle（まく、まき散らす）スプリンクル！とふりかける（スプリンクラー）
spur（拍車（をかける）、刺激）スパーッと拍車をかける。

sn- スヌっと鼻でクンクン sniff、パッと取る snap, snatch

sneer（せせら笑う、軽蔑する）
sneeze 鼻に異物が入るとハクションと（くしゃみする）
snore 鼻で（いびきをかく）
snobbish（地位（知識）を鼻にかけた、俗物根性の）
snoop（こそこそ詮索する、かぎまわる）
snare（わなにかけて）さっと取る
snatch（さっとひったくる）
sneak（こっそり入って、こっそりさっと取る）

gl- 光、光る　glory は栄光の光

glimmer（ちらちら光る、かすかに光る）
glisten（ぴかぴか光る）
glitter（ぴかぴか光る、きらきら輝く）
glare（ぎらぎら光る）
glow（白熱（して輝く）、冷光（を放つ））グロー電球
gloss（光沢、つや（を出す））グロス
glamour（魅力）の光を放つ
glaze（うわ薬をかける）とぴかぴか光る
glimpse（かすかな光）光を当てて（ちらりと見る）
gloom 光＋m（沈黙）＝（薄暗がり、暗闇、陰気）

音素の力で準 1 級語彙光速マスター！②

shr- シュルシュルと縮むよ、鋭いよ！

shrewd（抜け目ない、鋭い）シュルどーい！
shriek（悲鳴（をあげる））シュリーク！と鋭い声を出す。
shrink（縮む、ひるむ、減る）シュリンク！と縮んじゃう。
shrug（(肩) をすくめる）シュラッグ！と肩をすくめる。
shred 縮んで（断片・破片）になる。シュレッダー

sl- するする、ずるずる、つるつる、ぺらぺら薄〜いよ！
のろのろ slow、つるっと slip

slacken（ゆるめる、弱める、ゆるむ、たるむ）
slaughter（虐殺（する）、屠殺する）するっと平気で皆殺し。
sloppy（だらしのない、びしょびしょの、水っぽい）
sluggish（怠惰な、のろい、緩慢な、不振の）
slender（細長い、すらりとした、わずかな、薄弱な）スレンダー

st-, str- 細長く張った　str- 緊張のエネルギー

stress（ストレス）たまるよ、緊張して
stammer（どもる、どもって言う）スタマーとどもってはらはら緊張感。
stifle（窒息する、抑圧（制）する）スタイフルと緊迫、窒息する。
strenuous（精力的な、激しい、奮闘的な）ストレニュアス！と激しく奮闘緊迫感。
stern（厳しい、いかめしい）スターン！と顔がこわばる。
strain（ピンと張る、緊張（させる）、痛める）ストレ(ス)イン！と緊張させる。
strife（争い、けんか）ストライフ！と争い緊張高まる。
stoop（かがむ、腰が曲がる）ストゥープ！と腰が曲がり緊迫感。
startle（びっくりさせる）スタートゥル！とびっくり緊張感。
streak（筋、層、気味）ストリークと細長い筋。
sturdy（たくましい、丈夫な、不屈の）スターディ！筋肉張ってたくましい。
stumble（つまずく、ぶつかる、まごつく）スタンブルブルまごつき緊張感。
stout（強い、頑丈な、太った、大胆な）スタウトゥ！筋肉張って頑丈な。
stem（茎、幹）ステムと細長く張った茎。

第2日
まずは2級難レベル語彙を完全マスター②

067 ☑ **individuality** [RLW] 名 個人、個性（≒ uniqueness, peculiarity）
[ìndəvìdʒuǽləti] develop your **individuality**（個性を伸ばす）、形 **individual** differences［characteristics］（個人差［個性］）、動 **individualized** education［curriculum］（個別教育［カリキュラム］）

068 ☑ **inhabitant** [RL] 名 住人、居住者（≒ resident, dweller）
[ɪnhǽbɪtənt] **inhabitants** on the island（島の居住者）、動 jungles **inhabited** by snakes and tigers（蛇や虎が住むジャングル）
ポイント in（中に）＋ habit（住む）→「住人」となった語。

069 ☑ **investigate** [RLW] 動 調査する、取り調べる（≒ examine, scrutinize）
[ɪnvéstɪgèɪt] **investigate** the murder［allegations］（殺人事件［申し立て］を調査する）、名 make an **investigation** into the cause of the fire（火事の原因を調査する）、形 **investigative** journalism（［取材記者が行う］調査報道）

070 ☑ **legendary** [RL] 形 非常に有名な、伝説上の（≒ mythological, celebrated）
[lédʒəndèəri] **legendary** creature（伝説の生き物）、**legendary** figure（伝説に名高い人物）、名 the **legend** of King Arthur（アーサー王伝説）

071 ☑ **literature** [RLW] 名 文学
[lítərətʃə] English［classic］**literature**（英［古典］文学）、形 **literary** criticism（文芸評論）、形 **literal** translation（直訳）
ポイント liter は letter の意味。

072 ☑ **luxury** [RLWS] 名 形 ぜいたく（な）、豪華（な）（≒ first-class,
[lʌ́kʃəri] または extravagance, high-end）
[lʌ́gʒəri] **luxury** hotel［car］（高級ホテル［車］）、cannot afford such a **luxury**（そんなぜいたく品を買う余裕はない）、

形 **luxurious** furniture[condo]（高級家具[マンション]）
ポイント 形 **luxury** の方が **luxurious** よりぜいたく度が強い。
記憶術 「ぜいたくな暮らしは楽しゃりー」と覚えよう。

073 ☑ **mammal**
[mǽml]
RL 名 哺乳類
marine[land] **mammals**（海洋[陸生]哺乳類）、
形 **mammalian** DNA（哺乳類のDNA）
記憶術 「子供をまもるのは哺乳類の本能」で覚えよう。

074 ☑ **manual**
[mǽnjuəl]
RL 形 手動の（≒ hand-operated）、名 取扱説明書（≒ handbook）
manual labor（手作業、力仕事）⇔ 形 **automatic**（自動の）、
manual operation（手動操作）、名 teacher's **manual**（教師用指導書）

075 ☐ **masculine**
[mǽskjələn]？
RL 形 雄々しい、男らしい（≒ manly, male, macho）
masculine beauty[voice]（男性美[男性的な声]）⇔
形 **feminine** 女っぽい、女性らしい、名 symbol of **masculinity**（男らしさの象徴）

076 ☑ **masterpiece**
[mǽstəpìːs]
RLW 名 傑作、名作、代表作（≒ finest work）
Picasso's **masterpiece**（ピカソの傑作）
ポイント master（達人）の piece（作品）→「傑作」となった語。

077 ☐ **meadow**
[médoʊ]
RL 名 低湿地、草原、牧草地（≒ pasture, grassland）
green[open] **meadow**（緑の[広々とした]草原）
記憶術 「めどーが立つまで草地で昼寝」で覚えよう。

078 ☑ **meanwhile**
[míːnhwàɪl]
RLW 副 一方では、そうしている間に（≒ meantime）
名 in the **meanwhile**（その（合）間に）

079 ☐ **mend**
[ménd]
RL 動 繕う、修復する、修理する（≒ repair, recover, restore）
mend the relationship[road] 関係[道路]を修復する、
mend your ways（素行を改める）
ポイント 「修復する」の意味では主にイギリス英語で、米語では repair となる。
記憶術 「めんどーだけど修理する」で覚えよう。

080 □ **merciless**
[mə́ːsələs]
RL 形 無慈悲な、残酷な（≒ cruel, heartless, ruthless）
merciless killer（残酷な殺人者）、**merciless** attack（情け容赦のない攻撃）、反 **merciful** tone[voice]（情け深い口調[声]）

081 ☑ **moisture**
[mɔ́ɪstʃə]
RL 名 湿気、水分、水蒸気（≒ wetness, dampness）
absorb [remove] **moisture**（水分を吸収する[除去する]）
ポイント moist（水の）＋ -ture（状態）＝水の状態＝「湿気」。

082 □ **monarchy**
[mάnəki]
RL 名 君主国、君主政治
absolute [constitutional] **monarchy**（絶対[立憲]君主制）、名 constitutional **monarch**（立憲君主）
記憶術 「主なキーをすべて独占する君主政治」と覚えよう。

083 ☑ **monitor**
[mάnɪtə]
RLWS 動 測定する、傍受する、監視する（≒ watch, keep an eye on）
monitor the development [movement]（進展[動き]を監視する）
ポイント モニターカメラで「監視する」。

084 □ **monotonous**
[mənάtənəs]
RLW 形 退屈な、単調な（≒ dull, tedious）
monotonous life [work]（単調な生活[仕事]）、
名 the **monotony** of daily life（日常生活の単調さ）
ポイント モノトーンは「単調」なこと。

085 □ **notion**
[nóʊʃən]
RLW 名 概念、観念、見解（≒ concept, belief）
popular [false] **notion**（世間一般の[間違った]考え方）
ポイント 類語 opinion, view に対して、notion は「世間一般の間違った考え方」を表す。

086 □ **notorious**
[noʊtɔ́ːriəs]
RLW 形 悪名高い、名うての、有名な（≒ infamous）
notorious criminal [prison]（悪名高い犯罪者[刑務所]）
ポイント not-（注目）＋ -orious（〜の多い）＝注目の多い→「よく知られた」と覚える。
記憶術 「悪名高い俳優の名前が載っとりやす」で覚えよう。

第1章 2級難レベル語彙の漏れをなくせ！

087 ☑ **numerous** [n(j)úːmərəs]	RLWS 形 たくさんの、おびただしい(≒ quite a few) **numerous** examples(多数の例)、on **numerous** occasions(多くの場合)
088 ☑ **obedient** [oʊbíːdiənt]	RLW 形 従順な、忠実な(≒ docile, meek) **obedient** to the law [God](法律[神]に従う)、動 **obey** the law [rules](法律[規則]に従う)
089 ☑ **organize** [ɔ́ːrɡnàɪz]	RLW 動 組織する、編成する(≒ form, set up) **organize** a labor union(労働組合を組織する)、形 **organizational** ability(組織能力)
090 ☐ **overlook** [òʊvərlúk]	RL 動 見渡せる、見落とす、無視する(≒ command a view of) prime location **overlooking** the ocean(海を見渡せる絶好の場所)、**overlook** the injustice(不正を見逃す) ポイント「上から概観する」と「細部は見落とす」発想で覚えよう。
091 ☐ **overwhelm** [òʊvərhwélm]	RLW 動 圧倒する、苦しめる(≒ overcome, defeat) **overwhelmed** by the pressure(プレッシャーに圧倒される)、be **overwhelmed** with grief(悲しみに打ちのめされる)
092 ☐ **pastime** [pǽstàɪm]	RLW 名 娯楽、趣味(≒ hobby, interest) national [favorite] **pastime**(国民的娯楽[一番の楽しみ]) ポイント 類語のhobby(活動的な個人の趣味)、interest(知的な個人の趣味)に対して、pastimeは「人々の娯楽」のニュアンス。
093 ☐ **patriotic** [pèɪtriátɪk]	RLW 形 愛国者の、愛国心の強い(≒ nationalistic) **patriotic** spirit [education](愛国心[教育])、名 ardent **patriot**(熱烈な愛国者)、名 develop [cultivate] a spirit of **patriotism**(愛国心を育てる) ポイント patri(父)とは「祖国」のこと。映画に「パトリオットゲーム」がある。

094 □ **plague**
[pléɪg]

RL 名 動 疫病、伝染病、苦しめる（≒ epidemic, contagious disease）
catch［spread］the **plague**（疫病にかかる［を広める］）、
動 **plagued** by a huge debt and unemployment（膨大な借金と失業で苦しめられる）

記憶術 「利己的なスタンド<u>プレイ</u>ぐっと<u>苦しめる</u>」と覚えよう。

095 □ **plural**
[plʊ́ərəl]

RL 形 複数の
plural form（複数形）⇔ singular form（単数形）、**plural** society（複合社会）

096 ☑ **potential**
[pəténʃl]

RLWS 形 可能性のある、潜在的な（≒ possible, latent）
potential risk［market, danger］（潜在的な危険［市場、危険］）、名 growth **potential**（伸びる可能性）

ポイント potent-（能力）＋ial（ある）＝能力のある→可能性のある、と覚えよう。

097 □ **prejudice**
[prédʒədɪs]

RLW 名 先入観、偏見（≒ bias, preconception）
prejudice against foreigners（外国人に対する偏見）、
形 **prejudiced** against Asians（アジア人に偏見を持っている）

ポイント pre-（前もって）＋judice（判断する）＝前もっての判断→「先入観」となった語。

098 ☑ **proceed**
[prəsíːd]

RLW 動 前進する、続ける（≒ advance, progress）
proceed to the discussion（議論を進める）、**proceed** to the entrance（入り口まで進む）、名 application **procedure**（出願手続き）

ポイント pro（前に）＋ceed（進む）→「前進する」となった語。

099 ☑ **prohibit**
[proʊhíbət]

RL 動 禁止する、妨げる（≒ ban, forbid）
prohibit the export［discrimination］（輸出［差別］を禁止する）

ポイント hibitは「禁じる」という意味の語根。

記憶術 「<u>プロ</u>日々トレーニングで酒を<u>禁止する</u>」で覚えやすい。

| 100 punctual
[pʌ́ŋktʃuəl] | RLW 形時間通りの、時間に几帳面な(≒ on time, prompt)
punctual for an appointment(約束の時間を守る)、**punctual** delivery(時間通りの配達)
記憶術「車パンクちゃりんこで行けば時間通りに着く」と覚えよう。|

| 101 pursuit
[pəs(j)úːt] | RLW 名追求、追跡、趣味、研究(≒ quest, search)
in the **pursuit** of happiness(幸せを追い求めて)、scientific **pursuits**(科学的な研究)、動 **pursue** happiness(幸せを追求する)
ポイント pursuitは趣味だけれど一生懸命やっているもので、hobbyの軽さがない。|

| 102 quote
[kwóʊt] | RLWS 動引用する、見積もる(≒ extract, cite, mention)
quote a price(価格を見積もる)、**quote** Shakespeare(シェークスピアを引用する)、名 price **quotation**(価格見積り)|

| 103 rational
[rǽʃənl] | RLW 形合理的な、理性的な、正気の(≒ reasonable, logical)
rational thinking[explanation](合理的思考[説明])、動 **rationalize** your actions(行動の理由付けをする)|

| 104 relatively
[rélətɪvli] | RLWS 副他と比べて、比較的に、かなり(≒ comparatively)
relatively easy(比較的容易な)、**relatively** speaking(どちらかと言えば)⇔副 absolutely 絶対的に |

| 105 remote
[rɪmóʊt] | RLWS 形遠い、人里離れた、かすかな(≒ distant, faraway)
remote village(へんぴな村)、**remote** possibility(ありそうもないこと)
ポイント「リモート」コントロールで覚えやすい。|

| 106 representative
[rèprɪzéntətɪv] | RLWS 名代表者、代理人、販売員(≒ delegate, agent)
sales **representative**(販売員)、**representative** of the party(党の代表)、形 **representative** democracy(議会制民主主義[代表民主制])、動 **represent** special interests(特別利益団体を代表する)、**represent** a departure from the old pattern(古いやり方からの脱却を表す)|

107 □ **resign** [rɪzáɪn]	RLW 動 辞職する、甘んじて受ける、放棄する(≒ leave, step down) **resign** from the post(職を辞する)、**resign** myself to (my) fate(運命をあきらめる)、名 a letter of **resignation**(辞表) ポイント re(元に)＋sign(サインして)→「やめる」となった語。
108 □ **rigid** [rídʒɪd]	RLW 形 堅い、固定した、厳格な(≒ stiff, inflexible) **rigid** plastic(硬質プラスチック)、**rigid** system(凝り固まった制度)、名 the **rigidity** of bureaucracy(官僚制度の融通性のなさ) 記憶術「理事どれも頭が固い」と覚えよう。
109 □ **ripe** [ráɪp]	RLW 形 熟した、食べごろの、機が熟した(≒ mature, suitable) **ripe** old age(老齢[熟年])、The time is **ripe** for the revolution(革命の機が熟す)、動 **ripen** into success(成功して実を結ぶ) 記憶術「酔っぱらいぷっと吐き出す熟したりんご」と覚えよう。
110 □ **row** [róʊ]	RLWS 名 列、横列、並び(≒ line, queue) front[first] **row**(最前列)、a **row** of houses(立ち並ぶ家) ポイント line(縦の列)に対してrowは「横の列」なので要注意！
111 □ **rural** [rʊ́ərəl]	RLW 形 田舎の、田園の、農村の(≒ countryside, rustic) **rural** areas(農村地域)、**rural** economy(地方経済) ⇔形 urban 都会の 記憶術「るーらるーら鼻歌、田舎で昼寝」と覚えよう。
112 □ **seize** [síːz]	RLW 動 つかむ、差し押さえる、襲われる(≒ grasp, grab) **seize** the chance(チャンスをつかむ)、**seized** with panic(恐怖にとらわれる)、名 **seizure** of an embassy(大使館の占拠)、**seizure** of assets(資産の差し押さえ) 記憶術「しーずかにしろとつかまれる」と覚えよう。
113 □ **sole** [sóʊl]	RL 形 唯一の、ただ1人の、独占的な(≒ only, single) **sole** survivor(唯一の生存者)、**sole** right(独占権)、副 **solely** dependent on ～(唯一～の肩にかかっている)

114 □ **subtle**
[sʌ́tl]
|RLW| 形かすかな、微妙な、巧妙な(≒ faint, fine, clever)
subtle changes[differences]（微妙な変化［差］）、名 the **subtlety** of human psychology（人間心理の機微）
|記憶術|「微妙なニュアンスを**悟る**」で覚えやすい。

115 □ **superficial**
[sùːpɚfíʃəl]
|RLW| 形表面の、外面だけの、つまらない(≒ shallow seeming, trivial)
superficial differences（表面的な違い）、**superficial** knowledge（浅薄な知識）、副**superficially** similar to ～（表面的には～に似ている）

116 □ **surrender**
[səréndɚ]
|RLW| 動降参する、引き渡す、解約する(≒ give in, give up)
surrender to the police（警察に自首する）、**surrender** unconditionally to the enemy（敵に無条件降伏する）
|ポイント| sur(加えて)＋render(与える)→「引き渡す」となった語。
|記憶術|「去れ(ん)だまれ**降参しろ**」で覚えやすい。

117 □ **tale**
[téɪl]
|RL| 名話、物語、作り話(≒ story, narrative)
fairy **tale**（おとぎ話）、tall **tale**（大ぼら）
|ポイント| storyは実在と架空と両方あるが、taleは架空や伝説について言う。

118 □ **tame**
[téɪm]
|RLW| 形飼いならされた、従順な、退屈な(≒ domesticated, obedient, dull)、動飼いならす
tame animals（人に慣れた動物）、as **tame** as a cat（とてもおとなしい）、**tame** a wild horse（野生の馬を飼いならす）
|ポイント| wildの反対で、「ライオン使い」は lion tamer。

119 □ **thrive**
[θráɪv]
|RLW| 動すくすく育つ、繁栄する、かえって頑張る(≒ prosper, flourish)
thrive in the sun（日なたで成長する）、**thrive** on challenges（挑戦を生きがいにしている）
|ポイント| thrive onは「人が嫌がることをエンジョイし成功する」というすごい表現。
|記憶術|「何でも**すらい**！部族が**栄える**ならば」で覚えやすい。

120 ☑ **tidy**
[táɪdi]
RL 形 きちんとした、こぎれいな、かなりの（≒ neat, organized, considerable）
tidy room（きれいに片付いた部屋）
ポイント 「きれい好き」は neat and tidy で表現できる。
記憶術 「きちんとした服やめたいでぃ」で覚えやすい。

121 ☐ **torture**
[tɔ́ːrtʃər]
RLW 動 拷問にかける、ひどく苦しめる（≒ abuse, torment）
torture a prisoner to death（囚人を拷問で死なせる）
記憶術 「とーちゃーん！拷問勘弁して」と覚えよう。

122 ☐ **trap**
[trǽp]
RLWS 動 罠をしかける、閉じ込める、だます（≒ snare, confine, trick）、名 罠
trap heat in the atmosphere（大気中に熱を閉じ込める）、**trapped** in a room（部屋に閉じ込められる）
ポイント 罠だけでなく「閉じ込める」の意味も非常に重要。

123 ☐ **tribe**
[tráɪb]
RL 名 種族、部族、集団（≒ ethnic group, clan）
indigenous［nomadic］**tribes**（土着［遊牧］民）
ポイント 主に未開の部族のことだが、現代でも同じことをやる集団についておどけて言う。これに対して clan は「一族」。

124 ☑ **trustworthy**
[trʌ́stwɜːrði]
RL 形 信用できる、当てになる（≒ dependable, reliable）
trustworthy company［friend］（信頼できる会社［友達］）
ポイント trust（信用）＋ worthy（値する）→「信用できる」となった語。

125 ☐ **undergo**
[ʌ̀ndərgóʊ]
RLW 動 経験する、耐える、受ける（≒ experience, go through）
undergo a drastic change（激変を経験する）、**undergo** an operation（手術を受ける）
ポイント 特に「変化や不快なことを経験する」場合に使われる。

126 ☐ **undertake**
[ʌ̀ndərtéɪk]
RL 動 引き受ける、着手する（≒ take on, assume）
undertake full responsibility［a task］（全責任［仕事］を引き受ける）、名 adventurous［perilous］**undertaking**（危険な企て）、名 **undertaker**（葬儀屋［英］= funeral director, mortician［米］）

ポイント under(下を)＋take(取る)＝「引き受ける」。

127 □ **vast**
[vǽst]

RLW 形 広大な、巨大な(≒ immense, enormous)
vast desert(広大な砂漠)、a **vast** collection of stamps(膨大な切手のコレクション)

記憶術 「巨大なバースト圧倒される」で覚えよう。

128 □ **visible**
[vízəbl]

RL 形 目に見える、明らかな(≒ perceptible, noticeable)
visible to the naked eye(肉眼で見える)、**visible** light(可視光)、名 poor[zero] **visibility**(視界の悪さ[視界ゼロ])

129 □ **withdraw**
[wɪðdrɔ́ː]

RLW 動 引っ込める、取り消す、退かせる(≒ draw, pull out)
withdraw the money(お金を引き出す)、**withdraw** the offer(申し出を撤回する)、名 **withdrawal** from membership[the market](脱会[市場からの撤退])

音素の力で準1級語彙光速マスター！③

scr- ごしごしこすって抵抗のエネルギー　必死で抵抗 scream（キャーと叫ぶ）

scramble（よじ登る、奪い合う、かき集める）
scrape（ひっかく、こする、すりむく）
scribble（なぐり書き（する）、落書き（する））
scrub（ごしごしみがく、こすって取り除く）
scrutiny（（こすって）綿密な調査（検査））
scratch（ひっかく、かく、こすり取る、走り書きする、むしり取る）
scream（金切り声を出す、叫ぶ）

fl- ふらふら、ひらひら、ぺらぺら軽いよ　ひらひら fly と飛んで行く

flame（炎）
flare（炎）ゆらゆら燃える
flap（はためく）パタパタゆれる、バタバタ動かす
flicker（明滅する）光がちらちら
flip（ピンとはじく）ペラペラとページをめくる
flirt（浮気する）ふらふらーっと浮気する
flash（きらめき）ピカッ！チキッ！キラッ！
flatter（お世辞を言う）お世辞ヘラヘラ
flea（のみ）のみふらふら軽〜い

dr- だらだら、ずるずる、引きずって　だらだら、ずるずる
dream 夢うつつ

dreary（わびしい、退屈な）人生だらだら生きて、仕事だらだら、ずるずる続ける
drowsy（眠い）だらだら、ずるずる、うとうとして
drag（引きずる）ずるずる引っ張る
dread（恐怖）でずるずる後ずさり
drip　ポタポタ（したたり落ちる）

音素の力で準1級語彙光速マスター！④

fr- 震えて寒いよ、弱くてもろい、ふらふら怠ける
freeze（凍って）、**friction**（熱）、**frail**（もろい）

frigid（極寒の）寒さでふるえて
fragile（ひ弱な、もろい）
fraction（破片）は弱くてもろい
fragment（破片）は弱くてもろい
frail（ひ弱な、壊れやすい）
fracture もろい骨はすぐ（骨折）
fraud 弱い人間、怠けた人間、（詐欺）を働く
freak ふらふら怠けた気まぐれな（奇人・変人）
frivolous ふらふらして（軽薄な）

gr- ぐりぐりえぐって、苦しいよう！ガリガリきしんで不満だよ！
groan とうめき、**grate** ときしる

grimace（しかめつらをする）
grim ぐりぐり、ガリガリ（厳しい、残酷な）
grudge ぐりぐり（ねたむ、憎む、恨み）
graze（生草を食う、かすめる、すりむく）
grate えぐって（すりおろす、きしませる）
grain ぐりぐり砕して（粒状にする）
gripe（不平（ぐち）を言う、きりきり痛ませる）
grab（不意につかむ、ひったくる）
grieve 心をえぐって（深く悲しませる）
grind えぐって（研ぐ、磨滅させる、ギシギシこする、苦しめる）
✓ **groan** 心をえぐって（うめく、きしむ）

準1級語彙クイズ 2級レベル

●各文の空所に入る適切な表現を下から選び、正しい形に直してください。

1. Children should not be (exposed) to media violence and pornography.
2. People are liable to (attribute) their own mistakes to external factors.
3. The (legendary) creature "Nessie" is said to have lived in the Loch Ness.
4. The (notorious) criminal will not be released from the state prison.
5. The army finally (surrendered) to the enemy because of its relentless attack.
6. The country is (plagued) by the high unemployment rate of the young.
7. The country had a (hostile) relationship with its neighboring countries.
8. The elected candidate promised never to (betray) voter's trust.
9. The employee made a (clumsy) attempt to cover up his own mistake.
10. The famous painter created many (immortal) works of art.
11. The manager (acknowledged) his mistakes and tried to improve the situation.
12. The minister (withdrew) his inappropriate statement at the interview.
13. The patient (underwent) a kidney operation in a general hospital.
14. The politician (dedicated) his whole life to the development of his country.
15. The region is endowed with (fertile) lands for agriculture.

---

acknowledge. attribute, betray, clumsy, dedicate, expose
fertile, hostile, immortal, legendary, notorious, plague
surrender, undergo, withdraw

解 答

1. exposed   2. attribute   3. legendary   4. notorious   5. surrendered
6. plagued   7. hostile   8. betray   9. clumsy   10. immortal
11. acknowledged   12. withdrew   13. underwent   14. dedicated
15. fertile

日本語訳

1. 子供たちはメディアの暴力やポルノに曝されるべきではありません。
2. 人々は自分の失敗を外的な要因のせいにしがちである。
3. 伝説の生き物のネッシーはネス湖に住んでいると言われている。
4. その悪名高い犯罪者は国の刑務所から釈放されることはないだろう。
5. その軍隊は容赦のない攻撃のためについに敵に降伏した。
6. その国は若者の高い失業率に悩まされている。
7. その国は隣国と敵対関係にあった。
8. その当選した候補者は決して有権者の信頼を裏切らないと約束した。
9. その従業員は自分の失敗をごまかすために下手な企てをした。
10. その有名な画家は多くの不朽の美術作品を創作した。
11. 経営者は自分の失敗を認め、事態を改善しようとした。
12. 大臣はインタビューでの自らの不適切な発言を撤回した。
13. その患者は総合病院で腎臓の手術を受けた。
14. 政治家は国の発展のために自分の全人生を捧げた。
15. その地方は農業の肥沃な土地に恵まれている。

正答数

14問以上－この語彙水準をほぼ完璧にマスターしているので
　　　　　5000語水準にチャレンジ！
12問　　－もう一歩で2級水準をマスター！
　　　　　もう一度復習してから5000語水準にチャレンジ！
10問　　－まだまだ安定しているといえないので、十分に
　　　　　リプロダクション・シャドーイングトレーニングを
　　　　　するなどもっと繰り返し語彙をマスターしましょう！
8問以下－まだまだうろ覚えの語彙が多いので2級水準の
　　　　　ボキャビルに再チャレンジ！

第2章

準1級合格のための基礎固め＆難関大学突破 最重要5000語水準語彙をマスター！

英検準1級の「核」となる5000語レベル語彙を絶対に身につけよ！

第3日
準1級合格のための基礎固め
5000語水準語彙を完全マスター①

001 abrupt
[əbrʌ́pt]
[RLW] 形 突然の（≒ sudden, unexpected）
abrupt change [end]（突然の変化［終結］）、**abrupt** manner（ぶっきらぼうな態度）、副 end [stop] **abruptly**（突然終わる［止まる］）
ポイント ab（分離）+ rupt（破裂）→「突然の」となった語。
記憶術 「油ぽとぽと突然引火」と覚えよう。

002 accumulate
[əkjúːmjəlèɪt]
[RL] 動 蓄積する、蓄える（≒ gather, amass）
accumulate wealth [knowledge]（財［知識］を蓄える）、**accumulate** experience（経験を積む）、名 **accumulation** of data（データの蓄積）
ポイント cumula は「積む」の意味の語根、水を「どんどんくむ」イメージ。

003 adolescent
[ædlésnt]
[RL] 形 思春期の、青春期の（≒ teenage, juvenile）ジュブナイル
adolescent girls [behavior]（思春期の少女［行動］）、**adolescent** years（青年時代）
ポイント 大体12～18歳までを表す。
名 young **adolescent**（青年）
記憶術 「青春時代は―どれざんす？」で覚えよう。

004 ✓adorable
[ədɔ́ːrəbl]
[LS] 形 愛らしい（≒ lovable, charming）
adorable baby [puppy]（愛らしい赤ん坊［子犬］）、
動 **adore** my mother（母親を敬愛する）
ポイント adore は admire に強い love を加えた強い意味の語。何度も ora（声に出して言う）ほど好きなこと。

005 adverse
[ædvə́ːs]
[RLW] 形 不利な、反対の（≒ harmful, unfavorable）
have an **adverse** effect on the economy（経済への逆効果がある）、**adverse** weather conditions（悪天候）、
副 **adversely** affect（悪影響を及ぼす）
ポイント ad（～の方向に）+ verse（回転する）→「反対の」と

なった語。

006 □ **affluent**
[ǽfluənt]
[RLW] 形 豊かな（≒ wealthy, rich）
affluent families [society]（裕福な家庭[社会]）、
名 spiritual **affluence**（精神的豊かさ）、live in **affluence**（豊かに暮らす）
ポイント 物・お金がどんどんfluen（流れ込んで来る）イメージ。

007 ☑ **alert**
[ələ́ːrt]
[RLWS] 形 警戒した、機敏な（≒ watchful, quick）
alert to the danger（危険性を警戒する）、stay **alert**（油断しない）、名 security **alert**（セキュリティー警告）、動 **alert** the police（警察に通報する）
記憶術 「あらー！とにかく油断しない諜報部員」で覚えよう。

008 ☑ **ambiguous**
[æmbígjuəs]
[RL] 形 あいまいな（≒ vague, unclear）
ambiguous statement [comment, expression]（あいまいな声明[コメント]）、名 **ambiguity** of interpretation（解釈のあいまいさ）
ポイント ambiguousは「2つ以上の意味にとれる」、vagueは「ぼんやりしてはっきりしない」。語根ambi（2つの）から来た語。

009 □ **ample**
[ǽmpl]
[RL] 形 豊富な、十分な（≒ abundant, plentiful）
ample time [opportunity]（豊富な時間[機会]）、**ample** evidence（豊富な証言）、動 **amplify** your knowledge（知識を広げる）
ポイント 「アンプ（増幅器）」は英語ではamplifierのこと。

010 □ **analogy**
[ənǽlədʒi]
[RL] 名 類似、類推（≒ similarity, parallel）
make an **analogy** between physics and economics（物理と経済学の類似点を比較する）、形 Sleep is **analogous** to death.（眠りは死に似ている。）
ポイント 日本語のアナログは「相似型の」の意味。

011 □ **antipathy**
[æntípəθi]
[RL] 名 反感、嫌悪（≒ hostility）
antipathy to [toward] the government [nuclear weapons]（政府[核兵器]に対する反感）

ポイント anti-(反対の)+pathy(感情)→「反感」となった語。

012 □ **apparatus**
[æpərǽtəs]

[RL] 名 **器具、装置、機関**(≒ equipment, device)
medical **apparatus**(医療器具)、breathing **apparatus**(呼吸装置)、the **apparatus** of the party(党の機関)
ポイント prepareと同じparare(準備する)を語根に持つ語。
記憶術「**あっぱ**れタスクを遂行する**装置**」で覚えよう。

013 □ **applaud**
[əplɔ́:d]

[R] 動 **称賛する**(≒ praise, acclaim)
applaud the decision [efforts, success](決定[努力、成功]を称賛する)、名 a round of **applause**(拍手喝采)、win a thunder of **applause**(喝采を博する)
ポイント ap-(〜に)+-plaud(拍手する)→「〜を称賛する」となる。
記憶術「**あ**(一)**プロ**ーどれも素晴らしいと**称賛する**」で覚えよう。

014 □ **aristocracy**
[èərəstákrəsi]

[RL] 名 **貴族**(≒ the nobility, the upper class)
overthrow the **aristocracy**(貴族政治を打破する)、come from the **aristocracy**(貴族の出である)、形 **aristocratic** circles(貴族社会)
ポイント 反対語はcommoners、the masses(大衆)、the working class(労働者階級)。
記憶術「**アリス**と暮らした**貴族社会**」で覚えよう。

015 □ **arithmetic**
[名]əríθmətik
[形]èərıθmétık

[RL] 名 **算数、算術、計算**、形 **算数の、算術の**
mental **arithmetic**(暗算)、形 the **arithmetic** test(算数のテスト)
ポイント 日本語の(読み・書き・そろばん)に相当するのは、3Rs(= reading, writing and arithmetic)。

016 □ **arouse**
[əráʊz]

[RL] 動 **刺激する、かきたてる**(≒ excite, stimulate, stir up)
arouse the interest [curiosity](興味[好奇心]をかきたてる)、**arouse** the hostility [suspicion](敵意[疑い]を招く)
記憶術「**あらうず**いちゃうそんなに**刺激する**と」ですぐに覚えられる。

50

017 □ **aspiring**
[əspáɪərɪŋ]

RL 形 **大志を抱いた**(≒ ambitious)
aspiring entrepreneur [politician]（大志を抱いた企業家［政治家］）、動 **aspire** to become a great artist（偉大な芸術家をめざす）

ポイント inspire, spirit と同じ語根、「spiri（息吹）」を含んだ語。

018 ☑ **assertive**
[əsə́ːtɪv]

RLW 形 **断定的な、自己主張する**(≒ self-confident)
in an **assertive** tone（断定口調で）、**assertive** character（自己主張の強い性格）、名 lack **assertiveness**（押しが弱い）

記憶術 「あさーとにかくどんどん**自己主張**」で覚えよう。

019 □ **barbarian**
[bɑːbéəriən]

R 名 形 **野蛮人、野蛮な**(≒ savage, brute)
barbarian invasion（異邦人の侵略）、名 an act of **barbarism**（野蛮行為）、display their **barbarism**（自分の無教養さを示す）

ポイント 筋骨隆々アーノルドシュワルツネガー主演の洋画「コナン・ザ・バーバリアン」がある。

記憶術 「ばばーべりー！と破る**野蛮人**」と覚えよう。

020 □ **barren**
[bǽərən]

RL 形 **不毛の、不妊の、無駄な**(≒ fruitless, sterile, futile)
barren dessert [soil]（不毛の砂漠［土地］）、**barren** discussion（不毛な議論）

記憶術 「子供産めないのばれんかな？」

021 □ **bewilder**
[bɪwíldə]

RL 動 **当惑させる**(≒ puzzle, confuse)
bewildered by a dizzying pace of change（めまぐるしい変化にうろたえる）

ポイント wild（取り乱した）を含んだ語で覚えやすい。

記憶術 「ビールだー酒だーと**当惑させる**」で覚えやすい。

022 □ **blink**
[blíŋk]

RLWS 動 **まばたきする、黙認する**(≒ wink)
blink at the sunshine（日差しにまばたきする）、**blink** the fact（事実に目をつぶる）、名 The computer is on the **blink**.（パソコンが正しく動作しない。）

ポイント winkは「意図的に」、blinkは「無意識に」まばたきをする。「ブリンカー」は馬につける「遮眼帯」のこと。

023 ☑ **boost** [búːst]	RLWS 動 **高める、増やす**(≒ stimulate, increase) **boost** the economy(景気を刺激する)、**boost** the morale(士気を高める)、名 **boost** in sales(売上の増加) ポイント ロケットの打ち上げに用いる「ブースター」でお馴染み。
024 ☑ **botany** [bátəni]	RL 名 **植物学**(≒ scientific study of plants) degree in **botany**(植物学の学位)、major in **botany**(植物学を専攻する)、形 **botanical** garden(植物園)、名 **botanist**(植物学者) 記憶術 「牡丹に夢中な**植物学**者」で覚えやすい。
025 ☑ **boundary** [báʊndəri]	RL 名 **境界線**(≒ border) **boundary** between the two regions(2地域の境界)、Love transcends a national **boundary**.(愛は国境を越える。) 記憶術 「ボールが**バウンド**境界線越える」と覚えよう。
026 ☐ **brew** [brúː]	RLW 動 (ビールなどを)**醸造する、入れる**(≒ ferment, prepare) **brew** coffee [tea](コーヒー[紅茶]を作る[入れる])、**brewed** beverages(醸造酒)、名 **brewery**(ビールなどの醸造所) 記憶術 「ぶるぶる一震えてコーヒー**作る**」と覚えよう。
027 ☐ **brutal** [brúːtl]	RL 形 **残酷な、まぎれもない**(≒ cruel, savage) a **brutal** act of murder [killer](残忍な殺人行為)、**brutal** crime(残忍な犯罪)、**brutal** truth(紛れもない事実)、名 **brutality** of war(戦争の残忍さ) ポイント 人の首を平気ではねる、めちゃくちゃ cruel な奴。懐かしのマンガ「ポパイ」の悪役「ブルート」が有名。
028 ☐ **bunch** [bʌ́ntʃ]	RLWS 名 **たくさん、束**(≒ group) a **bunch** of big-time movie stars(かなりの数の大物映画スターたち)、a **bunch** of flowers(花束) ポイント 「あいつら」の意味で日常会話でほんとうによく使われる語。

029 calamity
[kəlǽməti]

R 名 災難、不幸（≒ disaster）
calamity of war（戦禍）、natural **calamity**（自然災害）、financial **calamity**（財政的痛手）

ポイント 類語のdisasterは「事故・災害」、catastropheは「非惨な出来事・大災害」、tragedyは「大惨事」に対して、calamityは「予期しない大きな災難」。

記憶術「酔っ払いからみて大災難」で覚えやすい！

030 calling
[kɔ́ːlɪŋ]

RL 名 天職（≒ vocation, profession, mission）
Teaching is my **calling**.（教えることは私の天職だ。）

ポイント callingは「人に役に立つ天職」のこと。類語のoccupationは「職業」の一般語、professionは専門知識を必要とする職業、vocationは自分に最も向いた仕事、businessは営利目的の商売、tradeは手の熟練が必要な職業。

031 catastrophe
[kətǽstrəfi]

R 名 大惨事、大災害（≒ disaster）
environmental [natural] **catastrophe**（環境[自然]の大惨事）、形 **catastrophic** earthquake [consequences]（破滅的地震[結末]）

記憶術「キャー助（け）とろ火—大惨事！」で覚えやすい。

032 cherish
[tʃérɪʃ]

RLW 動 大切にする、心に抱く（≒ treasure）
cherish the memory [idea, hope]（思い出[アイデア、希望]を大切にする）、My long-**cherished** dream has finally come true.（長年温めていた夢がついに実現した。）

記憶術「憧れのチェルシーを大切にする」で覚えよう。

033 chronic
[krɑ́nɪk]

RLWS 形 慢性の（≒ persistent, long-standing）
chronic asthma [alcoholic]（慢性喘息[アルコール中毒]）、**chronic** unemployment（慢性的失業）

ポイント chrono（時）が続くとイメージしよう。反 suffer from an **acute** labor shortage（急性の労働力不足に苦しむ）

語根の知識で準1級語彙を光速マスター！①

1. gen の「g」は「たぐり寄せ」、「e」は「手を伸ばし」、「n」は「ゼロ」、つまり「gen」は原点に戻す（戻る）、すなわち起源（genesis）

- ☐ **engender** − en（付与する）＋ gen（起源）→生ずる、発生させる
- ☐ **congenital** − con（共に）＋ gen（起源）→母体と共に→生まれつきの
- ✓☐ **regenerate** − re（再び）＋ gen（起源）→再生させる
- ☐ **genital** − gen（起源）→生殖（器）の、性器の

2. ven(t), veni は「来る」－イベント（event）がやって来る（= come）到来－ Advent（キリストの降臨）から来た語

- ☐ **convene** − con（共に）＋ vene（来る）→召集する、召喚する
- ☐ **intervene** − inter（中に）＋ vene（来る）→干渉する、介在する
- ☐ **revenue** − re（元へ）＋ vene（来る）→歳入、収入（源）
- ☐ **venue** − ven（来る）→開催地、会合場所、犯行地

3. tract は「引っ張る」－トラクター（tractor）で引っ張る、減ずる、損なう、そらす

- ✓☐ **contract** − con（共に）＋ tract（引っ張る）→契約（書）、婚約
- ✓☐ **extract** − ex（外へ）＋ tract（引っ張る）→引き出す、抜粋する
- ☐ **subtract** − sub（下に）＋ tract（引っ張る）→引く、減じる
- ✓☐ **distract** − dis（分離）＋ tract（引っ張る）→そらす、気晴らしさせる ↔ distress

4. cur, course は「走る、流れ」－ current は流れ（= run）

- ☐ **recurrence** − re（再び）＋ cur（流れ）→再発、戻ること
- ☐ **excursion** − ex（外へ）＋ cur（走る）→小旅行、逸脱
- ☐ **curtail** − cur（流れ）＋ tail（切る）→短縮する、抑える
- ☐ **discourse** − dis（分離）＋ course（走る）→談話（する）、講演（する）

5. pel, puls は「追いやる」－プロペラ (propeller) の pel (= drive) は「駆り立てる」

- □ **expel** － ex（外へ）＋ pel（追いやる）→放出する、追い出す
- □ **propel** － pro（前方へ）＋ pel（追いやる）→推進する、駆り立てる
- ☑ **compel** － com（完全に）＋ pel（追いやる）→強いる
- □ **repel** － re（元へ）＋ pel（追いやる）→追い払う、拒絶する
- □ **dispel** － dis（除去）＋ pel（追いやる）→追い散らす、払い去る
- □ **impulse** － im（against）＋ pulse（押しつけられた）→衝動、推進力
- □ **expulsion** － ex（外へ）＋ puls（追いやる）→追放、排除

6. se は「離れて」「～なしで」の意味を表す

- ☑ **secret** － se（離して）→秘密の、人目につかない、神秘的な、秘密、機密、神秘
- ☑ **secure** － se（～なしに）＋ cure（心配）→安全な、確実な、確保する、安全にする
- □ **seclude** － se（分離）＋ clud（閉じる）→隔離する、孤立させる

第4日
準1級合格のための基礎固め
5000語水準語彙を完全マスター ②

034 ☑ **clarify**
[klǽrəfài]
RLW 動 **明確にする**(≒ make clear, spell out)
clarify one's position[stance]（自分の立場をはっきりさせる）、名 **clarity** of purpose[intention]（目的[意図]の明確さ）、**clarification** of the issue（問題の明確化）
ポイント clearの派生であるとわかるので覚えやすい！

035 ☐ **coincide**
[kòʊənsáɪd]
RL 形 **同時(期)に起こる、一致する**[適合する]（≒ occur simultaneously, agree）
coincide with archaeological evidence（考古学的証拠と一致する）、**coincide** with the reality（現実と一致する）、形 **coincidental** development（同時進行）、名 **coincidence**（偶然の一致）、What a **coincidence**!（奇遇ですね！）
ポイント co（共に）＋ incidence（事件）→「同時に起こる」となった語。

036 ☐ **comply**
[kəmpláɪ]
RLW 動 **従う**(≒ abide by, observe)
comply with a regulation（規則に従う）、**comply** with safety standards（安全基準に準拠している）、**comply** with a request（要求に応じる）
ポイント com（合わせて）＋ ply（曲げる）→「従う」となった語。

037 ☑ **colleague**
[káli:g]
RLWS 名 **同僚、仲間、同業者**(≒ co-worker, associate)
business **colleague**（仕事仲間）、former **colleague**（元同僚）
ポイント college と同じ語根、colleg は「組合」から来ている。

038 ☐ **commence**
[kəméns]
RL 動 **開始する**(≒ launch, initiate, inaugurate)
commence the ceremony[negotiations]（儀式[交渉]を始める）、名 **commencement**（開始、卒業式）、**commencement** ceremony（卒業式）
ポイント 非常に堅い語で、時間をかけて十分に準備してから始める場合に用いる。類語の launch は「鳴り物入りで始め

る」、inaugurateは「正式に始める」、initiateは「一歩を踏み出す」。「卒業」は人生の「門出」という発想は素晴らしい！

039 □ compel
[kəmpél]
[RL] 動 無理やり～させる、強要する、強いる(≒force, pressure, demand)
feel **compelled** to reciprocate his generosity(彼の気前のよさにお返しをしなければならないと思う)、**compel** them to obedience(彼らを服従させる)、形**compelling** reason(やむにやまれぬ理由)
ポイント com(完全に)＋pel(追いやる)→「追い込む」となった語。

040 ☑ compile
[kəmpáɪl]
[RL] 動 編集[編纂]する(≒put together, organize)
compile a list[database](リスト[データベース]を編集する[作る])、名 a **compilation** of songs(ソング集)、dictionary **compilation**(辞書編纂)
ポイント com(完全に)＋pile(積み上げる)→「編纂する」となった語。
記憶術 「編集作業は疲労こんぱいーる！」と覚えよう。

041 □ compliment
[名]
kámpləmənt
[動] -mènt
[RLW] 名動 褒め言葉、称賛する(≒praise, greetings)
insincere **compliment**(心にもないお世辞)、**compliments** of the season(季節のご挨拶)、
動**compliment** someone on his success(彼の成功を称賛する)、**compliment** someone with a book((人)に献本する)、形**complimentary** drink(無料の飲み物)、**complimentary** ticket(優待券)

042 □ comprehend
[kàmprɪhénd]
動 理解する(≒understand, grasp)
comprehend difficult terms(難解な表現を理解する)、形**comprehensive** curriculum(総合的なカリキュラム)、the **Comprehensive** Test Ban Treaty(核実験全面禁止条約[CTBT])、名listening **comprehension** test(ヒアリングテスト)
ポイント com(完全に)＋prehend(つかむ)→「理解する」となった語。

57

043 □ **conceited** [kənsí:tɪd]	RL	形 うぬぼれた(≒ too-proud, self-respecting) **conceited** look[tone](思い上がった顔つき[口調]) ポイント con(完全に)＋ceit(そうと思う)→「思い上がった」となった語。
044 □ **conceive** [kənsí:v]	R	動 考え出す、心に描く(≒ devise, think[dream] up) **conceive** the project[plan](その計画を思いつく)、名 the **concept** of time(時間の観念)、形 every **conceivable** means[method](考えられるあらゆる手段[方法]) ポイント con(完全に)＋ceive(受け止める)→「心に描く」となった語。
045 □ **condemn** [kəndém]	R	動 非難する、有罪の判決を下す、廃棄処分にする(≒ criticize, denounce, convict) **condemn** his reckless behavior(彼の向こう見ずな行為[行動]を非難する)、**condemn** someone to death(人に死刑を宣告する)、名**condemnation** of all forms of terrorism(あらゆる形態のテロへの非難) ポイント con(完全に)＋dem[damn](のろう)→「非難する」となった語。 記憶術 「絶対に来んでもえい！と非難する」と覚える。
046 □ **confer** [kənfɚ́:]	R	動 協議する、〜を授与する(≒ award, present, consult) **confer** a degree[title, award] on her(彼女に学位[肩書、賞]を授ける)、**confer** with a lawyer(弁護士と相談する)、名**conference** delegate(会議に出席する代表(団))
047 □ **confine** [動] kənfáɪn; 名kánfaɪn]	RLW	動 閉じ込める、限定する(≒ trap, limit) **confined** to bed[a wheelchair](寝たきり[車いす生活]である)、名 solitary **confinement**(独房監禁) ポイント con(完全に)＋fin(限界)→「限定する」となった語。
048 □ **conform** [kənfɔ́ɚm]	RLW	動 従う(≒ comply with, obey) **conform** to the standards [rules, norm](基準[規則、規範]に従う)、名 social [cultural] **conformity**(社会的順応[文化的に似通っていること])、名**conformist**(体制へ

の順応者）

ポイント con（共に）＋form（形）→「従う」となった語。

049 □ **consistent**
[kənsístənt]

RLW 形 **一貫した、一致した**（≒ constant, compatible）
consistent quality [results]（一貫した品質[結果]）、His behavior is **consistent** with his words.（彼女の行動は言葉と一致している）

ポイント con（完全に）＋sist（立つ）→「一貫した」となった語で、insist, resist, persist と同じ語根を含んでいる。

050 □ **conspiracy**
[kənspíərəsi]

RL 名 **陰謀、謀略**（≒ plot, intrigue）
conspiracy to assassinate the President（大統領暗殺の陰謀）、動 **conspire**（陰謀を企てる）、**conspire** to smuggle drugs（麻薬の密輸を企む）

ポイント con（共に）＋spire（息をする）→「共謀する」となった語。

051 □ **constitute**
[kánstət(j)ùːt]

RLW 動 **～の構成要素となる、～を構成する、～とみなされる**（≒ make up, be equivalent to, compose）
constitute a large majority of Japanese corporations（日本企業の大半を占める）、**constitute** a major threat to the environment（環境への多大な脅威となる）、
名 **Constitution**（Memorial）Day（憲法記念日）、
形 **constitutional** amendment（憲法修正案）

ポイント con（完全に）＋stitute（立つ）→「組み立てる」となった語。

052 □ **contemplate**
[kántəmplèit]

R 動 **深く考える**（≒ ponder, deliberate, think over）
contemplate the future[consequences]（将来[結果]について真剣に考える）

ポイント con（完全に）＋temple（寺で考える）→「熟考する」となった語。

記憶術 「誰も**来ん**、**テンプレート**（ひな型）で**考える**必要なし」と覚える。

053 □ **contempt**
[kəntémpt]

R 名 侮辱、侮辱罪(≒ disrespect, disregard)
contempt for human rights(人権軽視)、形**contemptible** tone(軽蔑的な口調)、**contemptuous** look(さげすんだ顔つき)
記憶術「カンテンぷっと吹き出し**侮辱する**」で覚える。

054 □ **contend**
[kənténd]

RL 動 競う、取り組む、論争する、強く主張する(≒ compete, deal with, assert)
contend with one's rival(ライバルと争う)、**contend** that he is innocent(彼は無罪だと主張する)、**contend** with a labor shortage(労働力不足に取り組む)、形 **contentious** issue(論争を起こす問題)、名 a bone of **contention**(争いのもと)、**contender** for the championship(優勝候補)

055 □ **contradict**
[kɑ̀ntrədíkt]

RLW 動 〜と矛盾する、〜に反論する(≒ oppose, challenge)
contradict oneself[one's words](矛盾したことを言う)、Don't **contradict** me.(私に反論するな。)、名**contradiction** between one's words and actions(言行不一致)、形 **contradictory** statements[remarks](矛盾した発言)
ポイント contra(反対に)＋dict(言う)→「反論する」となった語。

056 □ **conventional**
[kənvénʃənl]

RLWS 形 従来型の、型にはまった(≒ orthodox, standard, conservative)
conventional method(従来のやり方)、**conventional** weapon(通常兵器)、**conventional** wisdom(社会通念)、名annual **convention**(年次総会)、social **convention**(社会慣習)、GOP **convention**(共和党大会)
ポイント conventionは国際間の正式な合意を指すことが多い。treatyほどformalではない。コンベンションホールは日本語。

057 ☑ **convert**
[動 kənvə́ːt]
[名 kɑ́nvəːt]

RLWS 動 変更[改造]する、変換[換算]する、転向[改心]させる(≒ turn, change, alter)
convert an attic into a bedroom(屋根裏部屋を寝室にする)、**convert** heat[light] into electricity(熱[光]を電気に変える)、**convert** property into cash(不動産を現金

に換える)、名 Christian **convert**(キリスト教への改宗者)、名**conversion** rate(〔通貨の〕換算率、交換レート、変換速度)

ポイント 電圧を変える「コンバーター」は日本語になっている。

058 □ **courteous**
[kə́ːtiəs]

RL 形 **礼儀正しい、丁寧な**(≒ polite, civil)
courteous greeting[reply](丁重な挨拶[返答])、**courteous** service[welcome](丁寧なサービス[歓迎])、名 **courtesy** call(表敬訪問)、**courtesy** car(〔ホテルなどの〕送迎車)

ポイント court(王宮、法廷)から来た語。

059 □ **coward**
[káuəd]

RL 名 **臆病者、卑怯者**(≒ weakling, chicken)
act like a **coward**(卑怯な真似をする)、形**cowardly** attack(卑劣な攻撃)

記憶術 「おーこわーどれも臆病者」で覚える。

060 □ **crucial**
[krúːʃl]

RLW 形 **極めて重要な、命運を左右する**(≒ critical, vital)
crucial element [factor](決定的要素)、**crucial** moment(決定的瞬間)

ポイント crucifix(十字架)にはりつけるぐらい重大なこと。

061 □ **defective**
[dɪféktɪv]

RLWS 形 **欠陥のある**(≒ faulty, flawed, backward)
defective product[car](欠陥商品[車])、名 **defect**[díːfekt] in a machine(機械の欠陥)

ポイント de(下に)+ fect(作る)→「欠陥」となった語。類語の flaw(傷、不備)、fault(落ち度、欠点)と異なり、「不可欠なものが足りない」→「欠陥・欠乏」。

062 □ **definite**
[défənət]

RL 形 **明確な、一定の**(≒ clear-cut, specific)
definite advantage(明らかな優位)、**definite** goal(明確な目標)、**definite** plan(具体案)、動**define** a business objective(ビジネス目標をはっきり定める)、名**definition** of brain death(脳死の定義)、副**definitely** ahead of one's time(明らかに時代を先取りしている)

ポイント definitely は会議で頻繁に用いられる。

063 □ **defy**
[dɪfáɪ]

[RL] 動 逆らう、否定する(≒ challenge, go against)
defy description(言葉で言い表わせない)、**defy** explanation(説明ができない)、**defy** social conventions(社会慣習を無視する)、形 **defiant** attitude(反抗的な態度)、名 in **defiance** of world opinion(国際世論を無視して)
記憶術「なんでファイトと逆らうの」で覚えやすい。

064 □ **delegate**
[動 déləgèɪt]
[名 délɪgət]

[RL] 動〔人を〕代表に立てる、〔権限などを〕委任する(≒ assign, entrust)、名 代表(団)(≒ representative)
delegate the worker to negotiate with the company(社員をその会社と交渉する代表に立てる)、**delegate** authority to each level of the organization(組織内の各レベルに権限を委託する)、名 the Japanese **delegate** to the conference(会議の日本代表)
記憶術「お前出れんげーと派遣する」と苦しいが記憶の助けにはなろう。

065 □ **deliberate**
[形 dɪlíbərət]
[動 -èɪt]

[RL] 形 意図的な、落ち着いて、慎重な(≒ intentional, cautious, methodical)
deliberate attempt(意図的な企て)、**deliberate** murder(計画的殺人)、動 **deliberate** on the plan(計画について検討[審議]する)、名 budget **deliberations**(予算案審議)
ポイント この語に含まれる libra は星占いの Libra「天秤座」で「量りにかける」こと。

066 □ **designate**
[動 dézɪgnèɪt]
[形 -nət]

[RLWS] 動 指定する、指名する(≒ name, appoint)
designated as a world cultural heritage(世界遺産に指定される)、**designated** smoking areas(所定の喫煙所)、名 **designation**(指名、任命)
ポイント de(下に)+ sign(示す)→「指定する」となった語。

067 □ **detached**
[dɪtǽtʃt]

[RL] 形 離れた、一戸建ての(≒ separate)
detached palace(離宮)、**detached** house(一軒屋)、feel emotionally **detached**(感情にとらわれていない)、動 **detach** a stamp from an envelope(封筒から切手をはがす)

ポイント 反**attach** a file to a message（メッセージにファイルを添付する）、detach は tach（くっつく）を de で打ち消した語。

068 □ **devise**　RL 動 **考案する**（≒ invent）発明
　　[dɪváɪz]
≒ idea
devise a plan [strategy, method]（計画[戦略、方法]を考え出す）、名 explosive **device**（爆破装置）
ポイント equipment（装置）と違って「考案物」のイメージ。

069 □ **dignity**　RLW 名 **威厳、気高さ**（≒ majesty, self-esteem）
　　[dígnəti]
death with **dignity**（尊厳死）、**dignity** of individuals（個人の尊厳）、live in **dignity**（尊厳を持って生きる）、
動 **dignified** by the presence of the president（大統領の臨席で権威付けされた）

070 □ **diminish**　RL 動 **減少する、減少させる**（≒ decrease, reduce）
　　[dəmínɪʃ]
diminishing sales（売上の減少）、**diminishing** role（役割の縮小）
ポイント decrease は「減少する」の一般語、reduce は「増えてしまったものを元に戻す」、dwindle は大切なものが減少して悲しいという感情的色彩を帯びた語。di（下に）＋mini（短い）から来た語。

語根の知識で準1級語彙を光速マスター！②

7. duct, duc(e) －コンダクター（conductor）が導く（= lead）、誘惑する（seduce）

- □ **seduce** － se（分離）＋ duce（導く）→誘惑する、魅惑する
- □ **induce** － in（中へ）＋ duce（導く）→誘発する
- □ **deduct** － de（下に）＋ duct（導く）→控除する、差し引く
- □ **subdue** － sub（下に）＋ due（導く）→鎮圧する、抑制する
- □ **abduct** － ab（離れた所に）＋ duct（導く）→誘拐する

8. clude, clus は「閉じる」－ドア閉じて（= close）、除外する（exclude）、妨げる

- ☑ **conclusive** － con（完全に）＋ clus（閉じる）→決定的な、断固たる
- □ **exclusive** － ex（外へ）＋ clus（閉じる）→独占的な、排他的な、高級な

9. scribe, script, graph は「書く」－台本（script）・グラフ（graph）を書く、しるす、刻む、彫る、記名する

- □ **prescribe** － pre（前に）＋ scribe（書く）→規定する、指図する、処方する
- ☑ **subscribe** － sub（下に）＋ scribe（書く）→予約購読する、記名する、同意する
- □ **ascribe** － a（～の方へ）＋ scribe（書く）→～のせいにする
- ☑ **transcribe** － trans（越えて）＋ scribe（書く）→書き写す、複写する、翻訳する
- □ **scripture** －経典、聖書（の一節に）
- □ **autograph** －自筆（で書く）、サイン（する）

10. trans は「越えて、他の所（状態）へ、貫いて」

- □ **transfuse** － trans（他の所へ）＋ fuse（混ぜる）→輸血する、注入する
- ☑ **transplant** － trans（他の所へ）＋ plant（植える）→移植する、移住させる

- ☑ **transcend** － trans（超えて）＋ scend（登る）→超える、超越する
- ☑ **transpacific** － trans ＋ pacific（太平洋の）→太平洋横断の

11. cor(d) は「心」―コード (cord) で心を結ぶ

- ☐ **cordial** － cord（心）＋ ial（～の）→心からの、思いやりのある
- ☑ **accord** － ac（～の方へ）＋ cord（心）→一致（する）、調和（する）、協定 by rule
- ☐ **discord** － dis（分離）＋ cord（心）→不一致、不調和、不和

12. here(heri) は「ひっつく」－あ！ドヒャー (adhere) とひっつく

- ☐ **adherent** － ad（～の方へ）＋ here（ひっついた）→信奉者、付着した、関係のある
- ☐ **inherent** － in（中に）＋ here（ひっついた）→固有の
- ☑ **heritage** －文化遺産、相続財産、境遇、運命
- ☐ **hereditary** －遺伝（性）の、世襲の、代々の

13. fid(e), cred は「信ずる」－財力信じて (confidence) クレジット (credit) 買い（＝ trust）

- ☑ **confidential** －秘密の、信用のおける、うちとけた
- ☑ **federation** － fede（信じて）→連邦、連合
- ☐ **creditable** －称賛に値する、名誉となる、credulous（信じやすい）と混同しない！
- ☑ **credential** －成績（人物）証明書、委任状
- ☐ **creed** －信条、信念

14. nov は「新しい」

- ☐ **innovate** － in（～の中へ）＋ nov（新しい）→革新する、導入する
- ☐ **novice** －初心者、見習い僧
- ☐ **renovate** － re（再び）＋ nov（新しくする）→新たにする、修復する、回復させる
- ☐ **novelty** －目新しさ、新しいもの、（複数形で）新案の商品

15. rupt は「破れる」− bankrupt！と銀行破裂

- □ **eruption** − e（外）＋ rupt（破れる）→爆発、噴出（物）、発生、発疹
- □ **abrupt** − ab（分離）＋ rupt（破れる）→突然の、ぶっきらぼうな、険しい
- □ **disrupt** − dis（分離）＋ rupt（破れる）→分裂させる、混乱させる
- □ **corrupt** − co（一緒に）＋ rupt（破れる）→堕落した、汚職の
- □ **bankrupt** − bank（銀行）＋ rupt（破れる）→破産した、支払い能力のない

16. mal は「悪く」「不正に」「悪い」「〜でない」

- □ **malevolence** − male（〜ない）＋ volens（好意ある）→悪意、敵意
- □ **malpractice** − mal（誤った）＋ practice（行い）→医療事故、背任行為
- □ **malevolence** − male（悪い）＋ volens（願うこと）→悪意、敵意
- □ **malicious** − mali(ce)（悪い）＋ ious（〜に）→悪意のある、意地の悪い

17. ten(t), tain は「持つ」−テナント（tenant）は家の持ち主（＝ hold）

- □ **retain** − re（後ろに）＋ tain（保持する）→持ち続ける、維持する
- ☑ **sustain** − sus（下から）＋ tain（支える）→持続する、耐える、支える
- □ **detain** − de（下に）＋ tain（持つ）→引き留める、留置する
- □ **abstain** − ab（分離）＋ tain（持つ）→控える、棄権する
- □ **tenacious** − ten（持つ）→固執する、粘り強い
- □ **tenure** − ten（持つ）→保有（在職）権、保有（在職）期間

第5日
準1級合格のための基礎固め
5000語水準語彙を完全マスター ③

071 □ disguise
[dɪsgáɪz]
RL 動 変装させる(≒ camouflage)
person **disguised** as a woman(女装をした人)、**disguise** my voice(作り声をする)、**disguise** my emotions [age](感情[年齢]を偽る)、名 blessing in **disguise**(一見不幸に見えた幸運)
ポイント guiseは「偽装」の意味。
記憶術「何です外人に変装して」で覚えやすい。

072 ☑ disgusting
[dɪsgʌ́stɪŋ]
RLS 形 むかつくような(≒ offensive, outrageous)
disgusting food(胸が悪くなるような食べ物)、**disgusting** habit(実に嫌な習慣)
ポイント gustは「突風、激発」の意味。

073 □ dismay
[dɪsméɪ]
R 名 ろうばい、うろたえ、失望(≒ shock)
To my **dismay**(愕然としたことには)、exclaim in **dismay**(びっくりして叫ぶ)、動 be **dismayed** at the poor election turnout(選挙の思わしくない結果に落胆する)
記憶術「何です?命令下すとは失望するよ」で覚えよう。

074 □ dispense
[dɪspéns]
RL 動 分配する、施す、調剤する(≒ distribute, deliver, prepare)
dispenser
cash **dispensing** machine(現金支払機)、**dispense** with the formalities(堅苦しいことは抜きにする)
ポイント 形 dispensable(なくても済む)の反対語を使ったindispensable part of my life(私の人生に絶対不可欠な部分)は必須表現。
記憶術「何です?ペンすぐに分配するなんて」で覚える。

075 □ distract
[dɪstrǽkt]
RLW 動 (心など)をそらす(≒ divert) 気晴らし、空想
distracting noise(気を散らす音)、**distract** attention from the truth(事実から注意をそらす)、名 **distraction** in the class(授業を妨害するもの)

≒ abstract

ポイント dis(分離)＋tract(引っ張る)→「気をそらす」となった語。

076 □ **divine**
[dɪváɪn]

RLW 形 神の、人間を超越した(≒ holy, heavenly)
divine beauty(この世のものとも思えない美しさ)、**divine** inspiration(天来の霊感)、名 the **divinities** of ancient Greece(古代ギリシャの神々)
ポイント Almighty God!(全能の神！)、Lordは神のご加護を乞う時に使う。deityはアジア系の神、divinityはすべてを超越する神の力、divinationは占い(神の言葉を伝える)。

077 □ **doctrine**
[dάktrən]

RL 名 教義、主義(≒ creed, principle)
religious **doctrine**(宗教の教義)、the Monroe **Doctrine**(モンロー主義)
ポイント doctor-(教える)＋-ine(〜すること)→「教義」となった語。
記憶術 「これで毒取りんと教義を教える教祖」で覚えやすい。

078 □ **drain**
[dréɪn]

RLW 動 排出する、枯渇させる、流出する、空になる(≒ empty, extract, exhaust)
drain a bathtub(バスタブの水を抜く)、well-**drained** soil(水はけのよい土)、名 **drainage** pipe(排水管)
ポイント 優秀な人が海外に出ていく「brain drain(ブレインドレイン)」は有名。

079 □ **drastic**
[drǽstɪk]

RLW 形 抜本的な、大幅な(≒ radical)
drastic changes [measures](抜本的改革[対策])、**drastic** reduction(大幅削減)、副 change[cut] **drastically**(激変する[大幅に削る])
ポイント 反 mild, moderate。「ドラスチック」と日本語になっている。

080 □ **dreadful**
[drédfl]

R 形 恐ろしい、ひどい(≒ terrible)
dreadful disease [injuries](恐ろしい病気[怪我])、**dreadful** weather [disaster](ひどい天気[惨事])、副 I am **dreadfully** sorry.(誠に申し訳ない。)

081 ☑ **eccentric** [ɪkséntrɪk]	RLW 形 常軌を逸した(≒ unconventional) **eccentric** manner [behavior, personality](常軌を逸した振る舞い[人柄])、名 **eccentricity** in dress(服装の奇抜さ) ポイント center(中心)からe(外に出た)から来た語で、「エキセントリック」はもう日本語。
082 □ **elaborate** [形] ɪlǽbərət [動] -ərèɪt	RL 形 精巧な、手の込んだ(≒ intricate, detailed) **elaborate** design [costume](凝ったデザイン[衣装])、**elaborate** system [plan](精巧なシステム[計画])、動 **elaborate** on the reasons(理由を詳しく述べる) ポイント labor(骨折り)をe(外に出す)から来た語。
083 □ **elevate** [éləvèɪt]	RL 動 上げる、高める(≒ promote, raise) **elevate** blood pressure(血圧を上げる)、be **elevated** to Secretary of State(国防長官まで昇進する)、**elevate** the standard [level](水準[レベル]を高める)、名 Highest **elevation**(《掲示》最高標高) ポイント elevateは相対的に高い位置、状態に上げる、enhanceは魅力や質を高める、heightenは度合いや強さを増す。
084 □ **eloquent** [éləkwənt]	RLW 形 説得力のある、雄弁な(≒ persuasive, fluent) **eloquent** speaker(雄弁家)、**eloquent** silence(説得力のある沈黙)、名 Love and business teach **eloquence**.(恋と商いは人を雄弁にする。) ポイント colloquial(口語の)と同じ語根、loq(話す)を含む語。 記憶術 「偉く演説雄弁なスピーカー」と覚えよう。
085 ☑ **enchant** [entʃǽnt]	RL 動 魅了する(≒ captivate, charm) be **enchanted** by the offer [her smile](その申し出[彼女の笑顔]に魅了される)、形 **enchanting** melody(うっとりするメロディー) ポイント chantは「歌う」、つまり歌で人を魅了するから来た語。 記憶術 「口で言えんちゃんと行動で魅了しろ」で覚えやすい。
086 ☑ **enhance** [enhǽns]	RLWS 動 高める(≒ increase) **enhance** the quality of life [students' motivation for study](生活の質[生徒の学習意欲]を高める)、**enhance**

one's reputation(名声を博する)

記憶術「素敵な縁ハンサムな人との出会いを高める」で覚えられる。

087 □ enlighten [enláɪtn]
RLW 動 啓蒙する、教える(≒ make aware, illuminate)
enlighten the public about the importance of hygiene(衛生の重要性について大衆に教える)、名 spiritual enlightenment(精神的悟り)

088 □ enrich [enrítʃ]
RLW 動 豊かにする(≒ enhance, make richer)
enrich your life(人生を豊かにする)、enrich the quality(質を高める)、名 cultural enrichment(教養を高めるもの)、形 enriched uranium(濃縮ウラン)

089 □ entitle [entáɪtl]
RL 動 権利を与える、題する(≒ qualify, title)
be entitled to a pension [public education](年金[公的教育]を受ける権利がある)、book entitled "The Founder"(『創業者』という表題の本)

090 □ evaluate [ɪvǽljuèɪt]
RLWS 動 〜を評価する(≒ assess)
evaluate students' performance(生徒の成績を評価する)、名 teacher evaluation(教師の評価)
ポイント value(価値)をつけること。

091 □ evaporate [ɪvǽpərèɪt]
R 動 蒸発させる、気化する(≒ vaporize)
evaporate liquid(液体を蒸発させる)、evaporate into thin air(跡形もなく消える)、名evaporation of water(水の蒸発)
ポイント e-(外へ)＋vapor(蒸気)＋-ate →「蒸発させる」となる。

092 □ exhale [ekshéɪl]
RL 動 (息など)を吐き出す(≒ breathe out)
exhale a cloud of smoke(盛んに煙草の煙を吐き出す)、exhale a sigh(ため息をつく)、反inhale the air(空気を吸い込む)

093 □ expel [ɪkspél]
RL 動 (場所から)追い出す、除名する(≒ oust)
expelled from school [the party](学校[党]から除籍される)
ポイント ex-(外へ)＋-pel(駆り立てる)→「追い出す」となる。

094☑ **experimental** RLW 形実験の(≒ test, pilot)
[ɪkspèərəméntl] still in an **experimental** stage(まだ実験段階で)、**experimental** results(実験的結果)、名 scientific **experiment**(科学的実験)

095☐ **exquisite** RLW 形非常に美しい、最高の(≒ discriminating)
[ɪkskwízɪt] **exquisite** craftsmanship(見事な職人芸)、**exquisite** taste(洗練された感覚)、**exquisite** beauty(えも言われぬ美しさ)
ポイント イスラム建築のように精巧でものすごく美しいこと。
記憶術「イカス！クイズの商品**絶妙な**」で覚えやすい。

096☐ **extract** RL 動抽出する、無理に引き出す(≒ take out, squeeze)
[動ɪkstrǽkt] **extract** oils from the plants(植物から油を抽出する)、**extract** the relevant data(関連データを抽出する)、**extract** information(情報を引き出す)、名 mineral **extraction**(鉱物の抽出)
[名ékstrækt]
ポイント ex(外へ)＋tract(引っ張る)→「抽出する」となった語。

097☐ **extravagant** RL 形ぜいたくな、法外な(≒ lavish)
[ɪkstrǽvəgnt] **extravagant** lifestyle(ぜいたくな生活様式)、**extravagant** claims(法外な要求、途方もない主張)

098☐ **faint** RL 形かすかな(≒ unclear, quiet, slight)、動失神する
[féɪnt] **faint** hope [light](かすかな望み[光])、I don't have the **faintest** idea.(まったくわからない。)、動 **faint** in heat(暑さで失神する)

099☐ **fierce** RLW 形激しい、どう猛な(≒ intense, keen, savage)
[fíərs] **fierce** competition [battle](熾烈な争い)、**fierce** opposition [attack](激しい反対[攻撃])、**fierce** storm(激しい嵐)
記憶術「ふぃあスゴイ**激しい**戦い」で覚えやすい。

100☑ **flavor** RLWS 名風味(≒ taste)
[fléɪvər] have a rich [delicate, strong] **flavor**(豊かな[繊細な、強い]風味がある)、bitter **flavor**(苦味)
記憶術「こしょうをふれば―**風味**がよくなる」で覚える。

101☑ **flourish** RL 動繁栄する、よく成長する(≒ thrive, prosper)
[fláːrɪʃ] **flourishing** businesses(景気のよい店)、**flourish** in the

rainforest(雨林で繁栄する)
ポイント flower(花)から来た語で、「花咲く」は「繁栄する」となり、主に「事業」などが繁栄する。

102 □ **frown**
[fráun]

RL 名 難しい顔つき、動 顔をしかめる、難色を示す(≒ make a face)
frown on [upon] kissing in public(人前でのキスに難色を示す)

103 □ **furious**
[fjúəriəs]

RLWS 形 激怒した、猛烈な(≒ enraged, outraged)
furious fight[battle, attack](すさまじい戦い[猛攻撃])、
furious voice[look](激怒した声[顔つき])、名 simmering with **fury**(怒りで今にも爆発しそうである)
ポイント 今にも物が飛んできそうな「激しい怒り」。

104 □ **gloomy**
[glú:mi]

RL 形 暗い、憂うつな、悲観的な(≒ depressing, bleak, dark)
gloomy atmosphere(重苦しい雰囲気)、**gloomy** outlook [prospect](悲観的な見解[見通し])、**gloomy** weather(憂うつな天気)
ポイント gl は「光」で、それを m で「無」に打ち消した語。
記憶術 「お腹ぐるーぐる—むなしい憂うつな気分」で覚えやすい。

105 ☑ **gratitude**
[grǽtət(j)ù:d]

RLW 名 感謝の気持ち(≒ appreciation, thanks)
express my **gratitude** for her kindness(彼女の親切に対して感謝の気持ちを表す)、as a token of my **gratitude**(お礼の印に)
ポイント gratify(満足させる)、gratification(満足)、grateful(感謝した)などはすべて、grat(感謝)の意味の語根を含んでいる。

106 □ **greedy**
[grí:di]

RLWS 形 貪欲な(≒ very hungry, grabby)
greedy banker(欲深い銀行家[員])、**greedy** for money(金にガツガツする)、**greedy** for success(成功したくてたまらない)、名 **greed** for money[power] 金銭[権力]欲
記憶術 「ぐりーぐりーどんどん欲しがる貪欲なやつ」で覚えよう。

語根の知識で準1級語彙を光速マスター！③

18. mit は「送る」「投げる」

- **emit** — e（外へ）+ mit（送る）→（光・においなどを）放つ、（紙幣を）発行する
- **remit** — re（元の所へ）+ mit（送る）→送金する、（問題を委員会などに）付託する
- **submit** — sub（下に）+ mit（送る）→服従させる、（案などを）提出する
- **transmit** — trans（向こうへ）+ mit（送る）→送る、伝達する、伝染させる
- **intermittent** — inter（間に）+ mit（送る）→断続的な、間欠性の

19. magni は「大きい」

- **magnify** — magni（大きな）+ fy（〜にする）→拡大する ＝ huge
- **magnitude** — magni（大きな）+ tude（性質、状態）→大きいこと、偉大さ
- **magnificent** — magni（大きい）+ ficent（最高の）→壮大な、堂々とした

20. claim(clam) は叫ぶ－大声でクレーム (claim) 言う

- **acclaim** — ac（〜の方へ）+ claim（叫ぶ）→称賛（する）、歓呼して迎える
- **reclaim** — re（再び）+ claim（叫ぶ）→更生させる、埋め立てる、再生する
- **proclaim** — pro（公に）+ claim（叫ぶ）→宣言する、布告する、示す

21. pose(posi), pon, pound は「置く」－ポン (pon) と position に置く (= put)

- **impose** — im（中に）+ pose（置く）→課す、押し付ける
- **proposition** — pro（前に）+ posi（置く）→提案、計画、主張、命題　proposal
- **proponent** — pro（前に）+ pon（置く）人→提案者、擁護者

- ☐ **compound** − com（一緒に）＋ pound（置く）人→合成物、混合物

22. tact, tag(tig, tang) は「触れる」−目に触れるコンタクト (contact) あたち (attach) のもの！

- ☐ **intangible** −無形の（もの）、触れることのできない（もの）、実体のない
- ☐ **contagious** − con（完全に）＋ tag（触れる）→伝染性の、伝染病
- ☐ **contagion** − con（共に）＋ tag（触る）→接触感染、接触伝染病、伝染力
- ☐ **tactful** − tact（感触）＋ ful（満ちた）→機転の利く

23. mort は「死」−もうと (mort) っくに死んでる！(＝death)

- ☐ **mortgage** − mor（死）＋ gage（誓約、抵当）→抵当、担保
- ☐ **mortal** − mor（死）＋ al（性質の）→死ぬ運命にある、死を免れない

24. sed(side), sess は「座る」−サイド (side) に座る

- ☐ **supersede** − super（上に）＋ sede（座る）→取って代わる、後任となる
- ☐ **subside** − sub（下に）＋ side（座る）→おさまる、陥没する
- ☐ **obsess** − ob（〜に対して）＋ sess（座る）→（通例受け身で）取りつかれる
- ☐ **dissident** − dis（反対に）＋ sid（座る）→意義のある、反対者

第6日
準1級合格のための基礎固め
5000語水準語彙を完全マスター 4

107 □ halt
[hɔ́(:)lt]
RL 動 中断[中止]させる、止まる(≒ stop, end, pull up)
halt a military campaign(軍事行動作戦をやめさせる)、
名 temporary **halt** of the entire program(全プログラムの一時的な中止)
ポイント stopと違ってhaltは一時的な中止[中断]。

108 □ hinder
[híndɚ]
RL 動 妨げる、遅らせる(≒ block, hold back, frustrate)
hinder the economic development[growth, progress](経済的発展の妨げとなる)
ポイント behind(後ろ)に足を引っ張るイメージ。

109 □ hypocrite
[hípəkrìt]
RL 名 偽善者(≒ wolf in sheep's clothing)
play the **hypocrite**(猫をかぶる)、形 **hypocritical** excuse(うその言い訳)
記憶術 「ひ!ぽっくりと死んだよ偽善者が!」で覚えやすい。

110 □ impartial
[ɪmpáɚʃl]
RL 形 公平な(≒ neutral, unbiased)
impartial advice[judgment](公平なアドバイス[判断])、副 fairly and **impartially**(公平に)、名 have a sense of **impartiality**(公平感を抱く)
ポイント partial(部分的)でない→「公平な」となった語。反 partial agreement[approval](部分合意)、partial to the home team(地元チームをひいきする)

111 □ imperative
[ɪmpéɚrətɪv]
RLW 形 必須の、不可避の、名 必須事項、命令、原則(≒ vital, crucial, essential)
economic[biological, moral] **imperative**(経済的[生物学的、道徳的]必要性)、**imperative** sentence(命令文)
ポイント imperial(皇帝の)の命令は最重要とイメージしよう。

112 ☑ impulse
[ímpʌls]
RLWS 名 衝動、勢い(≒ urge, sudden strong desire)
impulse[**impulsive**] buying(衝動買い)、buy a car on

impulse(車を衝動買いする)、形impulsive murder(衝動的殺人)、副act impulsively(衝動的に行動する)
ポイント 電気用で「インパルス(落雷の電流のようなもの)」というのがあります。

113□incidental
[ínsidéntl]
RL 形偶発的な、付随して起こる、二次的な(≒accompanying, accidental)、名付随的な事柄
incidental expense[cost](臨時費用)、incidental income[gains](臨時収入)、名incident analysis(事故解析)、incidence of cancer(がんの発生率)

114□inclined
[ɪnkláɪnd]
RL 形〜したい気がする、傾いた(≒prone, apt, willing)
feel inclined to accept your proposal(あなたの提案を受け入れたい)、名inclination to love beauty(美しいものを愛する性向)

115□indifferent
[ɪndífərənt]
RLW 形無関心な、反対も賛成もしない(≒uninterested, unconcerned)
indifferent to fashion[money](ファッションに無関心である[お金に無頓着である])、名pretend indifference(無関心を装う)
ポイント different(異なる)をin(否定)して、「何も変わらないので興味なし」とイメージしよう。

116□indulgent
[ɪndʌ́ldʒənt]
RL 形大目に見る、気ままにさせる(≒soft, permissive)
indulgent parent(子供に甘い親)、indulgent with their children(子供に甘い)、動indulge in gambling(賭け事にふける)、名indulgence in bad habits(悪習にふけること)
記憶術「甘やかせると陰(いん)だるーいじゃんとだらけちゃう」で覚える。

117□inevitable
[ɪnévɪtəbl]
RLW 形必然的な、当然の(≒unavoidable, inescapable)
inevitable change[result, death](避けられない変化[結果、死])、名accept the inevitability of aging(老化は避けられないとあきらめる)

ポイント evadeと同じ語根eviは「避ける」で、inはそれができないこと。

記憶術 「だめいんエビ食べることだけは絶対避けられない」と覚える。

118 □ **infer**
[ɪnfə́ː]
RLW 動 推論する、推測する(≒ presume, assume)
infer the meaning of unfamiliar words from the context(文脈から知らない単語の意味を推測する)、
名 logical **inference**(論理的推論)
ポイント in(中へ)考えをfer(運ぶ)ところから「推論する」となった語。

119 □ **instinctive**
[ɪnstíŋktɪv]
RL 形 本能的、直感的、天性の(≒ intuitive, natural)
instinctive dislike(生理的嫌悪)、**instinctive** fear(本能的な恐怖心)、副 react **instinctively** to the danger(危険に本能的に反応する)、名 maternal[paternal] **instinct**(母性[父性]本能)

120 □ **interaction**
[ɪntərǽkʃən]
RLWS 名 交流、意思の疎通、相互作用(≒ working together)
interaction between participants(参加者間の相互作用)、動 **interact** with a variety of organizations(様々な組織と交流する)、形 **interactive** advertising(双方向広告)

121 □ **invisible**
[ɪnvízəbl]
visible
RL 形 目に見えない、見分けのつかない、内密の(≒ unseen, imperceptible)
invisible to the naked eye(肉眼では見えない)、**invisible** differences(見分けにくい違い)、**invisible** force(目に見えない力)

122 □ **justification**
[dʒʌ̀stəfɪkéɪʃən]
RLW 名 正当化、理由、言い訳(≒ grounds)
justification for violence[an armed attack](暴力[武力攻撃]の正当化)、medical **justification**(医学的理由)、動 **justify** a preemptive attack(先制攻撃を正当化する)、形 **justified** in thinking so(そう考えるのも当然だ)、**justifiable** criticism(正当な批判)

123 □ **legitimate**
RLWS 形 合法的な、正当な、筋の通った、(≒ legal, lawful,

| | [lədʒítəmət] | justifiable)
legitimate business(合法的な商売)、**legitimate** reasons(正当な理由)、**legitimate** child(嫡出子)、名 the **legitimacy** of PKO(PKOの正当性)
ポイント legalと同じ語根(leg＝法律)を含んだ語。 |

124 □ lure
[lúɚ]

RLWS 動 **おびき寄せる**、名 **魅力、誘因**(≒ tempt, entice)
lure customers into the stores(顧客を店舗に引き込む)、名 **lure** of money(お金の魅力)
記憶術 allureと同じ「お金あるあと誘惑する」で覚える。

125 □ manuscript
[mǽnjəskrìpt]

RL 名 **出版前の原稿**(≒ piece of writing before printing)
illegible [handwritten] **manuscript**(読みにくいまたは読めない[手書き]原稿)
ポイント 出版前の手書きまたはタイプ原稿のことで、それより前の段階の荒い原稿はdraft。manu(手で)＋script(書いたもの)→「原稿」。

126 □ marked ✓
[mάɚkt]

RLW 形 **際立った、著しい**(≒ striking, significant)
marked increase[decrease, difference](著しい増加[減少、違い])、副 **markedly** increase[decrease](著しく増加[減少]する)

127 □ massive
[mǽsɪv]

RL 形 **巨大な、大量の、大規模な**(≒ huge, tremendous)
massive layoffs [unemployment](大量の一時解雇[失業])、**massive** tax cut(大幅減税)

128 □ medieval ✓
[mìːdíːvl]

RL 形 **中世の**(≒ of the Middle Ages)
the **medieval** period(中世)、**medieval** castle[architecture](中世の城[建築])
ポイント mediはmidと同じ「真ん中」の意味。

129 ☑ memorable
[mémərəbl]

≒ memorial

RL 形 **記念すべき、印象的な**(≒ unforgettable, special, notable)
memorable event[experience](心に残る出来事[経験])、動 **memorize** a multiplication table(九九を覚える)、名 fond **memory** of my childhood(子供の頃の懐かしい思い出)

130☑ **merchandise** RL 名動 商品、製品を売買する(≒ goods, commodity)
[mɚ́ːtʃəndàɪz] **merchandise** purchase[sale, broker](商品購入[販売、仲介業者])

ポイント merchant(商人)で覚えやすい。

131☑ **minimize** RL 動 最小限にする[抑える](≒ keep to a minimum)
[mínəmàɪz] **minimize** the damage[risk, loss](被害[リスク、損失]を最小に抑える)、形 **minimum** charge(最低料金)、**minimum** wage(最低賃金)

ポイント 反意語で maximize the profit[potential](利益[可能性]を最大にする)。

132☐ **mischievous** RL 形 いたずら好きな(≒ playful, naughty)
[místʃəvəs] **mischievous** boy(いたずらっ子)、**mischievous** nature[tendency](いたずら好きな性格[傾向])、名 get into **mischief**(いたずらをする)

ポイント mis + achieve(損害、迷惑をかける)→「いたずら」となった語。

133☑ **misleading** RL 形 誤解を招くような(≒ deceptive)
[mìslíːdɪŋ] **misleading** ads[statements](誤解を招くような広告[コメント])、動 **mislead** consumers into expensive items(消費者をだまして高価なものを買わせる)

134☑ **misplace** RL 動 置き忘れる、間違えて向ける(≒ lose, put in the wrong place)
[mìspléɪs] **misplace** my key[glasses](鍵[メガネ]を置き忘れる)、形 **misplaced** anger(逆ギレ)、**misplaced** priority(誤った優先順位)、**misplaced** trust(信頼する相手を間違うこと)

135☑ **momentary** RL 形 束の間の(≒ short-lived, fleeting)
[móʊməntèɚri] **momentary** happiness[pleasure](束の間の幸せ[快楽])、**momentary** lapse of memory(度忘れ)

136☑ **motive** RL 名 動機、真意(≒ motivation, reason)
[móʊtɪv] ulterior **motive**[purpose](下心[隠された目的])

ポイント 派生語で enhance your motivation for study(勉強

へのモチベーションを高める）。

137 □ **multiply**
[mʌ́ltəplàɪ]
RL 動 掛け算をする、繁殖する、増加させる（≒ increase, breed）
multiply 3 by 4（3に4を掛ける）、名 **multiplication** table（九九の表）、**multiplier** effect（相乗効果）

138 □ **mumble**
[mʌ́mbl]
RL 動 ぶつぶつ言う（≒ murmur, speak indistinctly）
mumble a few words（2、3語ぶつぶつ言う）、**mumble** to oneself（ぶつぶつ独り言を言う）、名 speak in a **mumble**（ぶつぶつ言う）

139 □ **myth**
[míθ]
RLW 名 神話、作り話、伝説的人物（≒ legend, false notion, popular misconception）
myth of economic growth（経済成長神話）、separate **myth** from reality（作り話と事実を区別する）

140 □ **nasty**
[nǽsti]
RLWS 形 不快な、汚らわしい、扱いにくい（≒ disgusting, unpleasant）
nasty smell [aftertaste]（異臭[悪い後味]）、**nasty** sense of humor（悪意のあるユーモア感覚）
記憶術 「嫌なステーキ**不快だよ**」で覚えやすい。

141 ☑ **naughty**
[nɔ́ːti]
RL 形 いたずらな（≒ mischievous）
naughty kids[children]（いたずら小僧[行儀の悪い子供]）
記憶術 「いたずら小僧は脳低下する」と覚えよう。

142 □ **necessitate**
[nəsésətèɪt]
↓
necessary
R 動 必要とする、必然的に伴う、余儀なくさせる（≒ require, call for）
necessitate a change in the plan[a price increase]（計画の変更[価格UP]を余儀なくさせる）

必須派生語の知識でスーパーボキャブラリービルディング！
（5000語水準①）

☑ **respect** a contract（契約を遵守する）、**respectful** behavior（恭しい態度）、**respectable** family（立派な家柄）、upper-class **respectability**（上流階級にふさわしい振る舞い）

☑ **finalize** the deal（契約をまとめる）、**final** approval（最終承認）、**finalist** for the award（賞の最終選考者）、**finally** achieve success（ついに成功する）

☑ **sensible** choice（賢明な選択）、**sensual** pleasure（官能的な喜び）、**sensitive** issue（慎重を要する問題）

☐ **responsive** service（迅速なサービス）、immediate **response**（素早い反応）、**responsible** for safety（安全性の責任を担う）

☑ **manage** an estate（財産を管理する）、**managerial** post（管理職）、**managing** director（常務取締役）、**manageable** problem（扱いやすい問題）、**management** cost（管理コスト）、sales **manager**（営業部長）

☑ **produce** a book（本を出版する）、**productive** age（生産年齢）、**production** capacity（生産能力）、agricultural **produce**（農産物）

☑ **conclude** the decision（決定を下す）、**conclusive** evidence（決定的な論拠）、reach the **conclusion**（結論に達する）、prove the theory **conclusively**（理論を決定的に証明する）

☑ **specialize** in medicine（医学を専攻する）、**special** account（特別会計）、**specialized** course（専門科目）、local **specialty**（地方の特産物）、professional **specialization**（職業的専門化）

☑ **satisfy** demand（需要を満たす）、**satisfactory** evidence（十分な証拠）、**satisfying** life（満足のいく暮らし）、job **satisfaction**（仕事に対する満足感）

☑ ceremonial **functions**（冠婚葬祭 [function は「儀式」]）、specific **function**（特定の機能）、**functional** food（機能性食品）、advanced **functionality**（高度な機能性）

☐ sales **commission**（販売手数料）、**committed** supporters（熱心な支持者）、financial **commitment**（財政的責任）

第7日
準1級合格のための基礎固め
5000語水準語彙を完全マスター⑤

143 □ nourish
[nə́ːrɪʃ]
RL 動 栄養分を与える、育てる、抱く、助長する（≒ feed, nurse, cultivate）
nourish a baby with milk（赤ん坊をミルクで育てる）、**nourish** a feeling of hatred（憎しみを抱く）、名 absorb **nourishment** from the soil（土壌から栄養を吸収する）
記憶術 「元気になりっ（と）しゅークリーム与える」で覚える。

144 □ novelty
[nάvḷti]
ふろく×
RL 名 目新しいこと[もの]、珍しいもの（≒ originality, innovation）
novelty item[goods, products]（目新しいもの）、**Novelty** soon wears off.（目新しいのは最初だけ。）、形 **novel** business strategy（新しい事業戦略）
ポイント イノベーション（innovation）と同じnov（新しい）を含んでいる。

145 □ nutritious
[n(j)uːtríʃəs]
RLW 形 栄養のある（≒ nourishing）
nutritious diet [meal, food]（栄養のある食事[食物]）、名**nutrition** expert（栄養の専門家）、形 **nutritional** value（栄養価）
記憶術 「栄養補給に牛乳取りシャス」と覚えよう。

146 □ objective
[əbdʒéktɪv]
RLWS 名 目的、目標、対象（≒ goal, intention）、形 客観的な、事実に基づく（≒ impartial, unbiased）、
career **objective**（職業上の目標）、business **objective**（経営目標）、形 **objective** evaluation（客観的な評価）
ポイント object（物体、関心の中心、行為の目的）との違いに注意！ the object of his affections（彼の意中の人）

147 □ obscure
[əbskjúɚ]
RL 形 薄暗い、曖昧な、無名の（≒ unclear, ambiguous, unknown）、動 曖昧にする、見えなくする
obscure answer（曖昧な返事）、**obscure** jargon（不可解な専門用語）、**obscure** writer（無名の作家）、動**obscure**

the issue(論点をぼかす)、图 rise from **obscurity** to fame(無名の存在から名を成す)

148 ☑ **occasional**
[əkéiʒnl]

RLWS 形 時折の、臨時の、予備の(≒ infrequent)
occasional date(たまにするデート)、**occasional** rain(時々の雨)、**occasional** visitor(時折の来客)、**occasional** chair(補助椅子)、图 auspicious **occasion**(幸先のよい出来事、慶事) 愛でたい

149 ☑ **offspring**
[á:fspriŋ]

RL 图〔人や動物の〕子、子孫(≒ descendant, children)
offspring of the rare animal(珍しい動物の子孫)
ポイント spring(泉のように湧き)+off(出る)から来た語。

150 ☐ **outcome**
[áʊtkʌ̀m]

RL 图 結果、結末(≒ result, consequence)
outcome of the meeting(会議の結果)、**outcome** of the war(戦争の結果)
ポイント come out とひっくり返せば、すぐに推測できる。

151 ☑ **overall**
[òʊvərɔ́:l]

RLWS 形 全部の、全体の、副 概して、全体としては(≒ general, all-inclusive, altogether)
overall rating[evaluation](総合評価)、**overall** budget(総合予算)、**overall** benefit[loss](総合的利益[損失])

152 ☐ **overlook**
[òʊvərlʊ́k]

RL 動 見落とす、大目に見る、見渡す(≒ miss, ignore, look over)
overlook a mistake(誤りを見落とす)、**overlook** bad behavior(悪い行いを大目に見る)、room **overlooking** the ocean(海が見渡せる部屋)

153 ☑ **overnight**
[形 óʊvərnàit]
[副 óʊvərnáit]

RL 形 夜間の、翌日配達の、突然の(≒ happening suddenly or quickly)、副 夜通し、一夜にして
overnight accommodation(一泊できる宿)、**overnight** delivery(翌日配達便)、副 stay **overnight** for work(泊まりで仕事をする)、become famous **overnight**(一夜にして有名になる)

154 ☑ **overtake**
[òʊvərtéik]

RL 動 ～を追い越す、～を上回る(≒ surpass, get ahead of)
overtake demand[supply](需要[供給]を超える)、**overtake** the country in car production(車の生産でそ

の国を超える）

155 □ **pathetic**
[pəθétɪk]
RLWS 形 痛ましい、哀れな、感傷的な（≒ pitiful, poor, feeble）
pathetic performance（下手で見ていられない演技）、**pathetic** effort（痛ましい努力）
ポイント sympathyと同じ語根、pathy（感情）を含んだ語。

156 □ **peculiar**
[pɪkjúːljɚ]
RL 形 特異な、変な、独特の（≒ unique, eccentric, characteristic）
peculiar smell（妙な匂い）、**peculiar** behavior（突飛な行為）、名 psychological **peculiarity**（心理的特性）
記憶術「キューピーきゅうりやと変わった人」と覚える。

157 □ **penetrate**
[pénətrèɪt]
RLW 動 貫く、侵入する、浸透する、〔真相を〕見抜く（≒ pierce, slip into, grasp）
penetrate the Japanese market（日本市場に参入する）、**penetrate** the skin（皮膚に浸透する）、**penetrate** your thoughts（考えを見抜く）、名 Internet **penetration** rate（インターネット普及率）
ポイント 派生語で impenetrable fortress は「堅固な城塞」。

158 □ **perish**
[péɚrɪʃ]
RL 動 滅びる、死ぬ、消滅する（≒ die (away), decay）
perish by nuclear weapons（核兵器によって滅びる）、**perish** in an earthquake（地震で死ぬ）、形 non-**perishable** food（保存食品）

159 □ **perplex**
[pɚpléks]
RL 動 当惑させる、混乱させる（≒ puzzle, confuse）
perplexed by the difficult question（難しい質問に当惑する）、形 **perplexing** problem（ややこしい問題）、**perplexed** look（当惑した表情）、名 the **perplexities** of life（人生の厄介な問題）

160 □ **perspective**
[pɚspéktɪv]
RLWS 名 視点、大局観［見通す力］、遠近感（≒ outlook, viewpoint, view）
global **perspective**（グローバルな視点）、historical **perspective**（歴史的見地）、put the issue into **perspective**（問題を大局的な視点で見る）

161 □ **persuasive** [pərswéɪsɪv]	RLW 形 説得力ある(≒ convincing, compelling) **persuasive** argument [writing]（説得力ある議論[文章]）、副 argue **persuasively**（説得力ある主張をする）、動 **persuade** residents to support nuclear power（住民を説得して原子力発電を支持してもらう）
162 □ **phase** [féɪz]	RL 名 段階、様相、面(≒ stage, aspect) critical **phase**（重大な局面）、rebellious **phase**（反抗期）、**phase** of the moon（月の満ち欠け）、動 **phase** out production（段階的に生産を中止する）
163 □ **physicist** [fízəsɪst]	RLW 名 物理学者 Nobel **physicist**（ノーベル賞物理学者）、**biophysicist**（生物物理学者）、nuclear **physics**（核物理学） ポイント physician（医者）、medical doctor（総合内科医）と混同しないように。
164 □ **pious** [páɪəs]	R 形 信心深い、信心家ぶった、宗教的な(≒ religious, devout) **pious** Buddhist [Christian]（敬けんな仏教徒[クリスチャン]）、名 filial **piety**（親孝行）
165 □ **plunge** [plʌndʒ]	RL 名 動 飛び込み(する)、急落(する)、殺到(する)(≒ drop, fall, plummet) **plunge** into crisis（危機に陥る）、**plunge** into action（いきなり行動に移る）、take the **plunge** and get married（結婚に踏み切る）
166 □ **ponder** [pándər]	R 動 思案する(≒ contemplate, deliberate) **ponder** on [over, about] the matter [issue]（その事柄についてあれこれ考える） 記憶術 「**パンダ**がいいかコアラがいいか**よく考える**」と覚えよう。
167 □ **portray** [pɔrtréɪ]	RL 動 〔絵画、彫刻、映像で〕描く、言葉で描写する(≒ depict, represent, describe)

portrayed as a victim[villain](犠牲者[悪者]として描かれる)、名 realistic **portrayal**(リアルな描写)、**portrait** of my mother(母の肖像画)

記憶術 「ぽーと霊が現れるのを描く」と覚えよう。

168☐ **preach**
[príːtʃ]

RL 名動 説教[する](≒ sermonize, moralize, lecture)
Practice what you **preach**.(自分の教えを自らが実践せよ。)、名 **preacher**(〔プロテスタントの〕牧師、くどくど説教する人)

記憶術 「ぷりぷりーちくちく説教する」と覚えよう。

169☐ **precaution**
[prɪkɔ́ːʃən]

RL 名 予防措置、事前注意(≒ preventive measure)
take a **precaution** against flooding[earthquakes](洪水[地震]に備える)、形 **precautionary** measure(予防策)

170☐ **precede**
[prɪsíːd]

RL 動 〜に先行する、〜より重要な地位にある(≒ come before)
the years **preceding** the war(戦争の前の年)、The meeting was **preceded** by several months of planning.(会議の前に数カ月間プランが練られた。)、形 **preceding** chapter(前章)

171☐ **precise**
[prɪsáɪs]

RLW 形 正確な、精密な(≒ exact, accurate)
precise location[definition, instructions](正確な位置[定義、指示])、名 **precision** apparatus(精密機器)

ポイント pre(前もって)+ cise(きっちり切る)→「正確な」となった語。"Precisely!"(全くその通り！)はよく使われる表現。

172☐ **prey**
[preɪ]

RL 名 犠牲、餌食(≒ game, victim)、動 捕食する
fall **prey** to drug dealers(麻薬売人の餌食になる)、a bird[beast] of **prey**(猛禽)、動 **prey** on mice(ネズミを捕食する)

173☑ **procedure**
[prəsíːdʒɚ]

RLWS 名 手順、処置、(法律などの)手続き(≒ method, course of action)
safety[standard] **procedure**(安全[標準]手順)、surgical **procedure**(外科的処置)、legal[court] **procedures**(訴

訟[裁判]手続き)

174 ☐ proclaim
[proʊkléɪm]
[RL] 動 布告する、宣言する(≒ declare)
proclaim war(宣戦布告する)、proclaim their independence(独立を宣言する)、proclaim himself president(自らを会長だと宣言する)
ポイント pro-(公に)＋claim(叫ぶ)→「公式に宣言する」となった語。

175 ☐ profound
[prəfáʊnd]
[RLW] 形 きわめて大きな、深い(≒ great, deep)
have a profound impact [effect] on the society(社会に大きな衝撃[影響]を与える)、profound insight(深い洞察力)、副 profoundly affect my life(私の人生に深い影響を与える)

176 ☑ prolong
[prəlɔ́ːŋ]
[RL] 動 延長する(≒ lengthen, make longer)
prolonged recession(長引く不況)、prolong life expectancy(平均寿命を延ばす)
ポイント pro-(前方へ)＋-long(長くする)→「延長する」。

177 ☐ prominent
[prámənənt]
[R] 形 人目を引く、著名な(≒ famous, noticeable)
prominent feature(目立った特徴)、prominent scientist(有名な科学者)、prominent role(大きな役割)、名 gain global prominence(世界的に有名になる)

178 ☐ prompt
[prámpt]
[RL] 形 即座の、敏速な(≒ quick, swift)、動 駆り立てる、促す(≒ encourage, induce)
prompt payment(即時払い)、prompt response [reply](即答)、動 prompt him to action(彼を行動へと駆り立てる)、名 prompter(プロンプター、後見、激励者)

179 ☐ provoke
[prəvóʊk]
[RL] 動 引き起こす、怒らせる(≒ arouse, stimulate, anger)
provoke a backlash(反感を引き起こす)、provoke a confrontation(衝突を引き起こす)、provoke a riot(暴動を引き起こす)、形 provocative behavior(挑発的な行為)

180 ☐ qualify
[kwáləfàɪ]
[RLWS] 動 資格がある(≒ be eligible)
be qualified for the post [job](その地位[仕事]に適任である)、be qualified for the bid(入札の資格がある)、

名 qualification test(資格試験)

181 □ rage
[réɪdʒ]
RLWS 名激怒(≒ anger, fury)、動激怒する、猛威をふるう
rage of the storm(嵐の猛威)、road rage(運転中の激怒)、parking rage(駐車場不足が引き起こすイライラ)、
形 raging fire(燃え盛る火)

182 □ ratio
[réɪʃoʊ]
RLWS 名割合、比率(≒ proportion)
in the ratio of 5:3 [5 to 3](5対3の割合で)、「男女比」は the ratio between males and females [the ratio of males to females, the male-female ratio]。

183 □ refined
[rɪfáɪnd]
RLW 形洗練された、精製した(≒ sophisticated, purified)
refined taste(高尚な趣味)、refined sugar(精糖)、
名 oil refinery(石油精製所)

184 □ reinforce
[rìːɪnfɔ́ːrs]
RL 動 補強する、強化する(≒ strengthen, fortify)
reinforce a building(建物を補強する)、reinforce the idea(その考えを強める)、名 call for reinforcements(応援[援軍]を要請する)
ポイント re(再び)＋inforce(強化する)→「増強する」となった単語。

185 □ remainder
[rɪméɪndər]
RL 名 残り、余り(≒ rest, remaining part[number])
for the remainder of the month(その月の残りの期間)、The remainder will be charged to your credit card.(残金はクレジットカードに請求させていただきます。)
ポイント 残骸(遺跡)にはremainsを使うことに注意！

186 □ remedy
[rémədi]
RLW 名治療、改善策(≒ cure, treatment)
home remedy(家庭治療法)、beyond remedy(救済の見込みがない)、動 remedy the situation(事態を打開する)

187 □ reminder
[rɪmáɪndər]
RLWS 名思い出させるもの、催促状(≒ remembrance)
serve as a reminder(思い出す手がかりとなる)、Thanks for the reminder.(お知らせありがとう。)

必須派生語の知識でスーパーボキャブラリービルディング！
（5000語水準②）

- **experiment** with various drugs（いろいろな薬で実験する）、**experimental** apparatus（実験装置）、animal **experimentation**（動物実験）
- **image** of the Buddha（仏像）、**imaginary** creature（想像上の動物）、**imaginative** solution（想像力に富んだ解決策）
- **post** a notice on the bulletin board（掲示板にはり紙をする）、**posted** rate（公示レート）、**posting** book（転記簿）
- **recognize** him（彼と気づく）、**recognize** the value（価値を認める）、**recognizable** change（見分けがつく変更）、**recognition** of expense（費用の承認）
- **expected** result（期待通りの結果）、**expecting** mother（妊娠中の母親）、life **expectancy**（平均余命［expectancyは「予測値」］）
- **irritate** him（彼をいらいらさせる）、become **irritable**（怒りっぽくなる）、skin **irritation**（皮膚炎）
- **follow** a precedent（先例に従う）、**following** business day（翌営業日）、**following** a break（休憩の後）、devout **follower**（敬虔な信者）
- **continue** dialogue（話し合いを続ける）、**continuous** activity（持続的活動）、**continual** change（連続的な変化）、**continued** support（変わらぬ支援）、college **continuance** rate（大学進学率）
- robust **economy**（強い経済）、**economic** growth（経済成長）、**economical** car（経済的な［燃費のよい］車）
- **serve** as a model（手本になる）、**service** a car（車を修理する）、community **service**（地域社会への奉仕）、**serviceable** tool（役に立つ道具）、**serving** size（一人前の分量）
- **variety** of sources（資源の多様性）、**variable** weather（変わりやすい天気）、**various** reasons（様々な理由）
- **intend** to go abroad（海外に行くつもりである）、**intended** purpose（意図した目的）、**intentional** lie（意図的なうそ）、good **intention**（善意）
- **permit** access（アクセスを許可する）、**permissible** level（許容レベル）、working **permit**（就労許可証）、without **permission**（許可なしに）

第8日
準1級合格のための基礎固め
5000語水準語彙を完全マスター ⑥

188 ☐ resume
[rɪz(j)úːm]
RL 動 再開する、(≒ restart, return to)
resume a dialogue（協議を再開する）、**resume** negotiations（交渉を再開する）、名 **résumé** [rézʊmèɪ]（履歴書）発音が変わるので注意！
ポイント re（再び）＋ sume（取り上げる）→「再開する」となった語。

189 ☐ retain
[rɪtéɪn]
RL 動 保有する、維持する（≒ keep, maintain）
retain memory（記憶を保つ）、**retain** control（支配し続ける）、名 **retention** rate（定着率）
ポイント re（後ろに）＋ tain（保管する）→「持ち続ける」となった語。turnover rate「離職率」も重要！

190 ☐ ridicule
[rídɪkjùːl]
RL 動 あざ笑う（≒ make fun of, laugh at）、名 あざけり
ridicule the idea（その考えをバカにする）、He was **ridiculed** by his peers.（彼は仲間にからかわれた。）、形 It's **ridiculous**!（そんなのバカげている！）

191 ☐ ritual
[rítʃuəl]
RLW 名 (宗教の) **儀式**（≒ ceremony, service）
marriage **ritual**（婚姻儀礼）、perform a sacred **ritual**（聖なる儀式を執り行う）、形 **ritual** dance（儀式の踊り）
ポイント ritual「〔宗教上の〕儀式」、ceremony「式典」、rite「慣行、慣例」を使い分けよう。rite of passage「通過儀礼」も重要！

192 ☐ roar
[rɔ́ːr]
RL 動 名 **大声で叫ぶ、うなる、吠え声**（≒ yell, shout, growl）
roar with rage（怒ってわめく）、**roar** in pain（痛みでうめく）、名 lion's **roar**（ライオンの吠える声）

193 ☐ salute
[səlúːt]
RL 動 **敬礼する、会釈する**（≒ greet, honor）
salute the national flag（国旗に敬礼する）
記憶術「将軍が去る―ときに**敬礼する**」で覚えよう。

194 sanitary
[sǽnətèəri]

[RL] 形 衛生の、衛生的な(≒ clean, hygienic)
sanitary conditions(衛生状態)、**sanitary** pad(生理用ナプキン)、名 poor **sanitation**(悪い衛生状態)
ポイント sanit(健康)＋ary(〜に関する)→「衛生の」となった語。

195 scarce
[skéəs]

[RL] 形 乏しい(≒ scanty, meager, rare)
scarce resources(乏しい資源)、**scarce** species(稀少種)、副 I can **scarcely** believe it.(そんなこと信じられませんね。)

196 serene
[sərí:n]

[RL] 形 穏やかな、平静な(≒ peaceful, calm)
serene lake waters(穏やかな湖面)、**serene** beauty(澄み渡った美しさ)、名 **serenity** of mind(心の平安)
ポイント「セレナード」はここから来ている。

197 shatter
[ʃǽtəɚ]

[RLW] 動 粉々になる、打ち砕く(≒ smash, crush)
shatter into pieces(粉々に砕ける)、**shatter** my dream(夢を打ち砕く)、形 earth-**shattering** news(あっと驚くようなニュース)

198 simultaneous
[sàɪməltéɪniəs]

[RL] 形 同時に起こる(≒ synchronous)
simultaneous translation(同時通訳)、**simultaneous** access(同時アクセス)、副 broadcast **simultaneously**(同時に放映する)
ポイント similarと同じ語根simil(似た)を含んでいる。

199 skeptical
[sképtɪkl]

[RL] 形 疑い深い、懐疑的な(≒ doubtful, suspicious)
skeptical view(懐疑的な見解)、**skeptical** look(疑っているような表情)、**skeptical** about the idea(その考えに懐疑的である)、名 meet with **skepticism**(疑いの目が向けられる)
ポイント skept(よく考える)＋ical(〜に特有の)→「疑い深い」となった語。

200 soar
[sɔ́əɚ]

[RL] 動 空高く飛ぶ、急に上がる(≒ fly high, rise sharply)
soar into the sky(空に舞い上がる)、Her temperature **soared**.(体温が急激に上がった。)、形 **soaring** prices(高騰する価格)

ポイント 車の「ソアラ」はここから来ている。

201 ☑ **solemn**
[sáləm]
RL 形 **厳粛な、重々しい、宗教上の**(≒ grave, dignified, serious)
solemn ceremony(厳粛な儀式)、put on a **solemn** face(真面目くさった顔をする)、名 with **solemnity**(厳粛に)
記憶術 「何それむずかしい顔をした厳粛な儀式は？」で覚える。

202 ☐ **spacious**
[spéɪʃəs]
RLW 形 **広々とした、広い範囲の**(≒ large, roomy)
spacious living room(開放的なリビング)、**spacious** studio(広々としたスタジオ)、副 laid out **spaciously**(広々とディスプレイされた)
ポイント space(空間)からすぐに予測できる。

203 ☐ **specimen**
[spésəmən]
RL 名 **検査サンプル、見本**(≒ sample)
specimen of blood(血液の検体)、**specimen** copy(見本)
ポイント species(種族), specification(仕様書)と同じ語根「spec(見る・種類)」を含む。

204 ☑ **spectacular**
[spèktækjələr]
RLW 形 **目を見張る、壮観な**(≒ splendid, magnificent)
spectacular performance(見事なパフォーマンス)、**spectacular** success(輝かしい成功)、名 public **spectacle**(さらし物)、beautiful **spectacle**(美しい眺め)
ポイント spectは「見る」で、「見るに値する」の意味。

205 ☐ **spectator**
[spékteɪtər]
RLW 名 **観客、見物人**(≒ audience, bystander)
spectator sport(観戦スポーツ)、**spectator** in the court(傍聴人)
ポイント spectacleと同じ語根、spect「見る」を含んだ語。

206 ☑ **spontaneous**
[spɑntéɪniəs]
RL 形 **自発的な、無意識の**(≒ voluntary)
spontaneous recovery(自然回復[治癒])、**spontaneous** action(自発的な行動)、名 act in **spontaneity**(のびのびと行動する)
ポイント spont(自分自身の意志で)+ aneous(〜に富む)→「自発的な」となった。

記憶術「自ら服脱ぎすっぽんぽんてい？」ですぐに覚えられる。

207 □ **startle**
[stáɚtl]

RL 動 はっと驚く(≒ surprise, frighten)
I was **startled** by the noise.(その音にゾクッとした。)、I didn't mean to **startle** you.(びっくりさせるつもりじゃなかった。)、形**startling** discovery(ドキッとするような発見)
ポイント startに「はっとする」の意味がある。

208 □ **stroll**
[stróʊl]

RL 動 ぶらぶらと歩く(≒ walk, wander)
stroll along the beach(浜辺をぶらつく)、**stroll** in the woods(森の中を散歩する)、名baby **stroller**(ベビーカー)
記憶術「ぶらぶら歩いてジュースストローで飲む」で覚えられる。

209 □ **stun**
[stán]

RL 動 仰天させる(≒ shock, stagger)
stun the world[nation](世界[国]を仰天させる)、I was **stunned** by the news.(その知らせに茫然とした。)、形**stunning** beauty(息を呑む美しさ)、**stunning** victory(素晴らしい勝利)
ポイント **stun** gun(〔電気ショックを与える〕スタンガン)は有名！

210 □ **supervise**
[súːpɚvàɪz]

RLW 動 監視する、監督する(≒ oversee, manage)
supervise the staff(スタッフを監督する)、**supervise** the operation(業務を指揮する)、名under his **supervision**(彼の監督の下で)
ポイント super(〜の上を)＋vise(見る)→「監視する」となった語。

211 □ **sustenance**
[sÁstənəns]

R 名 (生命維持の)**食物、生計、維持すること**(≒ food, maintenance)
provide **sustenance**(生活手段を提供する)、means of **sustenance**(生計の手段)、形**sustainable** development(環境維持開発)、**sustainable** energy(持続可能エネル

ギー)、動**sustain** economic growth(経済成長を維持する)、**sustain** your health(健康を保持する)

212 □ **swift**
[swíft]
RL 形 即座の、素早い(≒ immediate, prompt)
swift action(迅速な行動)、**swift** to respond(反応が素早い)、副 move **swiftly**(迅速に行動する)
記憶術「素早くすいすい、ふと立ち止まる」で覚えよう。

213 □ **thorough**
[θɚ́:roʊ] または
[θʌ́rə]
RL 形 徹底的な、完璧な(≒ complete, detailed)
thorough investigation [research](徹底的な調査[研究])、**thorough** coverage(徹底的な取材)、副 **thoroughly** enjoy the book(本を余すことなく楽しむ)
記憶術「さらさらっとやって完璧に仕上げる」で覚えよう。

214 □ **token**
✓ [tóʊkn̩]
RL 名 しるし、思い出、引換券(≒ symbol, keepsake, coupon)
as a **token** of my gratitude(感謝のしるしとして)、book **token**(図書券)
ポイント コンピュータ用語でデジタル認証を行う「認証トークン」がある。

215 □ **tolerate**
[tálərèɪt]
RL 動 大目に見る、容認する(≒ allow, bear, stand)
I can't **tolerate** it anymore.(もう我慢できない。)、**tolerate** behavior(振る舞いを大目に見る)、形 **tolerant** of heat(熱に強い)、**tolerable** heat(耐えられる暑さ)
名 have a **tolerance** for pain(痛みに強い)
ポイント toler(耐える)＋ate(〜にする)→「寛大に取り扱う」となった語。

216 ☑ **transaction**
[trænsǽkʃən]
RLW 名 取引、経済活動(≒ deal, proceedings)
financial **transaction**(金融取引)、**transaction** fee(取引手数料)、動 **transact** business on the Internet(インターネットで取引する)
ポイント trans(横切って)＋act(行動)→「取引」となった語。

217 □ **transcend**
[trænsénd]
RL 動 超越する、勝る(≒ go beyond, surpass)
transcend cultural differences(文化の違いを越える)、

transcend time and space（時間と空間を超越する）、形 **transcendent** existence（超越的な存在）
ポイント tran（超えて）＋scend（登る）→「超越する」となった語。

218 □ **transparent** RL 形 透明な、明白な（≒ clear, obvious）
[trænspǽərənt] **transparent** system［government］（透明性のあるシステム［政府］）、**transparent** lie（見え透いた嘘）、名 corporate **transparency**（企業の透明性）
ポイント apparent（はっきり見える）と同じparentにtrans（超えて）を加えた語。

219 □ **trivial** RLW 形 ささいな、取るに足らない（≒ unimportant, minor）
[tríviəl] **trivial** matter（ささいな［どうでもいい］こと）、**trivial** risk（わずかなリスク）、名 **trivial** quiz（雑学クイズ）

220 □ **ultimate** RLW 形 最終的な、究極の（≒ final, absolute）
[ʌ́ltəmət] **ultimate** weapon（最終兵器）、**ultimate** goal（究極の目標）、副 **ultimately** successful campaign（最終的に成功するキャンペーン）
ポイント ultimatum（最終通告）も重要！

221 □ **unanimous** RL 形 満場一致の（≒ united）、副 直立して
[ju(:)nǽnəməs] reach an **unanimous** agreement［decision］（満場一致の合意［決定］）
記憶術 「ユーなにマスかいてんの、満場一致で禁欲するのに」ですぐに覚えられる。

222 □ **upright** RL 形 直立の、公正な（≒ vertical, honest）
[ʌ́pràɪt] **upright** position（直立位置）、**upright** man（清廉潔白の士）、副 sit **upright**（背筋を伸ばして座る）

223 □ **utensil** RL 名 用具、道具、器具（≒ tool, apparatus）
[ju(:)ténsl] kitchen **utensil**（台所用品）、**utensil** rack（用具棚）
ポイント apparatus（医療器具など）やinstrument（楽器・計器）と違って「台所用具」。
記憶術 「ゆうてんしるこを作る道具は何？」と覚えよう。

224 □ utter [ʌ́tɚ]	RL 動 口に出す、述べる(≒ say, sheer, stark) **utter** a word(言葉を口に出す)、**utter** a threat(脅迫の言葉を口に出す)、形**utter** nonsense(全くのナンセンス)
225 ☑ vertical [vɚ́:təkl]	RL 形 垂直の、縦の(≒ upright, perpendicular) **vertical** line(直[垂]線)、**vertical** cliff(切り立った崖) 名 **verticality**(垂直状態) ポイント ちょうど90度にまっすぐだとperpendicularとなる。 記憶術「レバーちから垂直に加える」で覚えよう。
226 ☑ web [wéb]	RL 名 クモの巣、網状のもの、ネット(≒ net, network) **web** ad(ネット広告)、a **web** of lies(嘘で固めた話)、形**webbed** fingers(水かきのある指)
227 □ wicked [wíkɪd]	RL 形 ひどく悪い、いたずら好きな(≒ evil, naughty) **wicked** smile(いたずらっぽい微笑み)、**wicked** crime(卑劣な犯罪) 記憶術「うっ、一気(に)ドロボウ、邪悪なやつ」で覚えよう。
228 □ yearning [jɚ́:nɪŋ]	RL 名 切望、憧れ(≒ desire, longing) **yearning** for travel(旅行したい願望)、**yearning** eyes(憧れの眼差し)、動**yearn** for my son(息子に会いたい) 記憶術「やーん、彼に会いたくて会いたくて」で覚えよう。

必須派生語の知識でスーパーボキャブラリービルディング！
（5000語水準③）

- **securely** locked（しっかりと締まっている）、**secured** loan（担保付きのローン）、**security** measures（安全対策）
- **regulate** the temperature（温度を調節する）、**regular** customer（常連客）、with clockwork **regularity**（時計のような規則正しさで）、go to the dentist **regularly**（定期的に歯医者へ行く）
- **volunteer** for social work（社会奉仕を志願する）、**volunteer** work（奉仕作業）、**voluntary** contributions（自発的寄付）、**voluntarily** recall the products（製品を自主的にリコールする）
- **distribute** brochures（パンフレットを配布する）、**distribution** agent（販売代理人）、**distributor** of software（ソフトの販売代理店）
- **add** data（データを追加する）、**additional** budget（追加予算）、**addition** benefit（付加給付）
- **unify** the standards（基準を一本化する）、**united** family（一致団結した家族）、**unifying** force（統合力）、family **unity**（家族の結束）、labor **union**（労働組合）、currency **unification**（通貨統合）
- **observe** safety precautions（安全上の注意を守る）、**observant** detective（観察の鋭い探偵）、**observance** of traffic laws（交通法の遵守）、meteorological **observatory**（気象台）、**observations** on terrorism（テロに関する見解）
- **sympathize** with his suffering（彼の苦しみを気の毒に思う）、**sympathetic** comment（同情的な論評）、heartfelt **sympathy**（心からのお悔やみ）、communist **sympathizer**（共産主義の同調者）
- clinical **medicine**（臨床医学）、take asthma **medicine**（ぜん息の薬をのむ）、**medical** care（医療ケア）、**medicinal** herbs（薬草）、**medication** costs（薬剤費）
- **project** an image（イメージを打ち出す）、**projected** dividend（予想配当）、**projecting** part（突出部分）、cost **projection**（価格予想）
- **multiply** 2 by 6（2に6を掛ける）、**multiple** choice examination（多肢選択式テスト）、**multiplication** table（掛け算表）、**multiplier** effect（相乗効果）

必須派生語の知識でスーパーボキャブラリービルディング！
（5000語水準④）

- ☑ **suspect** evidence（証拠に**疑い**を持つ）、**suspicious** activity（不審な行動）、crime **suspect**（容疑者）、clinical **suspicion**（臨床上の疑い）
- ☑ **inquire** about the train schedule（列車の発着時刻について**尋ねる**）、**inquiring** look（不審顔）、reply to your **inquiry**（質問に答える）
- ☐ news **digest**（ニュース・ダイジェスト）、**digestive** enzyme（消化酵素）、easily **digestible** food（消化のよい食べ物）、the organs of **digestion**（消化器官）
- ☐ **occupancy** ratio（居住率、ホテルの客室稼働率）、**occupied** land（占領地）、**occupational** hazard（職業上の危険）、**occupant** of the room（部屋の居住者）
- ☑ **install** a security camera（防犯カメラを設置する）、**installation** instructions（取付方法説明書）、**installment** plan（分割払い方式）
- ☐ **intensify** one's restructuring efforts（リストラを一段と強化する）、**intense** competition（激しい競争）、**intensive** program（集中プログラム）、**intensity** of illumination（照明の強度）
- ☑ **organize** a labor union（労働組合を組織する）、**organic** farm products（有機農産物）、charity **organization**（慈善団体）、**organ** transplant（臓器移植）
- ☑ **pretend** illness（病気を装う）、**pretentious** style（気負った文体）、person without **pretense**（うそ偽りのない人）
- ☑ **renew** a contract（契約を更新する）、**renewed** order（更新注文）、**renewable** energy（再生可能エネルギー）、economic **renewal**（経済再生）
- ☐ **prevent** relapse（再発を予防する）、**preventive** medicine（予防医学）、**preventable** risk（回避可能なリスク）、crime **prevention**（犯罪防止）
- ☑ **protect** cultural assets（文化財を守る）、**protective** gear（防具）、fire **protection** law（消防法）、arm **protector**（腕当て）

準1級語彙クイズ 5000 語レベル①

●各文の空所に入る適切な表現を下から選び、正しい形に直してください。

1. A lack of funding (　) a drastic change in the original plan.
2. A series of tax reductions was made to (　) economic activity.
3. Specific measures should be taken to (　) the unemployment problem.
4. Increased government spending has been (　) a national debt.
5. Jobless people have a growing (　) toward the government.
6. (　) scientists are invited to share their latest findings with the participants.
7. The ancient Egyptian civilization (　) around 3,000 BC along the Nile.
8. The art exhibition features (　) paintings created by famous artists.
9. The old regulations have (　) people from starting their own business.
10. The (　) of the negotiation seemed satisfactory to all the parties concerned.
11. The advertisement was severely criticized for carrying (　) information.
12. The rainfall turned the once (　) field into a fertile land.
13. The world (　) the 9/11 attacks as a crime against humanity.
14. My dream of becoming a soccer player was (　) by a serious injury.
15. Some people are very (　) about the reliability of Internet information.

> accumulate, antipathy, barren, boost, condemn, exquisite, flourish, hinder, necessitate, misleading, outcome, prominent, remedy, shatter, skeptical

解答

1. necessitates　2. boost　3. remedy　4. accumulating　5. antipathy
6. Prominent　7. flourished　8. exquisite　9. hindered
10. outcome　11. misleading　12. barren　13. condemned
14. shattered　15. skeptical

日本語訳

1. 資金不足のため、当初の計画の思い切った変更が必要である。
2. 経済活動を促進するために、一連の減税がなされた。
3. 失業問題を是正するために、具体的な対策が取られるべきである。
4. 増加した政府支出は国の借金を蓄積させている。
5. 職のない人々は、政府に対する反感を募らせている。
6. 著名な科学者たちは、参加者と最新の研究成果を共有するために招かれている。
7. 古代エジプト文明は約紀元前3000年にナイル川沿いに栄えた。
8. その美術展は、有名な芸術家によって創作された精巧な絵画を特集している。
9. 古い規則が、人々の新規事業の開始を妨げている。
10. 交渉の結果は関係者全員にとって満足いくものであった。
11. その広告は、誤解を招くような情報を掲載したことで激しく非難された。
12. 降雨によって、かつて不毛だった土地が肥沃な土地に変わった。
13. 世界が9.11事件を人類に対する犯罪として非難した。
14. サッカー選手になるという私の夢はひどいケガによって台無しになった。
15. インターネット情報の信頼性に非常に懐疑的な人々もいる。

正答数

14問以上－この語彙水準をほぼ完璧にマスターしているので、6000語水準にチャレンジ！

12問　－もう一歩で5000語水準をマスター！もう一度復習してから6000語水準にチャレンジ！

10問　－まだまだ安定しているといえないので、十分にリプロダクション・シャドーイングトレーニングをするなど、もっと繰り返し語彙をマスターしましょう！

8問以下－まだまだうろ覚えの語彙が多いので、5000語水準のボキャビルに再チャレンジ！

準1級語彙クイズ 5000語レベル②

●各文の空所に入る適切な表現を下から選び、正しい形に直してください。

1. Today's parents tend to be overly (　) with their children.
2. Police promised to conduct a (　) investigation into the crime.
3. The actor seemed (　) by the interviewer's questions about his private life.
4. The audience were (　) by the voice of the soprano singer.
5. The bilateral peace talks are scheduled to be (　) this weekend.
6. The company is responsible for recalling (　) products.
7. The country has (　) into chaos since the beginning of the war.
8. The family moved to a relief camp to avoid the (　) of war.
9. The idea that human can live forever is (　) by some scientists.
10. The mayor made an (　) speech at the city assembly.
11. The president claimed the (　) for an armed attack on the country.
12. The team's mood is (　) due to their five consecutive losses.
13. The well-recognized professor spent his (　) years in the US.
14. There were (　) layoffs due to the poor performance of the company.
15. You should avoid buying expensive products on (　).

adolescent, calamity, defective, eloquent, enchant
gloomy, impulse, indulgent, justification, massive
perplex, plunge, resume, ridicule, thorough

解 答

1. indulgent   2. thorough   3. perplexed   4. enchanted   5. resumed
6. defective   7. plunged   8. calamity   9. ridiculed   10. eloquent
11. justification   12. gloomy   13. adolescent   14. massive
15. impulse

日本語訳

1. 今どきの親は自分の子供を過度に甘やかしがちである。
2. 警察は犯罪の徹底的な調査の実施を約束した。
3. 俳優は、自分の私生活に関するインタビュアーの質問に困惑したようだった。
4. 聴衆はソプラノ歌手の声に魅了された。
5. 2国間の平和交渉は今週再開する予定である。
6. その会社は欠陥製品を回収する責任がある。
7. その国は戦争の開始以来、混乱に陥っている。
8. その家族は、戦争の災禍を避けるために難民キャンプへ移動した。
9. 人が永遠に生きるという考えは一部の科学者たちに冷笑されている。
10. 市長は市議会で雄弁な演説を行った。
11. 大統領はその国に対する軍事攻撃の正当性を主張した。
12. そのチームのムードは5連敗中のために暗い。
13. その有名な教授は青年時代をアメリカで過ごした。
14. その会社の業績不振のために大量の一時解雇があった。
15. 高価な商品を衝動買いするのは避けるべきです。

正答数

14問以上－この語彙水準をほぼ完璧にマスターしているので、6000語水準にチャレンジ！

12問　－もう一歩で5000語水準をマスター！もう一度復習してから6000語水準にチャレンジ！

10問　－まだまだ安定しているといえないので、十分にリプロダクション・シャドーイングトレーニングをするなど、もっと繰り返し語彙をマスターしましょう！

8問以下－まだまだうろ覚えの語彙が多いので、5000語水準のボキャビルに再チャレンジ！

第3章

準1級合格&難関大学余裕合格に欠かせない必須6000語水準語彙をマスター！

準1級合格に欠かせない
6000語レベル語彙を習得せよ！

CD1・Track 9

中級編

第9日
準1級合格を確かなものにする
必須6000語水準語彙を完全マスター！ 1

001 □ **abide**
[əbáɪd]

RL 動 我慢する、遵守する（≒ comply with, conform to, observe）

The member countries must **abide** by all the international regulations.（加盟国はあらゆる国際法規を遵守しなければならない。）

abide by the rules（規則を守る）、law-**abiding** citizens（法律を守る国民）

ポイント 「規則・法律を守る」といっても、go, abide は by、conform は to、comply は with と前置詞が変わることに要注意！

002 □ **abound**
[əbáʊnd]

RL 動 豊富にある（≒ exist plentifully）

形 **abundant** 豊富な、名 **abundance** 豊富さ

The country **abounds** in natural resources such as coals and iron ores.（その国は石炭や鉄鉱石のような天然資源が豊富である。）

abound in animals（動物が豊富にいる）

003 □ **abreast**
[əbrést]

RL 副 並んで、遅れないで（≒ up to date, familiar）

A subscription to TIME magazine enables you to keep **abreast** of the times.（『タイム』を定期購読すると時流について行くことができる。）

keep **abreast** of the times [changes]（時代[変化]について行く）

004 □ **abstain**
[æbstéɪn]

RL 動 快楽を控える、棄権する（≒ fast, refrain）

名 **abstinence** 節制、禁酒、**abstention** 棄権

The man **abstaining** from smoking and drinking got a clean bill of health.（タバコやお酒を控えているその男は、健康というお墨付きを得た。）

abstain from voting（投票を棄権する）、名 **abstention**

rate(棄権率)

ポイント ab(分離)＋tain(持つ)→「棄権する」となった語。

005 □ **acclaim**
[əkléɪm]

RL 動 喝采する、称賛する(≒ praise publicly)
名 喝采、絶賛

She was universally **acclaimed** for her lifetime dedication to serving the poor.(彼女は貧しい人たちを救うことに生涯を捧げ、世界的に称賛を受けた。)、**acclaimed** as a hero(ヒーローとして讃えられる)

ポイント ac(の方へ)＋claim(叫ぶ)→「喝采する」となった語。

006 ☑ **activate**
[ǽktəvèɪt]

RL 動 活動[作動]させる、活性化する(≒ actuate, revitalize)
名 **activation** 活性化、活発化

Activating the camera's zoom function allows you to capture tight shots.(カメラのズーム機能を作動させれば、アップの写真が撮れます。)

activate the software(ソフトを起動させる)、**activate** a fire alarm system(火災報知器を作動させる)

ポイント 反 deactivate。

007 □ **advent**
[ǽdvent]

RL 名 出現、到来(≒ coming, arrival)

Advent キリスト降臨(節)、形 **adventive** 外からやってきた、(動植物など)外来の

The **advent** of cell phones has transformed the lifestyles of most people.(携帯電話の出現により、ほとんどの人々の生活様式は大きく変化した。)

the **advent** of the Internet[the digital revolution](インターネット[デジタル革命]の「到来」)

ポイント ad(～の方に)＋vent(やって来る)→「到来」となった語。

008 □ **affected**
[əféktɪd]

RL 形 気取った、きざな(≒ pretentious, assuming)
動 **affect** 影響を与える、気取る

The actor's **affected** manner of speaking annoyed reporters in the interview.(会見でその俳優の気取った話

し方は記者たちをうんざりさせた。)

affected speech[way of walking](気取ったスピーチ[歩き方])

ポイント 動詞形affectのもう1つの用法「気取る、ふりをする」から来た語。

009 □ **allure**
[əlúɚ]

RL 動 誘う、魅惑する(≒ tempt, attract, fascinate) 名 魅力

The musicians can perform harmonies that never fail to **allure** the audience.(その音楽家たちは聴衆を確実に魅了するハーモニーを奏でることができる。)

sexual[feminine, exotic] **allure**(性的な[女性的な、異国情緒な]魅力)

ポイント allureは神秘的でわくわくさせるような魅力。

記憶術 「お金あるわと誘惑する女」で覚えやすい。

010 □ **amass**
[əmǽs]

RL 動 (大量に)集める、蓄積する(≒ gather, accumulate, collect)

Darwin **amassed** evidence to support his theory of evolution for 25 years.(25年間、ダーウィンは進化論を裏付ける証拠を集めた。)

amass a fortune (一財産築く)

011 □ **amiable**
[éɪmiəbl]

RL 形 愛想のよい、好意的な(amicable, friendly, cheerful)

An **amiable** discussion in the meeting suddenly turned into a shouting match. (会議における友好的な論議は、急にわめき合いに変わった。)

amiable mood[manner, disposition](愛想の良い雰囲気[態度、性質])

ポイント amiは「愛する」で、amiable =「愛するに値する」を表す。

012 ☑ **anatomy**
[ənǽtəmi]

R/W 名 解剖、分析、構造(≒ analysis, dissection, structure)

The study of human **anatomy** has made a great contribution to medical science.(人体構造の研究は医学に多大な貢献をしている。)

human[animal] **anatomy**（人体[動物]解剖）
形**anatomical** examination（解剖学的検査）
ポイント atom（原子）レベルまで分解するから来た語で、「ターヘルアナトミア」は「解体新書」のこと。
記憶術「穴と見たら解剖する学者」と覚えよう。

013 □ **anecdote**
[ǽnɪkdòʊt]
RL 名 エピソード、秘話（＝ story about one's personal experience）、形**anecdotal** 個人の体験に基づく
The guest speaker entertained the audience with jokes and funny **anecdotes**.（ゲストスピーカーはジョークや面白いエピソードで観衆を楽しませた。）
ポイント 日本語の「エピソード」は英語ではanecdote、英語のepisodeは「ドラマの1回分、出来事」の意味なので要注意！
ポイント anecdotal evidenceは、「叔父の場合」のように「個人の経験」によって証明しようとするもの。

014 □ **apprehension** RL 名 不安、懸念、逮捕（≒ worry, anxiety, concern）
[æprɪhénʃən]
動**apprehend** 逮捕する、形**apprehensive** about the future（将来を危惧する）
Most people have an **apprehension** when they are expected to make an excellent speech.（ほとんどの人は素晴らしいスピーチを期待される時には不安になる。）
have an **apprehension** about my future（将来に対して不安を抱く）
ポイント worry, anxiety（期待の混じった不安）と違って「将来の災難に対する強い不安」で日本語の「危惧」に近い。

015 □ **ardent**
[ɑ́ːdn̩t]
RL 形 熱烈な、熱狂的な（≒ eager, zealous, enthusiastic）
副**ardently** 熱心に、熱烈に
The world-famous scientist was also an **ardent** lover of contemporary music.（その世界的に有名な科学者は、熱心な現代音楽愛好家でもあった。）、**ardent** supporter[fan, advocate]（熱烈な支持者[ファン、主張者]）
記憶術「あーだんだんと情熱的」ですぐに覚えられる。

016 augment
[ɔːgmént]

(発音)≒ avgment
同意

RL 動 増大させる、増強する（≒ increase, expand, build up）

名 augmentation 増加、増大、増加物［量］

The company will hire new employees to augment R&D efforts.（会社は研究開発の拡大のために新たな従業員を雇う予定である。）

augment the income［forces, personnel］（収入［力、人員］を増やす［増強する］）

ポイント augustと同じaug（増大）を含んだ語で、一般的なincreaseと違って、「収入、力」などを「増大、増強する」。

017 bliss ☆
[blís]

RL 名 無上の喜び、至福（≒ joy, happiness, paradise）

形 blissful 至福の、この上なく幸せな

Many people tend to consider marriage as absolute bliss.（多くの人々は結婚が最高の幸せだと考えがちである。）

marital［sensual, ecstatic］bliss（結婚の［官能的な、熱狂的な］喜び［幸福］）

ポイント Ignorance is bliss.（知らぬが仏。）は重要な格言。

018 ☑blur
[bláː]

RL 動 ぼやける、かすむ、ぼんやりさせる、名 かすんで（ぼんやり）見えるもの（≒ dim, vague, obscure）

Hong Kong's harbor views have been blurred by the air pollution.（香港の港の光景が、大気汚染のためにぼやけたものになった。）

blurred vision［picture］（かすみ目［ピンボケの写真］）

記憶術 「ぶらーぶら遊んでぼやけた頭」ですぐに覚えられる。

019 brag
[bræg]

RL 動 自慢する、見栄を張る（≒ boast, show off）

名 自慢、自慢話、ほら話

A hacker bragged about leaking the government's classified information.（ハッカーは政府の機密情報を漏らしたことを自慢した。）

brag about success［achievement］（成功［達成］を自慢する］）

ポイント brave, bravado(空威張り)と同様、braは「はったり」を表す。

020 □ brink
[brínk]

RL 名 寸前、がけっぷち、間際(≒ boundary, edge, verge)
名 **brinkmanship** 瀬戸際政策
The escalating civil strife is pushing the state to the **brink** of collapse.(エスカレートする内戦は国を崩壊寸前にまで追い込んでいる。)
ポイント on the brink of war[extinction]（戦争[死滅]寸前）のように使われる必須表現。
ポイント on the brink ofは on the verge ofよりも寸前のニュアンスが強いが使用頻度はより低い。

021 □ bruise
[brúːz]

RL 名 打撲傷、痛手(≒ injury, trauma, mark)
動 打撲傷を与える、傷つける
The driver suffered **bruises** all over his body from the car accident.(運転手は車の事故で全身打撲となった。)
nurse a **bruise**（傷をかばう[気にかける]）、cuts and bruises（切り傷と打ち身）
ポイント scar（切り傷）、scratch（かすり傷）と違って、bruiseは「打撲の傷」。

022 □ candid
[kǽndɪd]

（発音）candidate

RL 形 率直な、包み隠しのない、公平な(≒ fair, frank, sincere)
The board members had a **candid** talk about the business restructuring plan.(重役はリストラ計画について、率直に話し合った。)
candid opinion[advice, answer]（率直な意見[忠告、返事]）
記憶術 「can(できる)＋did(した)」と「はっきり言う」とイメージすれば覚えやすい。

023 □ capricious
[kəpríʃəs]

似 capricone.

RL 形 気まぐれな、変わりやすい(≒ changeable, fickle)
名 **caprice** 気まぐれ(＝ whim)
The CEO said that there was nothing arbitrary or **capricious** about his decision.(CEOは自分の決定は独

断や気まぐれではないと言った。)
capricious weather[attitude]（変わりやすい天気[態度]）
ポイント capriciousは急に態度が変わり、予測がつかない（unpredictable）の意味。

024 □ **caricature**
[kǽərəkətʃə]

RL 名 動 風刺漫画、風刺、風刺的に描く（≒ parody, satire, cartoon）

His description was only a gross **caricature** of the cruel dictator.（彼の描いたものは、冷酷な独裁者のどぎつい風刺画にすぎなかった。)

ポイント 類語のparodyは「面白く真似るパロディー」、satireは「風刺」、cartoonは「漫画」。

記憶術 「坊主頭に**カリ**かっちゃう**風刺漫画**」

025 □ **clutter**
[klʌ́tə]

RL 動 名 散らかす、乱雑、混乱（≒ mess, litter, confusion）
形 **cluttered** desk（雑然とした机）

The desk is **cluttered** with piles of books and papers.（机は積み上がった本や書類で散らかっている。)

ポイント 机がcluttered with ～（～で散らかっている）はTOEICでも必須表現。

026 □ **coarse**
[kɔ́əs]

RL 形 粗末な、きめの粗い、粗野な（≒ rough, rude）
副 **coarsely** 粗雑に、下品に

The sand in the riverbed is very **coarse**, with small stones mixed in.（その川床の砂は、小石が交ざって非常に粗い。)

coarse grind of coffee[language]（粗引きの[荒っぽい]コーヒー［言葉］）

027 □ **coherent**
[kouhíərənt]

RL 形 筋の通った、首尾一貫した（≒ logical, consistent）

The phone company claimed to pursue a **coherent** growth strategy.（その電話会社は、首尾一貫した成長戦略を追求していると主張した。)

coherent explanation[argument]（首尾一貫した説明[主張]）、名 lack of **coherence**（首尾一貫性に欠ける）

ポイント co（完全に）＋hereが「ひっついた」→「一貫した」と

なった語で、heredity（遺伝）も同じ語根を含んでいる。

028 □ compassion
[kəmpǽʃən]

RL 名 同情、哀れみ（≒ sympathy, pity, mercy）

形 **compassionate** 哀れみ深い、思いやりのある

The government's lack of **compassion** has provoked anger among people.（政府の思いやりのなさが国民を怒らせていた。）

have[show] **compassion** for the poor（貧しい人に対して思いやりの気持ちを持つ[示す]）

ポイント com（共に）＋passion（感情）→同情心となった語で、苦しんでいる人への強いsympathy（同情心）を表す語。

029 □ comprise
[kəmpráɪz]

RL 動 成る、含む、構成する（≒ contain, constitute, consist of）

Full-time workers used to **comprise** more than 70 percent of the workforce.（かつてフルタイム労働者は労働人口の7割以上を占めていた。）

be **comprised** of members（会員で構成されている）

030 □ contrive
[kəntráɪv]

RL 動 考案する、もくろむ、どうにか〜する（≒ devise, create, manage）

名 **contrivance** 工夫、考案、たくらみ

He **contrived** a method for making money through a pyramid scheme.（彼はネズミ講で金もうけをしようとする方法を考え出した。）

contrive a plot[device]（策略を企む[装置を考案する]）

記憶術 「**コントライブ**でしようと**工夫する**」で覚えやすい。

031 □ correlation
[kɔ̀ːrəléɪʃən]

RL 名 相互関係（≒ interconnection, interrelationship）

The research shows a clear **correlation** between smoking and lung cancer.（その研究は喫煙と肺ガンの明らかな相関関係を示している。）

correlation with social status（社会的地位との相関関係）

ポイント co（共に）＋relation（関係）→「相関関係」となった語。

032 □ **counterpart**　[káʊntəpàːt]　[RL] 名 相当するもの、対応物（≒ equal, match, equivalence）
The Japanese foreign minister is scheduled to meet with the US **counterpart**.（日本の外相はアメリカの外相と会談する予定である。）
ポイント counter（対する）＋ part（部分）→「相当物」となった語。

033 ☑ **cozy**　[kóʊzi]　[RL] 形 居心地のよい、くつろいだ（≒ comfortable, homely）
Some citizens criticized the **cozy** relationship between press and the government.（メディアと政府とのなれ合い関係を批判してきた市民も中にはいる。）
cozy room [atmosphere]（居心地のよい部屋 [雰囲気]）
記憶術 「こーじーきが居心地のいい所」で覚えられる。

034 □ **crave**　[kréɪv]　[RL] 動 しきりに欲しがる、懇願する（≒ cry out for, desire, beg）
名 **craving** 切望、熱望
The ethnic group oppressed by the government is **craving** for autonomy.（政府に虐げられている民族は自治を切望している。）
crave honor [fame]（[名誉 [名声] を求める）にも使える。
記憶術 「おれも くれー（ブ）と やたら欲しがる」で覚えやすい。

(以) cave

035 □ **curb**　[kə́ːb]　[RL] 動 制限する、抑制する（≒ control, restrain）
名 抑制、歩道の縁石（TOEICで重要な用法）
The Bank of Japan needs to take drastic measures to **curb** inflation.（日銀はインフレを抑制するために、思い切った手段をとらねばならない。）
curb CO_2 emissions（二酸化炭素排出を抑制する）
ポイント curbは馬の口にかませる「くつわ」の意味。
記憶術 「変化球、カーブを抑制するのは大変」で覚えやすい。

036 ☑ **demanding** [RL] 形 過度に要求する、きつい（≒ difficult, tough）
[dɪmǽndɪŋ] 動 **demand** 要求する、必要とする
This physically **demanding** job may be beyond the ability of ordinary women.（この体力的にきつい仕事は普通の女性には無理だろう。）
demanding job[work schedule]（要求の厳しい仕事[勤務スケジュール]）
ポイント tough, difficult より格調高い英語でぜひ使えるようになってほしい。

037 ☐ **depict** [RL] 動 描く、描写する（≒ describe, represent, portray）
[dɪpíkt] 名 **depiction** 描写、叙述
Cigarette advertisements often **depict** smoking as cool and attractive.（タバコの広告は喫煙をカッコよく魅惑的に描くことが多い。）
depict the scenes[event, reality, history] 風景[出来事、事実、歴史]を描く
ポイント de（下に）＋ pict（描く）→「描写する」となった語で覚えやすい。

語根の知識で準1級語彙を光速マスター!④

25. dic(t), loque, nounce は「言う」－ディクテーション(dictation)せよと言う (= say)

- ☐ **indict** － in（中へ）+ dict（言う）→起訴する、非難する
- ☐ **jurisdiction** － juris（法律）+ dict（言うこと）→司法権、裁判権、支配権
- ☐ **contradict** － contra（逆に）+ dict（言う）→否定する、矛盾する
- ☐ **dedicate** － de（下に）いると dic（言う）→捧げる
- ☐ **denounce** － de（下に、完全に）+ nounce（言う）→公然と非難する
- ☐ **renounce** － re（後ろへ）戻れと nounce（言う）→放棄（破棄）する
- ☐ **eloquence** －雄弁、能弁、人に訴える力

26. cep(t), cap(t), cip, cieve は「取る、受け取る」－キャプテン(captain) レシーブ(receive) 応じる(accept)

- ☐ **deception** － de（分離）+ cept（取る）→欺くこと、詐欺
- ☐ **susceptible** － sus（下に）+ cept（取る）→影響を受けやすい、敏感な
- ☐ **perceptive** － per（完全に）+ cept（取る）→知覚の（鋭い）
- ☐ **receptacle** － re（再び）+ cept（取る）→容器、避難所
- ☐ **captivate** － capt（取る）→魅惑する
- ☐ **recipient** － re（再び）+ cip（受け取る）→受取人、授受者

27. mater は「母」、pater は「父」－パトロン(patron)はお父さん

- ☐ **maternal** － mater（母）→母の、母性の、母方の
- ☐ **paternal** － pater（父）→父の、父性の、父方の
- ☐ **patriotism** －愛国心
- ☑ **patron** －後援者、パトロン、保護者
- ☐ **patronage** －後援、保護、引き立て

28. sect, cise は「切る」(= cut)

- **concise** — con（完全に）+ cise（切る）→簡潔な、簡明な
- **precise** — pre（前もって）+ cise（切る）→正確な、緻密な；明確な
- **intersection** — inter（間の）+ sect（切る）→交差、交差点

29. mand, mon, mend は「命じる」

- **summon** — sum（ひそかに）+ mon（注意する、命じる）→召喚する、招集する
- ☑ **monitor** — 監視する
- **amend** — 改正する — legislation（法制定、法整備、立法）
- **mandatory** — mandate（命令の）+ ory（性質の）→強制的な、義務的な
- **command** — com（強意）+ mand（命じる）→指揮する、命じる

30. sume, sump は「使う」「買う」「取る」

- **assumption** — 仮定、推定；引き受けること
- **consumption** — con（共に）+ sump（買う）→消費
- **presume** — pre（あらかじめ）+ sume（取る）→仮定する、推定する；想像する
- **resumption** — re（再び）+ sump（取る）→再開

31. flu は「流れる」

- **affluent** — af（〜に）+ flu（流れる）→裕福な；豊富な；（川が）豊かに流れる
- **fluctuation** — flu（流れる）→波動；動揺；変動
- **influx** — 流入
- **fluid** — flu（流れる）+ id（状態）→流動性の、流れるような

32. vert [vers] は「回る」— オートリバース（reverse）でテープ回る

- **adverse** — ad（〜の方へ）+ verse（回る）→逆の、反対の、不都合な

- □ **divert** − di（分離）＋ vert（回る）→（気を）そらす
- □ **convert** − con（共に）＋ vert（向きを変える）→変える、変わる、回収する、改宗者
- □ **subvert** − sub（下へ）＋ vert（向きを変える）→転覆させる、打倒する
- □ **avert** − a（逆に）＋ vert（向きを変える）→避ける、そむける
- □ **traverse** − tra（越える）＋ verse（回す）→横切る、越える
- □ **versatile** −才能が vers（回った）→多才の、多芸の、多目的の

33. cub, cumb は「寄り掛かる」「横たわる」−ガムかむ（cumb）時横たわる（＝ lie）

- □ **incubate** − in（〜の上に）＋ cub（横たわる）→孵化する；熟考する；培養する
- □ **incubation** − in（〜の上に）＋ cub（横たわる）→抱卵；孵化；培養
- □ **incumbent** − in（〜の上に）＋ cumb（横たわる）→現職の；義務として課される
- □ **succumb** − sub（下に）＋ cumb（横たわる）→屈服する、負ける；倒れる；死ぬ

第10日
準1級合格を確かなものにする
必須6000語水準語彙を完全マスター！[2]

038 □ deplore
[dɪplɔ́ɚ]

RL 動 公然と激しく非難する（≒ denounce, condemn）
The elderly people often **deplore** the loss of old tradition and culture.（高齢者たちは、よく古い伝統や文化の喪失を嘆いている。）
deplore the killing[murder]（殺人を激しく非難する）、
形 **deplorable** situation（嘆かわしい状況）
ポイント de（ダウン）＋plore（求めて泣き叫ぶ）→「嘆きながら非難する」となった語。

039 □ despicable
[déspɪkəbl]

RL 形 卑しむべき、卑劣な（≒ vile, contemptible）
動 **despise** 軽蔑する
The most **despicable** are the acts of terrorism targeting innocent people.（最も卑しむべきは無実の人々を標的にするテロ行為である。）
despicable crime[lie, cruelty]（卑劣な[卑しむべき]犯罪[嘘、残酷さ]）

040 □ detour
[díːtʊɚ]

RL 名 遠回り、回り道（≒ roundabout way, indirect course）、動 迂回する
Drivers are advised to take a **detour** to avoid morning traffic congestion.（ドライバーたちは朝の交通渋滞を避けるために迂回するよう勧められている。）
take a **detour**（回り道をする）
ポイント de（分離）＋tour（回る）→「迂回路」となった語。

041 □ devour
[dɪváʊɚ]

RL 動 むさぼり食う、熱心に見る(聞く)（≒ gobble, enjoy）
He's **devouring** a series of mystery novels written by a famous writer.（彼は有名な作家の推理小説のシリーズをむさぼり読んでいる。）
devour books[novels]（本[小説]をむさぼり読む）
記憶術 「出歯うわーむさぼり食ってる！」で覚えやすい。

042 □ dim
[dím]

|RL| 形 薄暗い、ぼやけた(≒ dark, gloomy, poory-lit)

The prospects for peace and security in the region are very **dim**.(その地域の平和と安全への将来の見通しは非常に暗い。)、動**dim** the light(明かりを暗くする)、**dim** street lamps(薄暗い街灯)

043 □ discern
[dɪsə́ːn]

|RL| 動 見つける、識別する(≒ discover, detect, distinguish)

It is not easy for doctors to **discern** the early signs of the disease.(医者がその病気の初期症状を判別することは難しい。)

discern good and bad(善悪を区別する)、形**discerning** eye(鑑識眼)

記憶術 「時差あんなにあるのと**識別する**」で覚えやすい。

044 □ disclose
[dɪsklóʊz]

|RL| 動 暴露する、明らかにする(≒ expose, reveal)

The police are not allowed to **disclose** any information relating to their job.(警察官は仕事に関するいかなる情報をも明かしてはならない。)

disclose the information[secret](情報[秘密]を暴く)、名 information **disclosure**(情報公開)

ポイント close(閉じる)をdisで否定して「暴く」となった語。

045 □ dismal
[dízml]

|RL| 形 陰気な、暗い、憂うつな(≒ bleak, dark, discouraging)

Mother Teresa shed light on a small corner of this **dismal** world.(マザー・テレサがこの陰うつな世界の一隅を照らし出した。)

dismal outlook[failure, performance](暗い[惨めな]見通し[失敗、演技])

ポイント dis「day 日」＋mal「evil 悪い」で「悪い日」を表す。

記憶術 「痔詰まる！と憂うつな気分」で覚えやすい。

046 □ dispatch
[dɪspǽtʃ]

|RL| 動 派遣する、素早く片付ける(≒ send, forward, finish)、名 派遣、速達

The government **dispatched** the Self-Defense Forces to the troubled area.(政府は、その紛争地域に自衛隊を派遣した。)

dispatch a message[workers](メッセージ[労働者]を送る[派遣する])、with **dispatch**(てきぱきと)

ポイント 特別な目的のために人や物を送ること。

047 □ **disrupt**
[dɪsrʌ́pt]

RL 動 混乱させる、中断させる(≒ interrupt, disturb, confuse)

Irregular climate changes can **disrupt** the balance of the ecosystem.(不規則な気候の変化は生態系のバランスを乱すかもしれない。)

disrupt the telephone service[communication](電話[コミュニケーション]を中断させる)、名**disruption** in bus services(バスの運行の中断)

ポイント dis(分離)＋rupt(破る)→「分裂[中断]させる」となった語。

048 □ **distill**
[dɪstíl]

RL 動 蒸留する、蒸留して造る(≒ purify, refine)

名**distillation** 蒸留、蒸留液

The **distilled** whiskey is stored in wooden barrels to mature.(蒸留されたウイスキーは熟成のために木の樽で保存されています。)

ポイント distilled water(蒸留水)は時事英語の必須表現。

049 □ **distort**
[dɪstɔ́ːt]

RL 動 ゆがめる、ねじる、曲解する(≒ bend, twist, deform)

名**distortion** ゆがみ、歪曲

The news contents are often said to be **distorted** by the mass media.(報道内容がマスコミによって歪められているとよく言われている。)

distort the image[fact, truth](イメージ[事実、現実]を歪める])

ポイント torture(拷問)と同じtort(ねじる)を語根に持つ語。

050 □ **dizzy**

RL 形 目が回る、目がくらむような(≒ giddy, dazzled)

[dízi]

動 めまいを起こさせる、当惑させる

The economic growth rate may never return to the **dizzy** heights of the bubble years.（経済成長率はバブル期の目もくらむほどの高さには戻らないだろう。）

ポイント「めまいがする」時に"I feel dizzy."とよく使う必須表現。

051 □ **docile**
[dásl]

RL **形** 素直な、従順な、扱いやすい(≒ obedient, manageable)

名 docility 従順、御しやすさ

Horses and cows are **docile** animals which are easily handled by humans.（馬や牛は人間が非常に扱いやすいおとなしい動物である。）

docile children[students]（従順な子供[生徒]）

記憶術「何だするの？ 従順な人ね」で覚えやすい。

052 □ **drawback**
[drɔ́ːbæk]

RL **名** 欠点、不利益、故障(≒ defect, fault)

The only **drawback** to living in urban areas is the lack of green space.（都会に住む唯一の欠点は緑の空間が不足していることである。）

drawbacks to the system[technology]（システム[科学技術]の欠点）

ポイント back(後ろへ)＋draw(引っ張る)→「欠点・難点」となった語。

053 □ **drench**
[dréntʃ]

RL **動** びしょぬれにする、浸す(≒ soak)

We were caught in the storm and got **drenched** to the skin.（私たちは嵐にあい、ずぶぬれになった。）

be **drenched** in rain[sweat, blood]（雨[汗、血]でびっしょりである）

054 □ **drowsy**
[dráʊzi]

RL **形** 眠い、眠そうな(≒ sleepy)

名 drowsiness 眠気

The student felt **drowsy** in class, but he had to fight off the urge to sleep.（生徒は授業中に眠気を感じたが、眠気と闘わねばならなかった。）

drowsy voice[lecture, air]（眠気を誘う声［講義、雰囲気］）
ポイント dreary（わびしい）、dragに共通の音素drは「だらだら」するを表す。

055 □ **emancipate**
[ɪmǽnsəpèɪt]
RL 動 解放する、自由にする（≒ release, set free）
名 **emancipator** 解放者
Abraham Lincoln **emancipated** millions of blacks from the slavery system.（リンカーンは何百万もの黒人を奴隷制度から解放した）
emancipate slaves[women]（奴隷［女性］を解放する）
記憶術「いま出兵と奴隷を兵士にすべく**解放する**」と苦しいが何とかいける。

056 □ **embrace**
[embréɪs]
RL 動 抱きしめる、受け入れる、含む（≒ hug, accept, cover）
名 抱擁、容認
A growing number of citizens **embrace** the shift to the recycling-oriented society.（循環型社会への移行を受け入れる市民が増えています。）
embrace the idea[principle]（考え［主義］を受け入れる）
記憶術「いいん？ブレスレットを**抱きしめても**」で覚えられる。

057 □ **eminent**
[émənənt]
RL 形 高名な、優れた（≒ famous, noted, renowned）
A stone monument was erected in honor of the **eminent** philosopher.（その著名な哲学者に敬意を表して、石碑が建てられた。）
eminent scientist[writer, scholar]（著名な［卓越した］科学者［作家、学者］）
ポイント prominent（顕著な）、imminent（差し迫った）と共通の語根minent（突き出る）を含んでいる。
記憶術「絵見ねいとわからん**著名な**画家」で覚えよう。

058 □ **endorse**
[endɔ́ːrs]
RL 動 裏書きをする、支持する（≒ approve, sign）
名 **endorsement** 裏書き、保証
Representatives of all countries **endorsed** a total ban on land mines.（全ての国の代表たちが地雷の全面禁止を

121

支持した。)

endorse a check(小切手に裏書きする)のようにも使える。

記憶術「これでいいんどーすと支持をする」で覚えやすい。

059 □ **endow**
[endáu]

RL 動 寄付する、授ける(≒ finance, donate)
名 **endowment** 寄付、寄金(複数形)、才能

The charity group **endowed** the hospital with a large amount of money.(慈善団体はその病院に多額のお金を寄付した。)

endowed with supernatural power(超能力に恵まれている〔天賦の才を表す〕)

ポイント giftedと同様に「才能は神様の贈り物」であるという啓示的な語。

060 ☑ **enforce**
[enfɔ́ːrs]

RL 動 守らせる、施行する(≒ put in force, introduce)

The smoking ban in public places will be strictly **enforced** next year.(公共の場所での喫煙禁止が来年から厳しく実施される予定である。)

enforce the law[regulation](法律[規制]を施行する)、
名 law **enforcement**(法の執行)

ポイント force(力)をen(与える)から「守らせる、強要する」となった語。

061 □ **enrage**
[enréɪdʒ]

RL 動 激怒させる(≒ anger, irritate, infuriate)

His rude and unprofessional behavior at work **enraged** his coworker.(仕事上の彼の無礼で未熟な態度は同僚を激怒させた。)

enraged crowd[customer](カンカンに怒った群集[客])

ポイント rageは「コントロールできない激しい怒り」で「キレる」こと。

062 ☑ **enviable**
[énviəbl]

RL 形 うらやましい(≒ desired, favored)

She is in the **enviable** position of having many job offers to choose from.(彼女は、多くの選べる仕事のオファーが来るうらやましいご身分だ。)

enviable job[position]（うらやましい仕事[職、地位]）、
名 envy of people in the world（世界中の人々の羨望の的）

063 □ **exert**
[ɪgzə́ːt]

RL 動 行使する、働かす、努力する（≒ apply, exercise）
名 **exertion** 努力、行使

The politician **exerted** a powerful influence to realize the reform plan.（政治家は改革案の実現のために強力な影響力を及ぼした。）

exert authority[power]（権力を行使する）、**exert** oneself（努力する）

ポイント exertは「知力、体力」を存分に発揮して努力すること。
記憶術「いぐざー！と奮闘努力する」と覚えよう。

064 □ **expedition**
[èkspədíʃən]

RL 名 遠征、遠征隊、旅行（≒ journey, exploration）
動 **expedite** 促進する

The satellite was launched for a six-month **expedition** to survey the asteroids.（衛星は小惑星調査の6ヵ月の宇宙探検のために打ち上げられた。）

military **expedition**[hunting]（軍の遠征[狩猟旅行]）
ポイント ex（外へ）＋pedi（足）をどんどん進める→「遠征する」となった語。

065 □ **fascinate**
[fǽsənèɪt]

RL 動 魅了する、惹きつける（≒ allure, attract, enchant）

The audience were **fascinated** by the traditional dance performances.（聴衆は伝統的な踊りの演技に魅了された。）

be **fascinated** with her voice[eyes]（声[瞳]にうっとりする）

記憶術「うふぁ死ねいと言われてもとりこにする」で覚えやすい。

066 □ **feat**
[fiːt]

RL 名 偉業、離れ業（≒ accomplishment, achievement）

He performed the **feat** of climbing the world-class mountain alone.（彼は世界級の山を単独で登る快挙を成し遂げた。）

feat of engineering[winning the prize]（工業技術[賞獲

得]の偉業[快挙])

記憶術「フィーフィー！と偉業に声援送る」で覚えられる。

067 □ **filthy**
[fílθi]

RL 形 不潔な、みだらな(≒ foul, dirty, vile)
名 **filth** 不潔なもの、みだらさ
The sink in this house was so **filthy** with dirty dishes piled up.(この家の流しは汚れた皿が積み上がっていて非常に不潔である。)
filthy hands[river, language](汚れた[卑猥な]手[川、言葉])
ポイント dirty よりも数段汚く不快でみだらなこと。

068 ☑ **foresight**
[fɔ́ərsàit]

RL 名 洞察、先見の明(≒ forethought, far-sightedness)
The company had the **foresight** to adapt to changes in the global market.(その会社は世界市場の変化に適応する先見性を持っていた。)
ポイント fore(前)＋sight(見る)で、反対は hindsight(後知恵)、afterthought(結果論)。

069 □ **formulate**
[fɔ́ərmjəlèit]

RL 動 考え出す、系統立てて述べる(≒ devise, work out)
名 **formula** 方式、公式
The government **formulated** a viable alternative for the new economic policy.(政府は新しい経済政策の効果的な代案を考え出した。)
formulate a policy[strategy](政策[戦略]を考え出す)

070 □ **foster**
[fɔ́:stər]

RL 動 育てる、促進する(≒ raise, cultivate, promote)
The national project aims to **foster** foreign trade to boost the economy.(国のプロジェクトは経済を伸ばすために外国貿易を促進しようとしている。)
foster children[relationship, creativity](子供[関係、創造性]を育成する)、形 **foster** parent(里親、育ての親)
記憶術「やっほ！スターを育てるぞ」で覚えやすい。

071 □ **fraction**
[frǽkʃən]

RL 名 わずか、少量、分数（≒ portion, very small amount）
The discount store sells many products at a **fraction** of the original price.（安売り店は原価のほんの一部の額で多くの商品を販売している。）
a **fraction** of people[money]（ごく一部の[わずかな]人間[お金]）

072 ☑ **fragile**
[frǽdʒəl]

RL 形 壊れやすい、もろい（≒ easily damaged, delicate）
名 **fragility** 壊れやすさ、もろさ
Please be careful about handling these **fragile** and valuable items.（これらの壊れやすく高価な商品の取り扱いに気をつけなさい。）
fragile dish[health, peace]（壊れやすい皿[健康、平和]）
記憶術「**ふら**ふらじゃイ**もろい**体のせいで」で覚えやすい。

073 □ **fragment**
[frǽgmənt]

RL 名 断片、かけら（≒ piece, part, shred）
動 ばらばらになる、ばらばらに壊す
Scientists decoded the human genome from a small **fragment** of human bones.（科学者たちは人骨の小さな破片から人間の遺伝子を解読した。）
only a **fragmentary** knowledge of computers（パソコンの断片的な知識のみ）
ポイント fragment, fraction の frag(frac) は「破壊する」。

074 □ **frugal**
[frúːgl]

RL 形 倹約な、質素な（≒ economical, thrifty）
名 **frugality** 倹約、質素、質素なもの
The low-income families need to live a **frugal** life under the recession.（低所得の家庭は不況のために質素な生活をする必要がある。）
frugal living[homemaker]（慎ましい[倹約な]生活[主婦、主夫]）
記憶術「兄の**お古**があると**倹約**な生活」で覚えやすい。また必須類語 thrift は「**スリ、ふと**足を洗って**倹約**な生活」で覚えやすい。

075 □ **fuss**
[fʌ́s]

RL 名 空騒ぎ、やきもきすること(≒ bother, protest excitement)

I can't understand why you're making a **fuss** about her minor mistake.(彼女のささいな間違いをどうして大騒ぎするのか、私には理解できません。)

make a **fuss**(つまらないことで大騒ぎする)、
形 **fussy** about one's clothes(着るものにうるさい)

語根の知識で準1級語彙を光速マスター！⑤

34. ject は「投げる」− CD を eject！（= throw）

- □ **eject** − e（外へ）+ ject（投げる）→追い出す、取り出す
- □ **inject** − in（中へ）+ ject（投げる）→注入（注射）する
- □ **reject** − re（元へ）+ ject（投げる）→拒絶する、断る
- □ **interjection** − inter（中へ）+ ject（投げる）→間投詞

35. gest, port, fer は「運ぶ」−フェリー（ferry）で運ぶ（= carry）

- □ **congest** − con（共に）+ gest（運ぶ）→詰め込む、混雑させる；うっ血させる
- □ **digestion** − di（別の所へ）+ gest（運ぶ）→消化；消化力
- □ **export** − ex（外に）+ port（運ぶ）→輸出する
- □ **import** − im（中に）+ port（運ぶ）→輸入する；意味する；重要である
- □ **transport** − trans（別の所へ）+ port（運ぶ）→運ぶ；輸送する、輸送；運搬
- □ **infer** − in（中へ）+ fer（運ぶ）→推論する、暗示する
- □ **confer** − con（共に）+ fer（運ぶ）→相談する、協議する；与える、授ける
- □ **defer** − de（下に）+ fer（運ぶ）→従う、譲る

36. sent は「感じる」−センス（sense）で感じる（= feel）

- □ **consent** − con（共に）+ sent（感じる）→（上の者が）同意（する）、承諾（する）
- □ **sentiment** − sent（感じる）→心情、感想、意見、感傷
- □ **resent** − re（後ろへ）+ sent（感じる）→ネガティブに感じる→憤慨する
- □ **dissent** − dis（反対）+ sent（感じる）→異議を唱える

37. vis, vid は「見る」−ビデオ（video）を見る（= see）

- □ **revision** − re（再び）+ vis（見る）→校正、校訂；改訂版

- □ **supervise** − super（上から）＋ vise（見る）→監督する
- □ **provision** −供給、用意；（複）食料
- □ **improvise** − im（反）＋ pro（前に）＋ vise（見る）→「前もって見ない」ので「即興で作る」となる

38. pend は「ぶら下がる」−ペンダント（pendant）ぶら下がる（＝ hang）

- □ **pendulum** −振子、心の定まらない人
- □ **perpendicular** − per（完全に）＋ pend（ぶら下がる）→垂直の、険しい、垂線
- □ **appendix** −付録、虫垂（appendicitis −「虫垂炎」）
- □ **suspend** − sus（下に）＋ pend（ぶら下がる）→吊り下げる；停学する

39. ped は「足、少年」−足で少年ペダル（pedal）を踏む

- □ **impede** − im（中へ）＋ ped（足）を入れる→妨げる、じゃまする
- □ **peddle** − ped（足）→行商する、売り歩く、広める
- □ **pedigree** − ped（足）→系図（足が枝分かれしている）、家系、由来、起源
- □ **pediatrician** − ped（少年）→小児科医
- □ **pedestrian** − pedester（歩いて行くこと）＋ ian（人）→歩行者
- □ **expedition** − ex（外へ）＋ ped（足）＋ tion（自由にする）→迅速さ、探検

40. flex [plex], flect, ply, plic は「曲げる」− flexible は曲げやすい（＝ bend）

- □ **reflex** − re（元へ）＋ flex（曲げる）→反射作用（能力）、映像、反映、反射的な、内省的な、そらせる
- □ **perplex** − per（完全に）＋ plex（曲げる）→当惑させる、悩ます、複雑にする
- □ **duplicate** − du（2つに）＋ plic（曲げる）→二重の、複製（の）、類義語
- □ **explicit** − ex（外へ）＋ plic（曲げる）→明白な、ずばりの

- **comply** − com（完全に）＋ ply（曲げる）→従う、応じる
- **imply** − im（中に）＋ ply（曲げる）→暗に意味する

41. vac, van, void は「からの」−バキューム（vacuum）カーでトイレ空っぽ

- **vanish** −消える（消す）、なくなる、薄れる
- **evacuation** −避難；排泄；からにすること
- **vacate** −（家などを）空ける、立ち退く；《法律》無効にする
- **vacuum** − vac（空の）→真空状態

42. cede, ced, ceed, cess は「行く」−進んで行くプロセス（process）

- **proceed** − pro（前に）＋ ceed（進む）→進む；続ける、《法律》手続きをする
- **recede** − re（後ろへ）＋ ced（行く）→後退する、手を引く
- **predecessor** − pre（前に）＋ cess（行く）→前任者、前身
- **incessant** − in（中へ）＋ cess（行く）→絶え間のない

43. corp は「体」

- **corpse** −死体、死骸
- **corps** −軍隊；集団、隊
- **corporal** −身体の；個人的な
- **corporate** −法人組織の、団体の
- **incorporate** − in（中へ）＋ corp →合体させる；法人組織にする；合体する；合同した；法人組織の

第11日
準1級合格を確かなものにする
必須6000語水準語彙を完全マスター！ 3

076 futile
[fjúːtl]

RL 形 役に立たない、無駄な（≒ fruitless, ineffectual, useless）

名 **futility** 無用、無益

The attempt to continue the negotiations with terrorists proved **futile**.（テロリストと交渉を続ける試みは無駄だとわかった。）

futile attempt[move, research]（無益な試み[行動、調査]）

記憶術「風がヒューヒュータイルが取れる**無駄な改装**」で覚えやすい。

077 grim
[grím]

RL 形 厳しい、気がめいる、怖い（≒ severe, harsh）

The nations faced the **grim** reality that there was no end of the war in sight.（国々は終わりの見えない戦争という厳しい現実に直面していた。）

grim reality[look]（厳しい現実[顔つき]）

記憶術「心え**ぐりむ**ねを引き裂く**ぞっとする**話」で覚えられる。

078 ☑ handy
[hǽndi]

RL 形 便利な、手近な、器用な（≒ serviceable, accessible, skillful）

You should keep the manual **handy** for future reference.（後日のために、そのマニュアルを手元に置いておきなさい。）

handy gadget[tip]（役立つ道具[忠告]、come in **handy**（役に立つ）の表現も重要。

079 haunted
[hɔ́ːntɪd]

RL 形 幽霊の出る、不安そうな（≒ ghostly, possessed）

The military veteran is still **haunted** by his memories of the bloody war.（退役軍人はいまだに血生臭い戦争の記憶に悩まされている。）

haunted house(幽霊屋敷)、feel haunted by the past(過去にとらわれている)、名holiday haunts(休日の行楽地)

記憶術 「ほーんとよく出る幽霊屋敷」ですぐに覚えられる。

080 □ **heed**
[híːd]

RL 動 気をつける、注意する(≒ pay attention to, note)
The President called on people to **heed** storm evacuation orders.(大統領は国民に地元のハリケーンの退去命令に注意するように求めた。)
Heed my advice. (私の言うことをよく聞きなさい。)
記憶術 「ひーどい話は耳傾けるな！」で覚えやすい。

081 □ **humiliate**
[hju(ː)mílièɪt]

RL 動 屈辱を与える(≒ embarrass, shame, disgrace)
形**humiliating** 不面目な、屈辱的な
He was totally **humiliated** by his boss in front of his colleagues.(彼は同僚の面前で上司によって完全に面目をつぶされた。)
ポイント humbleと同じ語根hum(地面)を含む語で、「地面にひれ伏させる」の意。

082 □ **implicit**
[ɪmplísɪt]

RL 形 暗黙の、盲目的な(≒ tacit, unspoken, suggested, absolute)
動**imply** ほのめかす
The bill to raise the tax was passed through an **implicit** agreement between the two major parties. (2大政党の暗黙の同意を通じて税を上げる法案が通過した。)
implicit criticism[message](暗黙の批判[メッセージ])
ポイント 反意語explicit(明確な、率直な)も必須語彙。

083 □ **incentive**
[ɪnséntɪv]

RL 名 奨励、やる気、動機(≒ stimulus, inducement)
動**incentivize** 奨励する
The performance-based pay system will become a strong **incentive** for sales staff to acquire new customers.(成果主義の給与体系は、営業担当者が新しい顧客を獲得する強い励みになるだろう。)、形**incentive**

speech（刺激的な演説）

incentive program[pay]（報酬プログラム[奨励金]）

ポイント ビジネスでインセンティブと言えば「ボーナス、能力給」などのこと。

---

084 □ **indignant**
[ɪndígnənt]

RL 形 憤慨した（≒ angry, resentful）

The minister became **indignant** at a rude question by a reporter.（大臣は記者の失礼な質問に憤慨した。）

indignant customer[crowd, voices]（憤慨した客[群衆、声]）

ポイント dignity（威厳）と同じ語根dign（価値ある）をinで否定し、「価値がない」→「不快感を与える」となった語。

---

085 □ **induce**
[ɪnd(j)úːs]

RL 動 誘って～させる、誘発する（≒ cause, generate）

名 **inducement** 誘発(物)、報酬

The herb tea is said to **induce** deep relaxation and sleep.（そのハーブティーは深いリラックス感と眠りを誘発すると言われています。）

induce sleep[relaxation, labor]（睡眠[くつろぎ、陣痛]を誘発する）

ポイント in(中へ)＋duce(導く)→「誘発する」となった語。

---

086 □ **infinite**
[ínfənət]

RL 形 無限の、莫大な（≒ unlimited, vast）

副 **infinitely** 無限に、非常に

Nations have to find more effective ways to generate **infinite** alternative energy.（国々は無限にある代替エネルギーを生み出す、もっと効果的な方法を探し出さねばならない。）

infinite possibilities[number, ability]（無限の可能性[数、能力]）

ポイント in(否定)＋fin(終わる)→「無限の」となった語で、反意語finiteは「有限の」。

---

087 □ **ingenious**
[ɪndʒíːnjəs]

RL 形 精巧な、独創的な、器用な（≒ original）

名 **ingenuity**（発明の才、発明品）

The **ingenious** software allows you to write directly

on the screen with your fingers.(その独創的なソフトによって、指で直接画面に書くことができる。)
ingenious idea[design, solution]（独創的な考え[デザイン、解決法]）

ポイント genius（天才、天賦の才）から意味が予測できよう。

088 □ **ingredient**
[ɪŋgríːdiənt]

RL 名 **成分、要素、原材料**（≒ element, component）
Natural gas is a key **ingredient** in making nitrogen-based fertilizers.（天然ガスは窒素化学肥料製造の主原料である。）
key **ingredients** for success（成功の主要素）

089 □ **inherent**
[ɪnhíərənt]

RL 形 **固有の、本来の**（≒ essential, intrinsic）
副 **inherently** 本来、本質的に
There are many risks **inherent** in conducting business in overseas markets.（海外市場で事業を行うのに伴う多くのリスクがある。）
inherent right[ability]（生来の権利[能力]）

ポイント in(中へ)＋here(くっついた)→「固有の」となった語。

090 □ **innate**
[ɪnéɪt]

RL 形 **生来の、固有の**（≒ inborn, natural）
Women are equipped with an **innate** ability to nurture their children.（女性は子供を育てるという生まれつきの能力が備わっている。）
innate instinct[talent, ability]（生まれ持った本能[才能、能力]）

ポイント in(中に)＋nat(生まれる)→「生まれつき」となった語。

091 □ **integrate**
[íntɪgrèɪt]

RL 動 **人種差別を撤廃する、統合する**（≒ combine, unite）
名 **integration** 統合、人種差別撤廃
Local governments discussed the measures to **integrate** foreign workers into the society.（地域行政は、外国人労働者を社会に統合する対策を協議した。）
integrate technology[business, data]（科学技術[事業、データ]を統合する）

092 integrity
[ɪntégrəti]

RL 名 **高潔、完全な状態**(≒ unity, completeness)

The company's **integrity** is seriously undermined by the recent revelation of its backdoor dealings.(その会社の誠実性が最近の裏取引の発覚によって著しく損なわれている。)

professional **integrity**(プロとしての誇り)

ポイント integrate, integrityは共通の語根integr(完全な)を含んだ語。

093 intensify
[ɪnténsəfàɪ]

RL 動 **強める、強くなる**(≒ increase, build up)

名**intensity** 強烈さ、強さ

Traders are warning of an economic crisis as oil supply problems **intensify**.(トレーダーは石油供給問題が激化するにつれて、経済危機を警告している。)

intensify the competition[conflict](競争[対立]を激化させる)

094 intrude
[ɪntrúːd]

RL 動 **押しつける、侵入する、介入する**(≒ interfere, trespass)

名**intruder** 侵入者

Politics has begun to **intrude** into the firm's strategy for revitalization.(会社の活性化戦略に政治が介入してきた。)

intrude into his property[privacy](所有地[私生活]を侵す)

ポイント in(中に)＋trude(突っ込む)→「侵入する」となった語。

095 intuition
[ìnt(j)uíʃən]

RL 名 **直感、勘**(≒ hunch, instinct, sixth sense)

形**intuitive** 直感的な、直観の

The board members relied on their subjective judgment and **intuition** in decision making.(役員会は政策決定時に主観的判断と直観に頼った。)

women's[female] **intuition**(女性の直観[勘])

記憶術「ダメいん！注意しようと勘が働く」で覚えよう。

096 invaluable
[ɪnvæljuəbl]

RL 形 **きわめて貴重な、役に立つ**(≒ precious, priceless)

Research with companies forges **invariable** links with

the corporate world.（各会社との研究は企業世界との非常に貴重な関係を作ってくれる。）

invaluable natural resources（非常に価値のある天然資源）

ポイント valuable（価値ある）の反対語ではなく「値段をつけられないほど価値のある」の意味であることに要注意！

097 □ **lag**
[lǽg]

RL 動 遅れる、停滞する（≒ fall behind）
名 時間の遅れ、ずれ

Japan **lags** far behind other advanced nations in the promotion of recycling.（日本はリサイクルの促進において、他の先進国よりはるかに遅れている。）

jet **lag**（時差ぼけ）

098 □ **lament**
[ləmént]

RL 動 嘆き悲しむ、悔いる（≒ grieve, mourn, deplore）

In the poem he **laments** the terrible realities of the war.（その詩の中で、彼は戦争の非惨な現実を嘆いている。）

lament the death of his son（彼の息子の死を悲しむ）、
形 **lamentable** situations（嘆かわしい状況）

記憶術 「ラーメンとぼしいと嘆く下宿生」ですぐに覚えられる。

099 □ **leftover**
[léftòʊvɚ]

RL 形 残りの、余りの、食べ残しの（≒ remainder, remnant）
名 **leftovers** 残り物、残飯

The **leftover** oil products are refined to produce fuel for cars.（残った石油製品は精製され、車の燃料となる。）

leftover food [soup, bread]（(余った)食べ物[スープ、パン]）

100 □ **linger**
[líŋgɚ]

RL 動 ぐずぐずする、なかなか消えない（≒ persist, continue）

In stagnant air, pollutant particles **linger**, thus causing various health problems.（澱んだ空気中には汚染物質の分子がとどまり様々な健康問題を引き起こす。）

linger in his memory（ずっと彼の記憶に残る）

ポイント lingはlongの変形で「長くその状態にとどまる」の意。

135

記憶術 「リンリンガー ガー音の**余韻が残る**」で覚えやすい。

101 □ **malicious**
[məlíʃəs]
RL 形 **悪意のある、意地の悪い**(≒ spiteful, malevolent, vicious)
名 **malice** 悪意
She had to change her phone number to avoid **malicious** calls.(彼女はいたずら電話を避けるために電話番号を変えなくてはならなかった。)
malicious gossip(悪意に満ちた陰口)
記憶術 「まー！リス殺すなんて**悪意のある人**」で覚えられる。

102 □ **manipulate**
[mənípjəlèɪt]
RL 動 **巧みに操作する、いじくる**(≒ control, operate, juggle)
形 **manipulative** 巧妙な扱いの
Internal reviews by banks found evidence of traders' **manipulation** of the rates.(銀行の内部再調査でトレーダーたちのレート操作の証拠が見つかった。)
manipulate the data[prices, market](データ[価格、市場]を操作する)
ポイント mani(手)の意味の語根を含んだ語で意味は予測できる。

103 □ **meager**
[míːgɚ]
RL 形 **貧弱な、わずかな**(≒ small, scanty, lean)
副 **meagerly** 乏しく、不十分に
This **meager** aid to education is hardly enough to finance the purchase of textbooks.(こんなわずかな教育支援では教科書代にもならない。)
meager salary[hope, profits](わずかな収入[希望、利益])
記憶術 「赤味ーがー**乏しい**肉食べる生活」で覚えやすい。

104 □ **meddle**
[médl]
RL 動 **干渉する、いじくる**(≒ interfere, tinker)
名 **meddler** おせっかい屋
With the soaring exchange rate, the government decided to **meddle** in the market.(高騰する為替相場のため、政府は市場介入を決定した。)

meddle in internal affairs[business]（内政問題[事業]に干渉する）

ポイント med(mid)は「真ん中」の意味で、そこへ入っているイメージ。

105 □ **mediate**
[míːdièɪt]

RL 動 **調停する、仲裁する**（≒ resolve, reconcile）

名 **mediation** 調停、仲裁

Unfortunately, the U.N. failed to **mediate** a conflict between the two countries.（残念ながら、国連は２国間の対立を調停できなかった。）

mediate a dispute[conflict]（論争[争い]を調停する）

ポイント meddleと同じ語根med（真ん中）を含んだ語で、「真ん中に入る」の意味。

106 □ **meek**
[míːk]

RL 形 **おとなしい、従順な、意気地のない**（≒ obedient, docile）

The newly elected leader looks **meek**, but she has the heart of a lion.（おとなしそうに見えるが、新たに選ばれた指導者は獅子の心臓を持っていた。）

meek as a lamb[kitten]（借りてきた子羊[猫]のようにおとなしい）

記憶術「みみーくちふさがれ**従順な**」で覚えやすい。

107 □ **menace**
[ménəs]

RL 名 **脅威、威嚇、困り者**（≒ threat, danger, nuisance）

A new invisible **menace** has emerged as the ocean becomes more acidic due to burning fossil fuels.（化石燃料の燃焼で海の酸性度が上がり、新たな目に見えない脅威が生まれる。）

menace to society[world peace]（社会[世界平和]への脅威）、形 **menacing** sky（荒れそうな空模様）

記憶術「突然の**脅威**、危ねーナス！」で覚えられる。

108 □ **methodical**
[məθɑ́dɪkl]

RL 形 **整然とした、几帳面な**（≒ orderly, systematic）

The people's patience will be tested in a **methodical** antiterrorist campaign.（秩序立ったテロリスト反対活動で国民の忍耐が試されることだろう。）

methodical approach to research(研究への綿密な取り組み)にも使える。

109 □ **miserly**
[máɪzɚli]

RL 形 けちな、欲深な、わずかな(≒ stingy, meager)

The **miserly** old merchant died a bitter and lonely man.(けちな年老いた商人は悲しくて孤独な死を逐げた。)

miserly life(ツメに火をともすような暮らし)

記憶術 「まっいざー(miser)となったらケチな人」ですぐに覚えられる。

110 □ **mobilize**
[móʊbəlàɪz]

RL 動 動員する、集結する(≒ marshal, generate)

Several hundred police were **mobilized** to protect key government officials.(政府要人の警護のために、数百名の警官が動員された。)

mobilize masses[military, workforce](大衆[軍隊、労働者]を動員する)

ポイント mobile phoneのmobile(可動な)から意味は予測できる。

英検準1級必須類語グループクイズにチャレンジ！
《動詞編》①

以下の空欄に適当な類語グループを入れてください。

1. (　　) good from evil（善悪を識別する）
2. (　　) my alibi（アリバイをでっちあげる）
3. (　　) the belief（説を広める）
4. (　　) a fortune（財を築く）
5. (　　) money for the project（プロジェクトにお金を割り当てる）
6. (　　) solar power（太陽エネルギーを使う）
7. (　　) natural resources（なくなってゆく天然資源）
8. (　　) the enemy fortress（敵の要塞を攻撃する）
9. (　　) with the problem（難問に取り組む）
10. (　　) the riot（暴動を鎮める）
11. (　　) him for being late（遅刻を理由に彼を叱る）
12. (　　) the group from the others（その集団を他から隔離する）
13. be(　　) by the news（その知らせに仰天する）
14. (　　) the town（町を破壊する）
15. be(　　) by her wonderful performance（彼女の素晴らしい演技に魅了される）

選択肢

A（discern, discriminate, differentiate） B（seclude, segregate, isolate） C（devastate, demolish, destroy） D（dwindling, diminishing, shrinking） E（reproach, condemn, denounce） F（allocate, allot, appropriate） G（astonished, staggered, stunned, appalled） H（amass, accumulate, heap） I（wrestle, cope, struggle） J（disseminate, diffuse, circulate） K（fabricate, forge, invent） L（enchanted, captivated, fascinated） M（harness, exploit, utilize） N（suppress, subdue, repress） O（assail, assault, storm）

解答

選択肢以外にも余力のある人には覚えてほしい類語を加えています。

1. A（**discern**, discriminate, **differentiate**, distinguish） good from evil（善悪を識別する）
2. K（**fabricate**, **forge**, invent, cook up, concoct） my alibi（(人)のアリバイをでっちあげる）
3. J（**disseminate**, diffuse, **circulate**, propagate） the belief（説を広める）
4. H（**amass**, **accumulate**, heap, hoard） a fortune（財を築く）
5. F（**allocate**, allot, appropriate） money for the project（プロジェクトにお金を割り当てる）
6. M（**harness**, **exploit**, **utilize**） solar power（太陽エネルギーを使う）
7. D（**dwindling**, **diminishing**, **shrinking**, lessening） natural resources（なくなってゆく天然資源）
8. O（assail, **assault**, storm, charge） the enemy fortress（敵の要塞を攻撃する）
9. I（**wrestle**, **cope**, struggle） with the problem（難問に取り組む）
10. N（**suppress**, **subdue**, repress, quell） the riot（暴動を鎮める）
11. E（reproach, **condemn**, **denounce**, reprove）him for being late（遅刻を理由に彼を叱る）
12. B（**seclude**, **segregate**, **isolate**, quarantine） the group from the others（その集団を他から隔離する）
13. G be（**astonished**, staggered, **stunned**, appalled, astounded, **amazed**） by the news（その知らせに仰天する）
14. C（**devastate**, demolish, destroy） the town（町を破壊する）
15. L be（**enchanted**, **captivated**, **fascinated**） by her wonderful performance（彼女の素晴らしい演技に魅了される）

英検準1級読解&リスニング問題必須 副詞パラフレーズをマスター！①

- **accidentally**（偶然、誤って）≒ by accident, coincidentally unintentionally, by mistake
- **accordingly**（ゆえに、それに応じて）≒ therefore, consequently, correspondingly
- **allegedly**（伝えられるところでは）≒ reportedly
- **approximately**（およそ）≒ **roughly**, nearly, about, more or less
- **collectively**（共同で）≒ jointly
- **comparatively**（比較的）≒ **relatively, in comparison**
- **consequently**（したがって）≒ therefore, as a result, thus, hence
- **considerably**（かなり）≒ **significantly**
- **currently**（現在は）≒ now, at the present time
- **deliberately**（わざと）≒ **intentionally**, on purpose
- **entirely**（完全に）≒ completely, **totally**
- **eventually**（結局は）≒ **finally**, in the end, **ultimately, in the long run,** in due course
- **exceedingly**（非常に）≒ **extremely**, exceptionally, **highly**
- **favorably**（好意的に）≒ positively, agreeably, advantageously
- **frequently**（しばしば）≒ often, recurrently, repeatedly
- **furthermore**（さらに）≒ moreover, in addition, additionally, **besides**
- **in reality**（実際）≒ **actually**, as a matter of fact, in fact
- **initially**（最初は）≒ **originally**, at first, at the start, at the outset, in the beginning
- **meanwhile**（その間）≒ in the meantime, for the time being
- **merely**（単に）≒ only, just

第12日
準1級合格を確かなものにする
必須6000語水準語彙を完全マスター！ 4

111 □ momentum RL 名 勢い、はずみ、運動量（≒ drive, impetus）
[moʊméntəm]
The nation's economy gained its **momentum** with its revitalized industries.（産業復興で国の経済ははずみがついた。）
keep [lose, maintain] **momentum**（勢いを保つ[失う、維持する]）
ポイント 物理学のモーメント（物を回転する力）から来た語。

112 □ morale RL 名 士気、意欲、やる気（≒ confidence, spirit）
[mərǽl]
The nation's future depends on public confidence and the **morale** of politicians.（国の将来は国民の信頼と政治家のやる気にかかっている。）
boost the **morale** of soldiers（兵士の士気を高める）
ポイント moral が「善悪の判断」に対して、morale は「自信とやる気」。

113 □ muggy RL 形 蒸し暑い、うっとうしい（≒ hot and humid）
[mʌ́gi]
The vine flowering was followed by an extended period of **muggy** weather.（ブドウの開花のあと、蒸し暑い気候が長らく続いた。）
muggy weather [summer, air]（蒸し暑い天候[夏、空気]）

114 □ nobility RL 名 気高さ、高貴さ、貴族（≒ aristocracy, majesty）
[noʊbíləti]
形 **noble** 気高い、高潔な、貴族の
The **nobility** of democracy has been undermined by human frailties for years.（民主主義の気高さは長い間に人間のもろさにより損なわれてきた。）
feudal **nobility**（封建貴族）

115 □ numb RL 形 感覚がない、呆然とした（≒ paralyzed, senseless）
[nʌ́m]
動 感覚をなくす、呆然とさせる

Rapid-fire TV news could **numb** our sense of morality and human empathy.(矢継ぎ早のテレビのニュースは道徳感覚や人としての共感を失わせる。)

fell **numb** with grief(悲しみに呆然とする)

記憶術「**南無**阿弥陀仏を唱えれば苦痛の感覚**麻痺する**」で覚えられる。

116 □ **nurture**
[nə́ːtʃɚ]

RL 動 育てる、教育する(≒ foster, cultivate) 名 育成、環境

The general manager has a strong desire to **nurture** all the potential of the workers.(本部長は労働者のあらゆる可能性を伸ばしたいと強く望んでいる。)

nurture creativity(創造性を育む)

ポイント nature(生まれ＝heredity(遺伝))かnurture(育ち＝environment(環境))かの議論がよくなされる。

117 □ **obesity**
[oʊbíːsəti]

RL 名 肥満

形 **obese** 肥満した、太りすぎの(≒ overweight, fat)
Researchers have identified an enzyme as the key to reducing **obesity**.(研究者たちは酵素が肥満を減らすカギとなることをつきとめた。)

形 **obese** children(肥満児)

記憶術「**帯**しても似合わぬ**肥満体形**」

118 □ **obstinate**
[ɑ́bstn̩ət]

RL 形 強情な、厄介な(≒ stubborn, inflexible)

The key to successful peace talks lies in pleasing the **obstinate** negotiators.(講和成功のカギはあの頑固な交渉人を喜ばせることだ。)

obstinate attitude[refusal, protest](頑固な態度[拒絶、抗議])

ポイント 類語stubborn(頑固)よりも意味が強くて「強情な」の意味。

記憶術「**オンぶ**してねと**頑固な**子供」で覚えやすい。

119 □ **ominous**
[ɑ́mənəs]

RL 形 不吉な、険悪な(≒ sinister, menacing)

The political leader made an **ominous** threat against foreign intervention.(その政治指導者は外国の介入に対

し不吉な脅しをかけた。)

ominous sign[news](不吉な前触れ[知らせ])、图good [bad] **omen**(吉兆[凶兆])

ポイント 昔、「オーメン」というオカルト映画がヒットした。

120 □ **optimum**
[áptəməm]

RL 形 最適の、最上の(≒ optimal, ideal, perfect) 图最適条件

optimal

似 optimism 楽観主義

The group leader strongly demanded the **optimum** result of the campaign for the protection of endangered species.(グループリーダーは絶滅危惧種保護活動の最善の結果を強く求めた。)

optimum environment[opportunity](最適な環境[チャンス])

ポイント opportunityと同じ語根opt(選ぶ)を含んだ語。

121 □ **outgoing**
[áʊtgòʊɪŋ]

RL 形 社交的な、辞職する(≒ sociable, gregarious, retiring)

The **outgoing** president successfully strengthened the relationship with other countries.(引退する大統領は他国との関係強化に成功した。)

outgoing employee[personality](外交的な従業員[性格])

122 ☑ **outlaw**
[áʊtlɔ̀ː]

RL 動 禁止する、不法とする(≒ ban, prohibit)、图無法者(≒ criminal)

If the government **outlaws** guns, only the **outlaws** will have guns.(もし政府が銃を禁止すれば、銃を所有するのは無法者だけになるだろう。)

outlaw smoking[abortion](喫煙[中絶]を禁止する)

ポイント 反意語はlegalize(合法化する)。

123 □ **outrage**
[áʊtrèɪdʒ]

RL 名動 非道、侮辱、憤慨、憤慨させる(≒ fury, insult, atrocity)

形**outrageous** けしからん、突拍子もない

Environmental groups expressed **outrage** over the pipeline project.(環境団体はパイプライン計画に対し激しい怒りを表した。)

be **outraged** at (by) the betrayal of her subordinate(部下の裏切りに激怒する)

ポイント This is outrageous!は、「これはひどい！［反語的に］すごい！」の意味でよく使われる会話表現。

124 □ **outweigh**
[àʊtwéɪ]

RL 動 ～より重要である(≒ greater than, offset)
Doctors agree that the benefits of the new medicine far **outweigh** the risk of side effects.(医師たちはその新薬の恩恵が副作用の危険性より重要であるとしている。)
the advantages **outweigh** the disadvantages(長所が短所に勝る)

ポイント out(より)＋weigh(重い)→「より重要である」となった語。

125 □ **overdo**
[òʊvɚdúː]

RL 動 やりすぎる、誇張する(≒ overreach, go too far)
Economists warned the cabinet not to **overdo** the gradual fiscal tightening.(経済学者たちは政府に段階的な金融引締をやりすぎぬよう警告した。)
Don't **overdo** it.(無理するなよ。)、**overdo** your exercise(運動しすぎる)

126 □ **paralyze**
[pǽrəlàɪz]

RL 動 マヒさせる、無力にする(≒ immobilize, break down)
名 **paralysis** マヒ、マヒ状態、停滞
The current financial crisis would **paralyze** the financial markets.(現在の経済危機は金融市場をマヒさせるだろう。)
paralyze his muscle[the entire body, traffic](筋肉[全身、交通]をマヒさせる)

ポイント para(超えて)＋lyze(分解する)→「ばらばらで無力化する」イメージ。

記憶術 「頭マヒさせパッパラパーラライズ」で覚えられる。

127 □ **perilous**
[pérələs]

RL 形 危険な、冒険的な(≒ dangerous, hazardous)
名 **peril** 危険、危機
The negotiator navigated a **perilous** political path by

agreeing to a tax hike.(交渉人は増税に合意し、政治危機を何とかくぐり抜けた。)

perilous journey[situation](危険な旅[状況])

ポイント experience, experimentと共通の語根periは「やってみる」の意味。perilはdangerより差し迫った大きな危険のこと。

記憶術 「ぺりペリル(peril)と壁はがれて危険だよ」で覚えやすい。

---

128 □ **perpendicular**
[pə̀ːpṇdíkjələ]

RL 形 垂直の、切り立った(≒ vertical, upright)

The veteran climbers have mastered how to climb this **perpendicular** rock wall.(熟練の登山家たちは、この垂直の岩壁の登り方を熟知していた。)

perpendicular line (垂直線)

ポイント per(完全に)＋pend(ぶら下がった)状態→「まっすぐ切り立った」となった語。

---

129 □ **perpetual**
[pəpétʃuəl]

≒ permanent

RL 形 永久の、絶え間ない(≒ everlasting, ceaseless)

副 **perpetually** 本質的に

It is well known the beautiful peaks of the mountain are covered with **perpetual** snow.(その山の美しい頂上が一年中雪で覆れていることは、よく知られている。)

perpetual motion[conflict](永久運動[対立])

記憶術 「パパーペちゃぺちゃのべつ幕なくしゃべれないで」で覚えやすい。

---

130 □ **persistent**
[pəsístṇt]

RL 形 粘り強い、持続する(≒ tenacious, continuous)

Persistent protests and violence plagued the nation throughout the year.(その国は根強い反抗と暴力行為に一年中ずっと悩まされた。) 困難、伝染病、災害

persistent pain[efforts](しつこい痛み[粘り強い努力])、

動 **persist** in one's belief(信念を貫く)

ポイント per(完全に)＋sist(座る)→「固執する」となった語。

記憶術 「パー死すとも自説に固執する」で覚えやすい。

苦しみ、悩ませるもの

131 □ **perspire** [pɚspáɪɚ]	RL 動 汗をかく、汗ばむ（≒ sweat）

名 **perspiration** 発汗、発汗作用

The club members are profusely **perspiring** from the rigorous training.（クラブ会員たちは厳しい訓練にたくさん汗を流している。）

ポイント per（通して）＋ breathe（呼吸する）→「汗をかく」となった語。

132 □ **petition** [pətíʃən]	RL 名 請願（書）、申立（書）（≒ appeal, plead）

動 請願する、陳情する

The controversy filed a **petition** demanding that the government reverse its tax policies.（反対派は政府に税金政策撤回を求める嘆願書を提出した。）

 petition for bankruptcy（破産申立）

ポイント competitionと同じ語根pete（求める）を含んだ語。

133 □ **plausible** [plɔ́:zəbl]	RL 形 もっともらしい（≒ believable）

prove ≒

Scientists came up with **plausible** explanations for the risk of heavy drinking.（科学者たちは、大量飲酒の持つ危険性のもっともらしい説明を提起した。）

 plausible reason［argument］（もっともらしい理由［議論］）

記憶術「プローしぶるお金を、もっともらしい理由をつけて」で覚えやすい。

134 □ **plead** [plí:d]	RL 動 嘆願する、抗弁する、認める（≒ beg, implore, petition）

名 **plea** 嘆願、訴え

The man eventually **pleaded** guilty to a charge of murder.（最終的に、その男は殺人の容疑に対して罪を認めた。）

 plead innocence（無罪を申し立てる）、**plead** guilty（罪を認める）

135 □ **pledge** [plédʒ]	RL 名 公約、固い約束、担保（≒ promise, vow）

動 誓約する、誓約させる、質に入れる

The high school students and staff took the **pledge** to

bullying prevention.(その高校の生徒と職員はいじめ防止を誓った。)
live up to the campaign **pledge**(選挙キャンペーンの公約を守る)

136 □ **posture**
[pástʃɚ]

RL 名 姿勢、態度、状況(≒ stance, position)
動 気取る、〜のふりをする

Correct **posture** and breathing is of utmost importance in zazen.(座禅では正しい姿勢と呼吸が最も重要である。)
upright **posture**(真っすぐな姿勢)

ポイント post(置く)の語根から意味が予測しやすい。

137 □ **preoccupy**
[priákjəpài]

RL 動 夢中にさせる、先に取る(≒ absorb, engross)
名 **preoccupation** 夢中、先入観

Worries about the health of the global economy **preoccupied** investors.(投資家は世界経済の健全性に対する懸念に気を取られていた。)
be **preoccupied** with the problem[work](問題[仕事]に気を取られている)

ポイント pre(先に)＋occupy(占める)→「夢中にする」となった語。

138 □ **presume**
[prɪz(j)ú:m]

RL 動 仮定(推定)する、つけ込む(≒ surmise)
名 **presumption** 推定、仮定、副 **presumably** たぶん

The department revised its forecast by **presuming** increasing demand for electricity.(その部署は増大する電気需要を仮定して予測を変更した。)
presume his innocence(彼が無罪だと推定する)、be **presumed** dead(死亡したとみられる)

ポイント pre(前もって)＋sume(取る)→「推定する、〜を前提とする」となった語。

139 □ **priceless**
[práɪsləs]

RL 形 非常に価値のある、重要な(≒ invaluable, precious)
The Louvre houses dozens of **priceless** pieces of antiquities and works of art.(ルーブル美術館は非常に価値のある遺物や芸術作品を収蔵している。)

priceless experience [gifts]（非常に貴重な経験[贈り物]）

ポイント invaluableと同じく、priceやvalueの反対、つまり価値がないのではなく、「値段がつけられないほど価値がある」という強い意味。

140 □ **promising**
[práməsɪŋ]
RL 形 将来有望な（≒ hopeful, up-and-coming）
The **promising** economic growth forecast for 2013 raised expectations for robust demand for industrial commodities.（2013年の有望な経済成長予測は工業製品に対する強い期待感を高めた。）
promising player（有望な選手）

141 □ **propaganda**
[pràpəgǽndə]
RL 名 宣伝（≒ publicity, promotion）
動 propagate 繁殖させる、宣伝する
The government launched a program to spread anti-war **propaganda** online.（政府はオンラインで戦争反対を宣伝する計画を開始した。）
spread **propaganda** for the campaign（活動の宣伝をする）
記憶術 「プロぱーっとガンガン宣伝する」で覚えやすい。

142 □ **proponent**
[prəpóʊnənt]
RL 名 提案者、支持者（≒ supporter, advocate）
The speaker has been a vocal **proponent** of a new ban on automatic rifles.（その演説者は自動ライフル使用の新たな禁止を積極的に提唱していた。）
proponent of tight fiscal policy（厳しい財政政策提案者）
ポイント pro(前に)＋pon(置く)→「支持者」となった。
反 opponent（反対者）

143 □ **prospect**
[práspekt]
RL 名 見通し、可能性（≒ likelihood, possibilities, outlook）
形 **prospective** 見込みのある
The **prospect** of death penalty discourages most people from committing a murder.（死刑の可能性があることで、殺人を犯すことを思い留まる人もいる。）

prospect of success[employment]（成功[就業]の見通し）

ポイント pro（前を）＋ spect（見る）→「見通し」となった語。

144 □ **prudent**
[prúːdənt]

RL 形 慎重な、賢明な（≒ cautious, careful）

A **prudent** growth strategy is necessary to revitalize the company.（会社の復興のために慎重な成長戦略が必要である。）

prudent management[advice]（賢明な経営[助言]）

145 □ **quest**
[kwést]

RL 名 追求、探求（≒ search, pursuit）
動 探し求める、追求する

The **quest** of new technology requires sustaining domestic economic growth.（新技術の追求には国内の経済成長持続が必要である。）

quest for peace[money, success]（平和[お金、成功]の探求）

ポイント question, conquest（征服）に共通の語根questの意味はask（尋ねる、求める）。

146 □ **queue**
[kjúː]

RL 名 列（≒ line, row） 動 列を作る、順番を待つ

The welfare state was at the front of the **queue** for pandemic vaccines.（その福祉国家は一番に、流行病のワクチンを待っていた。）

stand[wait] in a **queue**（列になって並ぶ[待つ]）

記憶術 「列になって**キュー**キュー詰めで並ぶ」で覚えやすい。

147 □ **rash**
[rǽʃ]

RL 形 向こう見ずな、性急な（≒ hasty, impulsive, reckless）

It is **rash** to underestimate the old man who announced his candidacy for chairperson of the committee.（委員会委員長に立候補した老人を過小評価するのはまだ早い。）

rash decision[promise]（軽率な決定[約束]）

ポイント rash（性急な）と rush（殺到する）の違いに要注意！

148 □ reap
[ríːp]

RL 動 刈り取る、収穫する、獲得する（≒ harvest）

The manager helped the firm avoid losses and **reap** a profit of $300 million.（部長は、会社が損失を回避し3億ドルもうけるのを手伝った。）

You **reap** what you sow.（自業自得、因果応報）

記憶術「どんどん刈り―プラムを**収穫する**」で覚えられる。

英検準1級読解&リスニング問題必須 副詞パラフレーズをマスター！②

- ☐ **notably**（著しく、特に）≒ **remarkably, particularly**, especially
- ☑ **noticeably**（明らかに）≒ **obviously, clearly**, evidently, visibly, without doubt, needless to say, it goes without saying
- ☑ **occasionally**（時折）≒ **sometimes, at times, from time to time, infrequently**
- ☑ **otherwise**（さもなくば）≒ **or else, or, if not**
- ☐ **pathetically**（残念ながら）≒ **regrettably**, unfortunately
- ☐ **precisely**（正確に）≒ **exactly**, on the dot, accurately
- ☑ **preferably**（できれば）≒ **ideally**, if possible, as a matter of choice
- ☑ **primarily**（主に）≒ **chiefly, mostly, mainly, substantially, as a rule**
- ☑ **promptly**（即座に）≒ **immediately, at once, swiftly, without hesitation, instantaneously**, without delay
- ☐ **readily**（容易に）≒ **easily**, effortlessly
- ☐ **scarcely**（ほとんど～ない）≒ **hardly**, narrowly, rarely, barely
- ☑ **shortly**（まもなく）≒ **soon, at any moment**, in a minute
- ☐ **simultaneously**（同時に）≒ **concurrently, at the same time**
- ☑ **slightly**（わずかに）≒ **somewhat, moderately**, to some degree
- ☑ **temporarily**（一時的に）≒ briefly, for a moment, momentarily
- ☐ **thoroughly**（徹底的に）≒ in depth, closely, meticulously, fully
- ☑ **undoubtedly**（確かに）≒ **surely, certainly, for sure, to be sure, definitely, undeniably**, without fail
- ☐ **virtually**（事実上）≒ **practically, basically**, almost
- ☑ **voluntarily**（自発的に）≒ **of one's own free will, willingly**

英検準1級必須類語グループクイズにチャレンジ!
《動詞編》②

以下の空欄に適当な類語グループを入れてください。

1. (　　　) her proposal（彼女の提案に同意する）
2. (　　　) the secret（秘密を暴露する）
3. (　　　) the value of land（土地の値打を評価する）
4. (　　　) her into the business（彼女をおだてて、その仕事をさせる）
5. (　　　) my anger（怒りを抑える）
6. (　　　) the movement（動きを妨げる）
7. (　　　) my health（健康を損なう）
8. (　　　) him into buying the item（彼をだまして、その商品を買わせる）
9. (　　　) his death（彼の死を悲しむ）
10. (　　　) my rival（ライバルと競う）
11. (　　　) the government（政府を倒す）
12. (　　　) my pain（痛みを和らげる）
13. (　　　) the guru（教祖をあがめる）
14. (　　　) the meeting（会議を延期する）
15. (　　　) my honor（名誉を挽回する）

選択肢

A（redeem, regain, recover） B（revere, worship, venerate） C（undermine, impair, injure） D（consent with, assent to） E（adjourn, postpone, delay） F（repress, suppress, contain, restrain） G（tempt, seduce, entice） H（estimate, evaluate, assess） I（alleviate, soothe, relieve） J（deceive, trick, beguile） K（disclose, expose, reveal, leak, uncover） L（topple, overthrow, overturn） M（contend with, compete with） N（mourn, lament, deplore） O（hinder, impede, block, inhibit）

解 答

1. **D**(**consent with**, **assent to**, concur with) her proposal(彼女の提案に同意する)
2. **K**(**disclose**, expose, **reveal**, **leak**, **uncover**) the secret(秘密を暴露する)
3. **H**(**estimate**, **evaluate**, assess, **size up**) the value of land(土地の値打を評価する)
4. **G**(**tempt**, **seduce**, **entice**, **lure**) her into the business(彼女をおだててその仕事をさせる)
5. **F**(**repress**, **suppress**, contain, **restrain**) my anger(怒りを抑える)
6. **O**(**hinder**, **impede**, block, **inhibit**, stunt, **hamper**)the movement(動きを妨げる)
7. **C**(**undermine**, **impair**, injure) my health(健康を損なう)
8. **J**(deceive, trick, **beguile**, **delude**) him into buying the item(彼をだまして、その商品を買わせる)
9. **N**(mourn, **lament**, **deplore**, grieve over)his death(彼の死を悲しむ)
10. **M**(**contend** with, compete with) my rival(ライバルと競う)
11. **L**(**topple**, **overthrow**, overturn, subvert) the government(政府を倒す)
12. **I**(**alleviate**, soothe, relieve, **mitigate**) my pain(痛みを和らげる)
13. **B**(**revere**, **worship**, **venerate**, idolize) the guru(教祖をあがめる)
14. **E**(**adjourn**, **postpone**, delay, defer)the meeting(会議を延期する)
15. **A**(**redeem**, regain, recover, **retrieve**) my honor(名誉を挽回する)

第13日
準1級合格を確かなものにする
必須6000語水準語彙を完全マスター！⑤

149 □ recede
[rɪsíːd]

[RL] 動 **後退する、薄れる**（≒ draw back, retreat, fade）
名 **recess** 休み、名 **recession** 後退（一時的な）景気後退
The residents were warned to stay out of the area until the flood waters **receded**.（住民は洪水が引くまで町に戻らないように警告された。）
receding hairline[coastline]（後退する生え際[海岸線]）
ポイント re（後ろへ）＋ cede（進む）→「後退する」

150 □ reckon
[rékn̩]

[RL] 動 **推測する、計算する、評価する**（≒ guess, estimate, calculate）
名 **reckoning** 概算、見方
Analysts **reckon** that house prices in the cities will rise five per cent this year.（アナリストは住宅価格が今年5％上がると推測している。）
by my **reckoning**（私の計算では）、days of **reckoning**（審判の日）
ポイント day of reckoning（最後の審判の日）は重要。
記憶術 「れんこんの値段を**推測する**」で覚えやすい。

151 □ reconcile
[rékənsàɪl]

[RL] 動 **和解させる、調停する**（≒ settle, resolve）
名 **reconciliation** 和解、調停、調和
National leaders have long struggled to **reconcile** laws with politics.（国の指導者たちは長年にわたり、法と政治の調和をとるべく奮闘してきた。）
reconcile the dispute[conflict]（紛争を調停する）
記憶術 「離婚裁判**調停する**」で覚えやすい。

152 □ rectangle
[réktæŋgl]

[RL] 名 **長方形**
The museum features a grotto with stones in the shape of a **rectangle**.（その美術館は長方形の石でできた人工洞窟が有名である。）

155

形 **rectangular** shape[frame, room]（長方形の形[枠、部屋]）

ポイント rect＋angle＝直角(right angle)で「直角を持つ形」の意。

153 □ refuge
[réfju:dʒ]

RL 名 避難、避難所、隠れ家（≒ shelter, haven）

名 **refugee** 難民、避難民

The local residents are to take **refuge** in the public facilities in an emergency.（地元の住民たちは、緊急時には公共施設に避難することになっている。）

refugee camp（難民収容所）、take **refuge** in silence（黙り込んでその場を逃れる）

ポイント re（後ろへ）＋fuge（逃げる）→「避難」となった語。

154 □ relevant
[réləvənt]

RL 形 関連した、妥当な（≒ related, pertinent）

名 **relevancy** 関連性、妥当性

The company barely remains a **relevant** player in the smartphone market.（その会社はスマホ市場で妥当なメーカーとして、かろうじて生き残っている。）

relevant information[experience]（関連性がある情報[経験]）

155 □ renowned
[rınáʊnd]

RL 形 有名な、高名な（≒ famous, eminent）

名 **renown** 名声

The world-**renowned** company is enjoying a new era with a long-term vision.（世界的に有名なその会社は、長期展望でもって新時代を享受している。）

renowned scholars[scientists]（著名な学者[科学者]）

ポイント re（再び）＋nown（名づける）→「有名な」となった語。「有名」に「尊敬された」を加えた語。

156 □ repel
[rıpél]

RL 動 撃退する、不快にする（≒ drive away, fight off）

形 **repellant** 不快感を与える、寄せ付けない

The western forces swept in to help a crumbling state **repel** the rebel forces.（欧州の軍隊は、崩壊しつつある国家の反乱軍撃退を支援するため入国した。）

repel an enemy[attack]（敵[攻撃]を撃退する）
ポイント re(後ろへ)＋pel(追い払う)→「撃退する」となった語。

157 □ resent
[rizént]

RL 動 腹を立てる、憤慨する（≒ hate, hold a grudge against）

形 **resentful** 立腹した、憤慨した

Some of his colleagues vehemently **resented** his proposal of dramatic downsizing.（同僚の中には、彼の大規模なリストラ案に猛烈に怒っている者もいた。）

resent his insult[criticism]（彼の侮辱[批判]に腹を立てる）

ポイント re(後ろ向き[ネガティブ]に)＋sent(感じる)→「憤慨する」となった語。

記憶術 「リーゼントの髪形に**腹を立てる**」で覚えやすい。

158 ☑ resolve
[rizálv]

RL 動 決意する、解決する（≒ settle, determine）名 決意、決心、名 **resolution** 決議、決意(resolveの方が意味が強い)

The office worker **resolved** to make a career change in his late 30s.（会社員は30代後半で転職することを決心した。）

resolve the issues[problems, conflicts]（問題[紛争]を解決する）

ポイント re(何度も)＋solve(解く)→「解決する、決意する」となった語。

159 □ revolt
[rivóult]

RL 名 反乱、暴動、反感（≒ rebellion, uprising）
動 反乱を起こす、不快にする

After the Arab Spring **revolt**, the constitution is vital to the establishment of democracy.（アラブの春の後、民主主義の確立にとって憲法が不可欠である。）

revolt against the regime[dictator]（政権[独裁者]に反乱を起こす）

ポイント re(後ろへ)＋volt(回転する)→「反乱、反感」となった語。反乱が失敗すればrevolt、成功すればrevolutionとなる。

160 □ **revolutionary** [rèvəl(j)úːʃənèəri]	RL 形 革命的な、画期的な (≒ innovative, epoch-making)
	名 **revolution** 革命
	His **revolutionary** invention brought huge profits to the company. (彼の画期的な発明は、会社に多大な利益をもたらした。)
	revolutionary idea [innovation] (画期的な着想 [発明])
161 □ **rubbish** [rʌ́bɪʃ]	RL 名 ゴミ、がらくた、つまらないもの (≒ garbage, trash)
	動 くだらないと酷評する
	The device that exploded in the station was left in a **rubbish** bin. (駅で爆発した装置は、ゴミ箱の中に置かれていた。)
	rubbish dump (ゴミの山)
	ポイント イギリスでは「くだらない」の意味でよく使われる。
162 □ **rupture** [rʌ́ptʃɚ]	RL 名 破裂、決裂、不和 (≒ break, burst, split)
	動 破裂させる
	The intermittent earthquakes **ruptured** a patch along the fault's surface. (断続した地震で活断層ぞいに一部破裂が生じた。)
	rupture his Achilles' tendon (アキレス腱を切る)
	ポイント ruptは「破裂」という意味の語根。
163 □ **rustle** [rʌ́sl]	RL 動 カサカサ音をさせる、音をさせて動く (≒ whisper)
	The climbers heard the leaves **rustling** in the autumn wind. (登山者は秋風で木の葉がカサカサ音をたてているのを聞いた。)
	rustle of leaves (葉のすれる音)
	ポイント 「ラスル」と、紙や木の葉の「さらさら」は音が似ているので覚えやすい。
164 □ **rusty** [rʌ́sti]	RL 形 さびた、さびついた (≒ corroded, out of practice)
	The tennis player recovered from a **rusty** start to win the championship. (そのテニスプレーヤーは、大会優勝のため、さえない出だしから立ち直った。)

My Latin is pretty **rusty**.（私のラテン語も随分さびついた。）

165 □ sanity
[sǽnəti]

RL 名 正気、健全さ（≒ rationality, sense）
形 **sane** 正気の、分別ある⇔insane 狂気の
Government says that they cannot restore **sanity** to the public during the war.（政府は、戦争中は国民に正気を取り戻させることができないと言っている。）
lose his **sanity**（正気を失う）
ポイント 日本語の「サナトリウム」は療養所の意味。

166 □ sarcastic
[sɑɚkǽstɪk]

RL 形 皮肉な、いやみな（≒ ironical, satirical, cynical）
名 **sarcasm** 当てこすり、いやみ
The actor posted on his Facebook page an image with a **sarcastic** warning.（俳優は自分のFacebookのページに皮肉な警告と一緒に画像を投稿した。）
sarcastic answer [joke, comment]（皮肉を込めた返答［冗談、コメント］）
記憶術「**サーカス**無料素敵と**皮肉**を言う」とちょっと苦しい。

167 □ satire
[sǽtaɪɚ]

RL 名 風刺、皮肉、風刺作品（≒ caricature, irony, sarcasm）
形 **satirical** 風刺的な
His recent work seems like a particularly merciless piece of social **satire**.（彼の最近の作品は冷酷な社会風刺のように思われる。）
political and social **satire**（政治的・社会的風刺）
記憶術「何**さタイヤ**の絵を書き**風刺**するなんて」で覚えられる。

168 □ scramble
[skrǽmbl]

RL 動 よじ登る、奪い合う、混乱させる（≒ climb, rush, mix up）、名 奪い合い、ごちゃまぜ
The superstorm, which rocked the region, has the election officials **scrambling**.（その地域を襲ったハリケーンで選挙関係者は混乱している。）
scramble for better seats（良い席を奪い合う）

169 □ **secular** [sékjələ]	RL 形 現世の、非宗教的(≒worldly, lay)
	動 **secularize** 宗教から分離する
	The liberal coalition will establish an advanced **secular**, social welfare state.(自由主義の連立政権は先進的な非宗教的社会福祉国家を作るだろう。)
	secular music[education](世俗的音楽[教育])
	記憶術「どう**せくら**くらする**世俗**音楽」で覚えよう。
170 □ **sermon** [sə́ːmən]	RL 形 (教会の)説教、お説教(≒preaching)
	動 **sermonize** 説教する、小言を言う
	The bishop delivered a **sermon** with the rhythms of gospel music at Christmas.(クリスマスに司教は、ゴスペル音楽のリズムで説教を行った。)
	preach[deliver] an inspiring **sermon**(鼓舞するような説教をする)
	記憶術「**サー文**句を言わずに**説教**聞け」ですぐに覚えられる。
171 □ **sheer** [ʃíə]	RL 形 全くの、険しい(≒utter, stark, complete)
	The new sales representative got a big account by **sheer** luck.(新入りの販売員は全くの幸運で大口の顧客を獲得した。)
	sheer nonsense[hypocrisy, luck](全くのたわ言[偽善、幸運])
	記憶術「**しあ**！**全く**ばかげているぜ」ですぐに覚えられる。
172 □ **shiver** [ʃívə]	RL 動 震える、おののく(≒shake, shudder, tremble)
	名 震え、身震い、悪寒
	People in Eastern Europe continued to **shiver** in the grip of unusually frigid weather.(東ヨーロッパの人々は異常極寒気象に見舞われ、寒さに震えていた。)
	shiver with cold[fear](寒さ[恐怖]で震える)
	記憶術「**縛**られて恐怖に**震える**」ですぐに覚えられる。

173 shortcoming [RL]
[ʃɔ́ɚtkÀmɪŋ]

名 短所、欠点（≒ defect, fault, flaw, weakness）

The biggest **shortcoming** of the proposal is that they neglect the risk of economic shocks.（提案の最大の欠点は経済ショックのリスクを軽視していることだ。）

make up for my **shortcomings**（自分の短所を補う）

ポイント defect（欠陥）、drawback（難点）に対して、「成功を阻むような弱点」のこと。

174 showy [RL]
[ʃóʊi]

形 目立つ、派手な（≒ flashy, loud）

There is a growing need for a sweeping drive against an inefficient and **showy** bureaucracy.（役に立たない派手さだけの官僚一掃がいっそう望まれている。）

showy clothes [funeral]（派手な服［葬式］）

175 shrewd [RL]
[ʃrúːd]

形 鋭い、洞察力のある（≒ sharp, perceptive）

The liability management strategy was hailed as a **shrewd** move by market observers.（その負債管理はオブザーバーが機敏な動きとしてとらえた。）

shrewd businessman（やり手の実業家）

記憶術 「ホントにしゅる-どい！抜け目がない」ですぐに覚えられる。

176 slam [RL]
[slǽm]

動 バタンと閉める、酷評する（≒ bang, shut, attack）
名 バタンと閉める音、酷評

Conservatives **slammed** the arrest of a reporter as an attack on free speech.（保守派はレポーター逮捕を言論の自由侵害だとして非難した。）

slam the door shut（ドアをピシャリと閉める）

ポイント 類語 close, shut はもとより、bang よりも速く力強く閉める。

177 soak [RL]
[sóʊk]

動 浸す［浸る］、吸収する（≒ absorb, seep, drench）
名 浸すこと、しみ込み

The bank has **soaked** up the surplus currency earned by the corporations.（その銀行は、企業が得た外貨収益を吸い上げていた。）

have a relaxing **soak** in a hot spring(温泉につかってリラックスする)、get **soaked** to the skin (びしょ濡れになる)

178 □ **sober**
[sóʊbɚ]

RL 形 しらふの、真面目な(≒ not drunk, serious)
動 酔いが覚める 名 **sobriety** test(飲酒テスト)
Sober debates on cyber security should not be distorted any longer.(これ以上サイバーセキュリティについての真剣な論議を妨げてはならない。)
sober up in an instant(一瞬で酔いが覚める)
記憶術 「しらふでないならそーばに寄らないで」で覚えやすい。

179 □ **soothing**
[súːðɪŋ]

RL 形 和らげる、慰める(≒ calming, relaxing)
動 **soothe** なだめる、軽減する
The **soothing** talk from the Central Bank mitigated the fear of investors.(中央銀行からのなだめるような談話で投資家の不安は軽減された。)
soothing music[melody, sound](癒しの音楽[メロディー、音色])
記憶術 「気持ちなだめるす-ずの音」で覚えやすい。

180 □ **spark**
[spáɚk]

RL 名 火花、活気、ひらめき(≒ flash, vitality, inspiration)
動 火花を出す、活気づける、誘発する
Japan's currency tactics may **spark** a currency war among the nations.(日本の通貨戦略は国家間の通貨戦争を引き起こすかもしれない。)
spark a furious national debate(全国的な激しい議論を巻き起こす)

181 □ **sphere**
[sfíɚ]

RL 名 球、天体、範囲、地位(≒ globe, area, rank)
形 **spherical** 球の、天体の
Close-up views from the observatory in Hawaii showed a solar flare within the Venus **sphere**.(ハワイの観測所からの詳しい観察で、金星圏における太陽フレアを確認した。)
sphere of influence[life](勢力範囲[生活圏])

182 □ **sprain** [spréin]	RL 動 くじく(≒twist) 名 ねんざ、筋違い
	The football player suffered a severe **sprain** in his right ankle in the game.(そのサッカー選手は試合中に右足首をひどくねんざした。)
	sprain my ankle[wrist](足首[手首]をねんざする)
	ポイント strain よりも重い。
183 □ **spur** [spə́:r]	RL 名 拍車、刺激、激励(≒impetus, incentive, inducement) 動 拍車をかける、刺激する
	The country overhauled its rigid land registration system to **spur** urbanization.(国は都市化を進めるため融通のきかない土地登録制を徹底的に見直した。)
	on the **spur** of the moment（出来心で）、**spur** the growth（成長を加速する）
	記憶術 「スパーっと拍車をかける」で覚えやすい。
184 □ **stall** [stɔ́:l]	RL 名 売店、エンスト(≒losing momentum) 動 行き詰まる[詰まらせる]、時間稼ぎする
	The criminal **stalled** the police for 10 minutes so that his partner could get away.(犯人は、相棒が逃げられるように警察を10分引き留めた。)
	stall for time（時間稼ぎをする）
	ポイント エンストはengine stalledの省略形。

必須派生語の知識でスーパーボキャブラリービルディング！
（6000語水準①）

- ☑ **admire** the work（仕事を**高く評価する**）、**admirable** character（**立派な**人物）、**admiration** for his achievement（彼の業績への**称賛**）、do the job **admirably**（仕事を**見事に**やる）
- ☐ **desirable** relationships（**望ましい**関係）、be **desirous** of success（成功を**望む**）、achieve a **desired** result（**望み通り**の結果を出す）
- ☐ **distinct** advantage（**はっきりとわかる**利点）、**distinct** description（**明確な**記述）、**distinctive** appearance（**際立った**外観）、achieve global **distinction**（世界的**名声**を得る）
- ☑ **extend** deadline（締め切りを**延ばす**）、**extension** cord（**延長**コード）、**extended** warranty（**延長された**保証）、**extensive** knowledge（**広範囲に及ぶ**知識）
- ☑ **remain** a concern（心配の種**である**）、**remaining** balance（**残**高）、**remainder** of the property（財産の**残り**）、fossil **remains**（化石）
- ☑ **neglect** a law（法律を**無視する**）、**neglect** the offer（申し入れを**無視する**）、**neglect** disaster prevention（防災を**怠る**）、**neglect** one's work（仕事を**怠ける**）、**neglectful** of one's personal appearance（服装に**無頓着な**）
- ☐ **persuade** him to buy it（彼を**説得して**、それを買わせる）、**persuasive** argument（**説得力のある**議論）、political **persuasion**（政治的**信念**）、deal **persuasively** with the matter（**納得がいくように**その問題を処理する）
- ☑ **eventual** disposition（**結果として起こる**処分）、**eventful** year（**多事な**年）、annual charity **event**（例年の慈善**行事**）、**eventually** become obsolete（**最終的には**古臭くなる）
- ☐ **exceed** a target（目標を**超える**）、**excessive** amount（**過量**）、**excess** baggage（重量**超過**手荷物）、**exceeding** efforts（並々ならぬ努力）
- ☐ **dispose** of waste（廃棄物を**処分する**）、**disposal** facility（**廃棄**施設）、**disposable** income（**自由に使える**お金）、cheerful **disposition**（陽気な**性格**）

必須派生語の知識でスーパーボキャブラリービルディング！
（6000語水準②）

- ☑ **consider** a deal（取引を**検討する**）、**considerate** care（思いやりのある看護）、**considerable** amount（かなりの額）、historical **consideration**（歴史的考察）
- ☐ **reside** overseas（海外に**居住する**）、**residential** certificate（住居証明書）、official **residence**（公邸）、**resident** of Chicago（シカゴの**住民**）
- ☑ **confidential** document（**秘密文書**）、**confident** look（自信のある表情）、consumer **confidence**（消費者の信頼）
- ☐ **competent** worker（有能な労働者）、athletic **competition**（運動競技）、**competitive** price（競争価格）
- ☑ **compare** the results（結果を**比較する**）、**comparison** data（比較データ）、**comparative** study（比較研究）、**comparable** houses（比較物件）
- ☑ **apply** a rule（規則を**取り入れる**）、electrical **appliance**（電気器具）、**application** document（出願書類）、job **applicant**（求職者）
- ☐ **refine** the technique（技術を**改良する**）、**refined** grain（精製された穀物）、cultural **refinement**（文化的に洗練されていること）、oil **refinery** industry（石油**精製**業）
- ☐ **expose** a fraud（詐欺を**暴く**）、**exposed** to ultraviolet rays（紫外線にさらされる）、**exposure** to toxic chemicals（有毒化学物質への**曝露**）、digital products **exposition**（デジタル製品の**展示会**）
- ☐ **initiate** legal proceedings（訴訟を**開始する**）、**initialize** an Internet connection（インターネット接続を**初期化する**）、corporate **initiative**（企業**主導**）、**initial** budget（当初予算）
- ☐ **consist** of farm products（農産物から**なる**）、**consistent** argument（筋の通った議論）、**consistently** outstanding（常に最高の）
- ☑ **mark** the 50th anniversary（50周年を**祝う**）、**marked** advance（著しい進歩）、strict **marking**（辛い採点）、contribute **markedly** to progress（進歩に対し**著しい**貢献をする）
- ☑ **alternative** medicine（**代替**医療）、in **alternate** shifts（代わる代わる交替で）、clothes **alteration**（服のサイズ直し）

必須派生語の知識でスーパーボキャブラリービルディング！
(6000語水準③)

- ☑ **preserve** the environment（環境を保存する）、state of **preservation**（保存状態）、artificial **preservatives**（人工保存料）
- ☐ **revise** the document（文書を改訂する）、**revised** edition（改訂版）、**revision** of rules（規則の改正）、**revisionist** theory（修正主義の理論）
- ☑ **specify** the date（日付を明確にする）、**specific** example（具体的な例）、job **specification**（職務明細書）、be **specifically** designed for women（女性用に特別にデザインされる）
- ☐ **instruct** someone by letter（（人）に書面で指示する）、**instructive** book（教育上ためになる本）、**instructional** program（教育プログラム）、**instruction** manual（取扱説明書）
- ☑ **favor** the rich（金持ちの味方をする）、**favorable** condition（好ましい条件）、**favorite** book（愛読書）、**favored** classes（特権階級）
- ☑ **resign** his position（職を辞する）、tender a **resignation** letter（辞表を提出する）
- ☑ **analyze** a problem（問題を分析する）、**analysis** data（解析データ）、economic **analyst**（経済評論家）、**analytical** test（分析試験）
- ☑ **infect** someone with flu（（人）にインフルエンザをうつす）、beef **infected** with BSE（狂牛病に感染した牛肉）、**infectious** diarrhea（伝染性下痢症）、acute viral **infection**（急性ウイルス感染）
- ☐ **implied** consent（暗黙の了解）、social **implication**（社会的影響）、**implicit** faith（絶対的な忠誠心）、be **implicated** in the crime（その犯罪に関与している）
- ☑ **retire** on medical grounds（健康上の理由で引退する）、**retiring** President（退任間近の大統領）、**retired** pension（退職年金）、early **retirement**（早期退職）、**retiree** benefits（退職者給付金）
- ☑ **practice** law（弁護士を開業する）、**practical** book（実用書）、**practicable** plan（実行可能な計画）、**practicality** analysis（実用分析）
- ☑ **supervise** a project（プロジェクトを監督する）、immediate **supervisor**（直接の監督者）、under doctor's **supervision**（医師の管理下で）

第14日
準1級合格を確かなものにする
必須6000語水準語彙を完全マスター！ ⑥

185 ☑ standpoint
[stǽndpɔ̀ɪnt]
RL 名 立場、観点、見方（≒ viewpoint, position, stance）
Your arguments seem to make sense from the **standpoint** of political theory.（君たちの議論は政治理論の観点からはもっともらしく思われる。）
political[economic] **standpoint**（政治的[経済的]見地）
ポイント stand（立っている）＋ point（地点）→「立場」となった語で覚えやすい。

186 ☐ standstill
[stǽndstɪl]
RL 名 停止、行き詰まり（≒ deadlock, impasse, stalemate）
The population growth rate of the country has come to a **standstill** over the past decade.（人口増加率が、ここ10年間で停滞した。）
come to[reach] a **standstill**（行き詰まる）
ポイント still（じっと）＋ stand（立つ）→「行き詰まり」となった語で覚えやすい。

187 ☐ stem
[stém]
RL 動 生じる、由来する、くい止める（≒ arise, derive, restrain）、名 茎、系統、血統
The country's economic problems **stem** from its huge budget deficit.（国の経済問題は膨大な財政赤字によるものである。）
stem the tide[flow] of public opinion（世論の流れに逆らう）
ポイント 「stem（茎）をつかんで止める」と発想しよう。

188 ☑ straightforward
[strèɪtfɔ́ɚwɚd]
RL 形 まっすぐな、正直な（≒ candid, forthright）
The interviewer asked **straightforward** questions about skills and experiences.（面接官は技能と経験について単刀直入な質問をした。）
straightforward approach to a problem（問題を真正面

から攻めるやり方)

ポイント 自分の気持ちや行動に正直で、わかりやすい性格のこと。

189 □ **stray**
[stréɪ]

RL 動 道に迷う、それる、はぐれる(≒ deviate, digress)
形 道に迷った、名 野良犬(猫)、浮浪児

History shows that dictatorships will **stray** from the path to peace and prosperity.(歴史を見れば、独裁政権は平和と繁栄へ向かう道からそれることがわかる。)

stray cat[dog](野良猫[犬])

190 □ **strenuous**
[strénjuəs]

RL 形 精力的な、骨の折れる(≒ vigorous, tough, intense)
副 **strenuously** かたくなに、精力的に

The high-tech company has made **strenuous** efforts to attract competent foreign engineer.(そのハイテク企業は、外国の有能な技術者を引き付けるため多大な努力をしてきた。)

ポイント struggle, strain, stress と共通の音素「str」は「緊張のエネルギー」の意味。

191 □ **stumble**
[stʌ́mbl]

RL 動 つまずく、ためらう、出くわす(≒ falter, fall)

The drunken man dislocated his shoulder as he **stumbled** over a stone and fell to the ground.(その酔っ払いは石につまずき転倒したため肩を脱臼した。)

stumble on a nice restaurant(偶然いいレストランを見つける)

記憶術 「スタン、ぶるっと**つまずき**大変だ」で覚えられる。

192 □ **sublime**
[səbláɪm]

RL 形 崇高な、素晴らしい(≒ lofty, noble)

The architect was keen on creating a museum of **sublime**, sparkling beauty.(その建築家は荘厳な輝くように美しい美術館を作ることに夢中だった。)

the **sublime** Christmas dinner(素晴らしいクリスマスディナー)

ポイント lime(敷居)のsub(下)に届くぐらい高い→「崇高な」となった語。

記憶術 「むさ無頼漢は高尚とは程遠い」で覚えられる。

193 □ subsequent
[sʌ́bsəkwənt]

RL 形 続いて起こる、次の（≒ ensuing, following）

副 **subsequently** その後、続いて

He supported the investigation and the **subsequent** prosecution on the charges.（彼は、その罪についての捜査とその後の告発を支援した。）

subsequent year[issue]（次の年度[号]）

ポイント sub（従属して）＋ sequent（続く）→「続いて起こる」となった語。

194 □ substantial
[səbstǽnʃl]

RL 形 相当な、かなりの（≒ considerable, significant）

名 **substance** 物質、中身、本質、薬物

There has been a **substantial** increase in the number of tourists since the temple was designated as a World Heritage site.（その寺は、世界遺産に認定されてから観光客が大幅に増加している。）

substantial increase[decrease, progress, change]（大幅な増加[減少、進歩、変化]）

ポイント substance（実態・中身）のある→「相当の」となった語。

195 □ subtraction
[səbtrǽkʃən]

RL 名 引くこと、削減、引き算（≒ deduction, reduction）

動 **subtract** 減じる、引く

The children learn addition and **subtraction** in their first year at school.（子供たちは入学して1年目に足し算や引き算を学ぶ。）

ポイント sub（下に）＋ traction（引っ張ること）→「引き算」となった語。

196 □ sue
[súː]

RL 動 訴える、告訴する（≒ accuse, charge）

名 **suit** 訴訟、控訴

They are determined to **sue** the hospital for the medical malpractice.（彼らは、絶対に医療過誤で病院を訴えるつもりだ。）

sue a company for damages（会社に損害賠償の訴訟を起こす）

197 summon
[sʌ́mən]

RL 動 招集[召喚]する、命じる、奮い起こす(≒ call, muster, gather)

The suspect was **summoned** to the court on a charge of bank robbery.(容疑者は銀行強盗の疑いで裁判所に召喚された。)

summon a meeting[conference](会議を招集する)
summon up my courage(勇気をふるい起こす)

ポイント su(下に)＋mon(警告する)→「招集する」となった語。

記憶術 「さ、文句を言わずに召喚しろ」

198 surge
[sə́ːdʒ]

RL 名 急増、殺到、うねり(≒ sudden increase, rush)
動 押し寄せる、急増する、急騰する

The country's very low interest rates encouraged a **surge** in investment.(国の非常に低い金利は投資急増を助長した。)

surge in child bullying(子供のいじめ急増)、**surge** of passion(情熱の高まり)

記憶術 「さーじゃんじゃん**押し寄せて**くるよー」で覚えやすい。

199 surpass
[səpǽs]

RL 動 上回る、超える(≒ exceed, transcend, outperform)

The president expects the new device to **surpass** the previous model in sales.(社長は新機種が過去の商品の売上を超えると期待している。)

surpass the expectations[record, target](予想[記録、目標]を超える)

ポイント sur(上に)＋pass(過ぎる)→「越(超)える」となった語で、「資質や技能」の点で相手をしのぐ。

200 susceptible
[səséptəbl]

RL 形 影響を受けやすい、多感な(≒ vulnerable, impressionable)

Women are **susceptible** to the harms of alcohol at even lower levels of drinking.(女性は、少量の飲酒でもアルコールの害を受けやすい。)

susceptible to damage[infection](被害に遭いやすい

［感染症にかかりやすい］）、名**susceptibility** to disease（病気にかかりやすいこと）

ポイント sus（下に）＋cept（受ける）→「影響を受けやすい」となった語。vulnerableと似ているが、susceptibleにはvulnerableにない「多感な」の意味がある。

201 □ tactful
[tǽktfl]

RL 形 **人の気持ちに気配りのある**（≒ diplomatic）
名 **tact** 気配り、反 **tactless** 気の利かない

Building more power plants in this area requires **tactful** diplomacy and sufficient funds.（この地域で発電所を増やすには、巧みな外交手腕と十分な財源が必要だ。）

tactful answer［compliment］（気の利いた答え［褒め言葉］）

ポイント 心にtact（触れる）＋ful（いっぱい）→「気配りのある」となった語。英和辞典にある「機転が利く、如才ない」では意味がわかりにくく、「人を怒らせたり、動揺させたりしないように気を使うこと」。

202 □ tedious
[tíːdiəs]

RL 形 **長たらしくて退屈な**（≒ boring, tiring, dull）
名 **tedium** 退屈、単調

The **tedious** and repetitive tasks built up frustration among the workers.（退屈な繰り返しばかりの仕事で労働者たちの間に不満がたまっていった。）

tedious job［chore, task］（退屈な仕事［家事、任務］）

ポイント 主に「仕事」が単調で長たらしくて退屈なこと。

203 □ temperament
[témpərəmənt]

RL 名 **気質、気性、激しい気性**（≒ nature, disposition）
名 **temper** 一時的な気分、かんしゃく、形 **temperamental** 感情的になりやすい

The well-known writer is generally believed to have a nervous **temperament**.（有名な作家は神経質な性格だとよく言われている。）

temperamental weather（気まぐれな天気）

ポイント 人の行動や感情を形成する気性（basic nature）。また、俗に言う「テンパる」とは「いらいらした状態」のこと。

204 □ **tempt** [témpt]	RL 動 誘惑する、〜する気にさせる（≒ entice, lure, seduce）、名 **temptation** 誘惑

The new program is designed to **tempt** young people into studying medicine.（新しいプログラムは若者に医学研究をする気にさせるように作られている。）

形 **tempting** offer（魅力的な申し出）

ポイント 何かしたくなった時に、"I'm tempted." とよく言う必須表現。

記憶術 「添付とにかくする気にさせる優れた文書」で覚えやすい。

205 □ **terminate** [tə́ːmənèɪt]	RL 動 終える、終わる、限る（≒ cease, conclude, complete） 名 **termination** 終了、終結、満期

The publisher is going to **terminate** its contracts with e-book retailers this year.（その出版社は今年、電子書籍の小売業者との契約を満了する。）

terminate the contract[relationship]（契約を解除する[関係を断つ]）

206 □ **thesis** [θíːsɪs]	RL 名 論文、論題（≒ dissertation, proposition）

複数形は **theses**。

The analyst delivered his **thesis** on the impact of oil price shocks on countries reliant on oil revenue.（そのアナリストは石油価格ショックが石油収入に頼る国々に与える影響について論文を発表した。）

graduation **thesis**（卒論）、master's **thesis**（修士論文）

207 □ **thrust** [θrʌ́st]	RL 動 強く押す、突き刺す（≒ plunge, press） 名 突き、推進力、要点 the thrust of my speech

The once-booming national economy was **thrust** into turmoil after the war.（その戦争の後、かつては栄えていた国の経済は混乱に陥った。）

ポイント cut and thrust「ナイフを使った戦い」→「白熱した議論」となる。

208 □ **torment**
[tɔːmént/tóːment]

[RL] 動 いじめる、苦しめる 名 苦痛、苦悩（≒ torture）
派 **tormentor** 苦しめるもの、悩ますもの
The prisoner has been **tormented** by feelings of guilt and regret.（囚人は罪悪感と後悔の気持ちで悩まされていた。）
be **tormented** by a guilty conscience（良心の呵責に悩む）
ポイント torture（拷問）と同じ語根tor（ねじる）を含んだ語。
記憶術 「打とう面と向かって、苦しめるために」で覚えやすい。

209 □ **tow**
[tóʊ]

[RL] 名 けん引、曳航（≒ haul, pull, draw）動 けん引する
派 **towage** けん引料
The main thoroughfare was jammed with **tow** trucks and bulldozers.（メインストリートはレッカー車とブルドーザーで渋滞していた。）
tow a car[boat]（車[船]をけん引する）
記憶術 「埠頭まで船をけん引する」で覚えやすい。

210 □ **trail**
[tréɪl]

[RL] 名 痕跡、手がかり、通った跡（≒ trace, footprints）
動 引きずる、追跡する
The picture shows the **trail** of destruction left by the tornado that devastated the region.（写真は、その地方を襲った竜巻がもたらした破壊の痕跡を示している。）
mountain **trail**（山道）、vapor **trail** in the sky（空に浮かぶ飛行機雲）
ポイント 荒野や山で、踏みならされて自然にできた道のこと。

211 □ **trait**
[tréɪt]

[RL] 名 特色、特質、特性（≒ feature, characteristic）
The Japanese tend to analyze other people's personality **traits** based on their blood types.（日本人は血液型をもとにして他人の性格を分析する傾向がある。）
personality[behavior] **traits**（性格的[行動的]特徴）
記憶術 「点取れ取れいというのがコーチの特徴」で覚えやすい。

212 transient
[trǽnʃənt]

[RL] 形 つかの間の、はかない（≒ short-lived, fleeting）

Some observers dismissed the railroad transportation of crude oil as **transient**.（評論家の中には、今回の原油の鉄道移送を一時的と取り合わない者もいた。）

transient happiness[beauty, life]（はかない幸せ[美しさ、命]）

213 transitional
[trænzíʃənl]

[RL] 形 移り変わる、過渡期の（≒ passing, temporary）

名 **transition** 移行、過渡期

The peace agreement stipulates that the opposition leader hand executive power to a **transitional** administration.（平和協定は、反対派リーダーが行政権を暫定政府に引き渡すと明記している。）

transitional period[stage]（過渡期の[段階]）

214 trespass
[tréspəs]

[RL] 動 侵入する、侵害する（≒ intrude, invade）

The paparazzi continued to **trespass** on the artist's property for new gossip.（新たなゴシップを求め、パパラッチはアーティストの所有地に不法侵入した。）

trespass on private property（私有地に侵入する）

ポイント tres は trans（越えて）の変形＋pass（過ぎる）→「許可なく侵入する」。

記憶術 「取れ！スパー（ス）と他人の土地に**侵入する**」で覚えられる。

215 trifling
[tráɪflɪŋ]

[RL] 形 取るに足らない、ささいな（≒ trivial, unimportant）

The husband was sick and tired of fighting over **trifling** matters with his wife.（夫は、妻とささいなことでケンカすることにはうんざりしていた。）

trifling details（枝葉末節）

216 tyranny
[tíərəni]

[RL] 名 暴政、専制政治（≒ dictatorship, oppression）

形 **tyrannical** 専制君主的な、名 **tyrant** 暴君

Citizens can check top-down **tyranny** through periodic elections of leaders.（国民は指導者の定期選挙でトップダウン式の暴政を抑制することができる）

the **tyranny** of Nazi Germany（ナチスの独裁政治）
記憶術 「鯛いらんとわがままな暴君」で覚えられる。

217 □ **utmost**
[ʌ́tmòʊst]

RL 形 最大限の、最も遠い（≒ maximum, most）
名 最大限度

The country should make **utmost** efforts to restore its economic growth.（国は経済成長を回復させるために最大限の努力を払うべきだ。）

do your **utmost**［make **utmost**］efforts（最大限の努力をする）

218 □ **vanity**
[vǽnəti]

RL 名 虚栄心、空虚、無益（≒ conceit, pride, worthlessness）
形 **vain** 虚栄心の強い、空虚な

Those who use steroids to improve their performance are motivated by their sheer **vanity**.（実績を上げるためにステロイドを使うのは全くの虚栄心からである。）

tickle her **vanity**（彼女の虚栄心をくすぐる）

ポイント prideの中でも人によく思われたいという強い願望。

記憶術 「高級品その場にて買うとは虚栄心が強い」で覚えやすい。

219 □ **variable**
[véəriəbl]

RL 形 変わりやすい、変動する（≒ changeable, unstable）
名 **variable** 変化するもの、変数

We need to keep in mind that the mountain weather is **variable**.（山の天候は変わりやすいということを肝に銘じる必要がある。）

variable stock prices（変動する株価）

ポイント 反意語 **invariably** ask the same question（いつも同じ質問をする）も重要。

220 □ **vigorous**
[vígərəs]

RL 形 活発な、精力的な（≒ energetic, brisk）
名 **vigor** 活力・精力、副 **vigorously** 活発に、精力的に

The country's second-biggest airline is now in a **vigorous** expansion phase.（国内2番目の大手航空会社は現在、積極的な拡大段階にある。）

vigorous exercise［campaign］（活発な運動［選挙運動］）

ポイント この語はenergeticにhealthyとdeterminedを加えた力強い語。

記憶術「肉体美が—（vigor）精力の源泉と鍛えるボディビルダー」と覚えよう。

221 □ **vow**
[váu]

RL 動 誓う、誓約する（≒ promise, pledge）
名 誓い、請願、誓約

The cabinet ministers **vowed** to eliminate the tragedies caused by the use of guns.（閣僚たちは銃で引き起こされる悲劇をなくすことを誓約した。）

exchanging marital[wedding] **vows**（結婚の誓いを交わし合う）

記憶術「条件のめばウソはつかないと**誓う**」と覚えよう。

222 □ **vulgar**
[vʌ́lgə]

RL 形 卑猥な、下品な、庶民の（≒ rude, crude, indecent）
名 **vulgarity** 俗悪、下品な言動、動 **vulgarize** 下品にする

He used **vulgar** language at court before apologizing to the judge.（彼は法廷で下品な言葉を使ってしまい、裁判官に詫びた。）

vulgar tongue[language, words]（下品な言葉）

記憶術「威張るガーイ**下品な**言葉使わないで」で覚えられる。

223 □ **vulnerable**
[vʌ́lnərəbl]

RL 形 ～を受けやすい、弱みがある（≒ susceptible, weak）
名 **vulnerability** 傷つきやすいこと、弱み

Japan is extremely **vulnerable** to any increase in energy prices.（日本はエネルギー資源の価格上昇の影響を非常に受けやすい。）

vulnerable to attack（攻撃を受けやすい）

224 □ **weary**
[wíəri]

RL 形 疲れた、飽き飽きした（≒ exhausted, worn out, fed up）

Citizens are **weary** of repeated tax hikes and spending cuts by the government.（国民は政府のたびたびの増税と支出削減にうんざりしている。）

be **weary** from our long journey(長旅で疲れる)

ポイント 長い間仕事などをして非常に疲れた(tired)状態のこと。

225 □ **weave**
[wíːv]

RL 動 編む、作り上げる、曲がりくねって進む(≒knit, twist, zigzag, create)、名 織り(方)、編み(方)

The motorcycle gang always **weaves** in and out of the road.(暴走族はいつも道路をジグザクに進む。)

weave a plot(陰謀を企む)

ポイント 暴走族が道路を weave in and out するイメージ。

226 □ **withstand**
[wɪθstǽnd]

RL 動 抵抗する、耐える(≒resist, survive)

There is no guarantee that the capital can **withstand** a major earthquake.(その首都が大地震に耐える保証はない。)

withstand earthquakes[pressure, heat](地震[圧力、熱]に耐える)

ポイント with(〜を持って・状態で)+stand(立ち向かう)→「抵抗する」となった語。

227 □ **wrinkle**
[ríŋkl]

RL 名 しわ、妙案、新趣向(≒line, crease)

動 しわになる

He carefully ironed out the **wrinkles** of his shirts and pants.(彼は丁寧に自分のシャツとズボンのしわにアイロンをかけた。)

the newest **wrinkle** in fashion(ファッションの最新流行型)

ポイント 最近は「リンクルフリー」といってアイロンのいらない服が人気。

228 □ **zeal**
[zíːl]

RL 名 熱意、熱心、熱中(≒enthusiasm, passion)

形 **zealous** 熱心な、熱烈な

The new prime minster showed a great **zeal** for economic reform.(新首相は経済改革に非常な熱意を示した。)

study with great **zeal**(非常に熱心に勉強する)

ポイント zealは仕事や主義に対する強い情熱(great enthusiasm)のこと。
記憶術「あなたの**情熱**感じ**ーる**」ですぐに覚えられる。

コロケーションの知識で加速的語彙力 UP！
6000 語レベル《形容詞》

- **attentive**（care, hospitality）「気を使う」世話・おもてなし
- **brisk**（walk, business, sales）「活発な・活況な」ウォーキング・商売・売上
- **diverse**（group, culture）「多様な・異なる」集団・文化
- **exclusive**（coverage, contract, rights）「独占の・排他的な」報道・契約・権利
- **integral**（aspect, element）「不可欠な」側面・要素
- **outrageous**（crime, price, remarks）「言語道断の」犯罪・価格・言動
- **prospective**（employee, candidate）「見込みのある」社員・候補者
- **rash**（decision, action, promise, challenge）「軽率な」決定・行動・約束・挑戦
- **vicious**（circle, gossip）「悪い」循環・噂
- **crisp**（vegetable, salad）「新鮮な」野菜・サラダ、**crisp** weather「さわやかな」天気
- **desolate**（landscape, town, village）「荒涼とした」景色・町・村
- **immune** to the danger of（enemy attack, disease）敵の攻撃の危険性「がない」・その病気「にかからない」
- **looming**（food shortage, budget deficit）「迫りくる」食糧不足・予算赤字
- **manifest**（error, mistake, failure）「明らかな」誤り・失敗
- **obsessed** with（dieting, grades）ダイエット・成績のことで「頭がいっぱいになる」
- **plentiful**（harvest, crop）「豊」作
- **premature**（baby, death）「未熟」児・「早」死に
- **pressing**（issue, need, deadline）「差し迫った」問題・必要性・締切
- **prestigious**（school, university, company）「一流」校・大学・会社
- **reassuring**（answer, message）「心強い」回答・「安心感を与える」メッセージ
- **recurrent**（pain, fever, headaches）「周期的に起こる」痛み・熱・頭

179

痛
- **doom** to（failure, extinction）失敗・絶滅する**「運命にある」**
- **striking**（features, characteristics, example）**「顕著な」**特徴・例
- **reproach**（look, eye, face）**「とがめるような」**顔つき・目・顔

≒ approach

コロケーションの知識で加速的語彙力UP！
6000語レベル 《動詞》

- □ **depict** the (scenes, event, reality, history) 風景・出来事・事実・歴史を「描く」
- □ The (contract, license) **expired**. 契約・免許の「期限が切れる」
- □ **endorse** a (plan, proposal, bill) 計画・法案を「承認する」
- □ **eliminate** the (problem, risk) 問題・リスクを「取り除く」
- □ be **enrolled** in (school, a class) 学校・授業に「登録されている」
- □ **concede** one's defeat 敗北を「認める」、**concede** a privilege 特権を「与える」、**concede** a point 一点を「譲る」
- □ **curtail** the (cost, expenditure, spending) 費用・支出を「削減する」
- □ **disregard** (public safety, human rights) 治安・人権を「軽視する」
- □ **dissolve** the (organization, marriage, partnership) 組織・結婚・協力関係を「解散する［解消する］」
- □ **eliminate** (nuclear weapons, violence) 核兵器・暴力を「廃絶［根絶］する」
- □ **repent** one's (sin, evil deed) 罪・邪悪な行いを「後悔する」
- □ **sterilize** medical equipment [apparatuses] 医療器具を「殺菌する」
- □ **pledge** allegiance 忠誠を「誓う」、**pledge** my house for a loan 家を借金の「抵当に入れる」、**pledge** $80,000 in ODA ODAに8万ドルの支出を「誓約する」
- □ **prospect** for gold 金を「試掘する」、**prospect** for new customers 新しい顧客を「探す」
- □ **reconcile** conflicts 紛争を「和解させる」、**reconcile** an ideal with reality 理想を現実と「一致させる」、**reconcile** herself to poverty 彼女は貧乏に「甘んじる」
- □ **terminate** a contract 契約を「終了させる」、**terminate** employees 従業員を「解雇する」

コロケーションの知識で加速的語彙力UP！
6000語レベル《名詞》

- □ (blood, newspaper) **circulation** 血液の「循環」・新聞の「発行部数」
- □ **condolence** (message, letter)「悔やみ・哀悼」のメッセージ・手紙
- □ (traffic, nasal) **congestion** 交通「渋滞」・鼻の「詰まり」
- □ (media, news) **coverage** メディア・ニュースの「報道」
- □ (immune, iron [vitamin]) **deficiency** 免疫「不全症」・鉄分［ビタミン］「不足」
- □ (technical, professional) **expertise** 技術の・プロの「専門的知識」
- □ (political, trade) **friction** 政治の・貿易の「摩擦」
- □ (data, economic, social, regional) **integration** データ・経済の・社会の・地域の「総合」
- □ (infant, child) **mortality** 幼児の、子供の「死亡率」
- □ (genetic, design) **modification** 遺伝子の・デザインの「修正」
- □ (cultural, national, world) **heritage** 文化の、国の、世界の「遺産」
- □ (sexual, racial) **harassment** 性的な・人種的な「嫌がらせ」
- □ **criterion** for (beauty, success, judgment) 美・成功・判断の「基準」
- □ the **realm** of (art, poetry, science, religion) 芸術・詩・科学・宗教の「世界」

準1級語彙クイズ 6000 語水準

●各文の空所に入る適切な表現を下から選び、正しい形に直してください。

1. A stone monument was erected in honor of the (　) philosopher.
2. Citizens are (　) of repeated tax hikes by the state.
3. Despite his strenuous efforts, the result was a (　) failure.
4. The concert is over, but the melody is still (　) on in my mind.
5. Representatives of all countries (　) a total ban on land mines.
6. Scientists came up with (　) explanations for the risk of sleep deprivation.
7. She was (　) for her lifetime dedication to saving the poor.
8. The country's economic problems (　) from the cumulative budget deficit.
9. The (　) software allows you to write directly on the screen with a pen.
10. The nations faced the (　) reality that there was no end of the war in sight.
11. The paparazzi (　) on the artist's property for new gossip.
12. The only (　) to living in urban areas is a lack of green space.
13. We had a (　) talk about the restructuring plan with our boss.
14. With the soaring currency, the government decided to (　) in the market.
15. Women are (　) to the harms of alcohol at lower levels of drinking.

acclaim, candid, dismal, drawback, eminent, endorse
grim, ingenious, linger, meddle, plausible
stem, susceptible, trespass, weary

解　答

1. eminent   2. weary   3. dismal   4. lingering   5. endorsed
6. plausible   7. acclaimed   8. stem   9. ingenious   10. grim
11. trespassed   12. drawback   13. candid   14. meddle
15. susceptible

日本語訳

1. その著名な哲学者に敬意を表して、巨大な石碑が建てられた。
2. 国民は政府の度重なる増税にうんざりしている。
3. 彼のたゆまぬ努力にもかかわらず、結果は惨めな失敗であった。
4. コンサートは終わったが、そのメロディーは私の心の中から離れない。
5. 全ての国の代表者たちが地雷の全面禁止を支持した。
6. 科学者たちは睡眠不足のもつ危険性のもっともらしい説明を提起した。
7. 彼女は貧しい人たちを救うことに生涯を捧げ、称賛を受けた。
8. 国の経済問題は累積した財政赤字によるものである。
9. その独創的なソフトによってペンで直接画面に書くことができる。
10. 国々は終わりの見えない戦争という厳しい現実に直面していた。
11. 新たなゴシップを求めパパラッチはアーティストの所有地に不法侵入した。
12. 都会に住む唯一の欠点は緑の空間が不足していることだ。
13. 我々は上司とリストラ計画について、率直に話し合った。
14. 高騰する為替レートのため政府は市場介入を決定した。
15. 女性は少量の飲酒でもアルコールの害を受けやすい。

正答数

14問以上 — この語彙水準をほぼ完璧にマスターしているので
　　　　　　7000語水準にチャレンジ！

12問　　 — もう一歩で7000語水準をマスター！
　　　　　　もう一度復習してから7000語水準にチャレンジ！

10問　　 — まだまだ安定しているといえないので、十分に
　　　　　　リプロダクション・シャドーイングトレーニングを
　　　　　　するなどもっと繰り返し語彙をマスターしましょう！

8問以下 — まだまだうろ覚えの語彙が多いので6000語水準の
　　　　　　ボキャビルに再チャレンジ！

第4章

準1級余裕合格＆超難関大学突破
重要7000語水準語彙をマスター！

7000語レベル語彙まで習得すれば
準1級対策は完璧！

上級編

第15日
準1級に楽々合格するための
7000語水準語彙を完全マスター！ ①

001 □ abbreviate
[əbríːvièɪt]
R 動 短縮する（≒ shorten）
The editor in chief **abbreviated** the long list of authors.（編集長は長い著者リストを短縮した。）
名 the **abbreviation** of [for] Doctor（Doctorの略語）
ポイント briefと同じ意味の語根brev（短い）からなる語。

002 □ adjacent
[ədʒéɪsnt]
RL 形 近隣の、隣接した（≒ next to, neighboring）
The shrinking lake has left its **adjacent** areas more prone to flooding.（湖が小さくなり、近隣地帯は洪水の被害を受けやすくなってしまった。）
building **adjacent** to the school（学校に隣接した建物）
ポイント near or nextなのでnearより近いが、人にも使うneighboringと違って、場所のみに使う。

003 □ admonish
[ædmánɪʃ]
R 動 （厳しく）戒める、諭す、注意する（≒ scold, advise）
The opposition **admonished** the president for his negative remark on the bailout budget.（野党は、大統領の支援予算に関するネガティブな発言を非難した。）
be **admonished** for being late（遅刻したことを注意される）
ポイント monitorと同じ語根moni（警告する）を含んだ語。

004 □ afflict
[əflíkt]
R 動 苦しめる、悩ませる（≒ trouble, plague）
名 **affliction** 不幸、苦悩、災害
About 50% of the population of the country is **afflicted** with the plague.（その国の50％の人口が、その疫病で苦しんでいる。）
afflicted with the disease（病気で苦しむ）
ポイント conflictと同じ語根flict（打つ）を含んだ語。

005 □ aggravate
[ǽgrəvèɪt]
RL 動 さらに悪化させる、怒らせる（≒ worsen, annoy）
名 **aggravation** 悪化、深刻化

Their financial problems were further **aggravated** by a rise in interest rates.（利率引き上げのために、彼らの財政問題はさらに悪化した。）

aggravate the situation[problem]（状況[問題]を悪化させる）

ポイント grave（墓、深刻な）を含んだ語なので覚えやすい！

006 □ **agile**
[ǽdʒl]

RL 形 機敏な、明敏な（≒ physically or mentally quick, nimble）

名 **agility** 機敏、鋭敏、軽快

Years of modern dance practice made her a strong and **agile** performer.（モダンダンスの長年の練習によって彼女は力強い機敏なダンサーになった。）

have an **agile** mind（頭の回転が速い）

記憶術 「あじゃー！もうそんな所まで行って**機敏**だな」で覚えよう。

007 □ **allot**
[əlɑ́t]

R 動 割り当てる、（ある用途に）充てる（≒ assign, set aside for）

They **allotted** the money equally according to the number of the members.（彼らは人数に応じて、そのお金を平等に分配した。）

allot time[tasks] to the worker（時間[仕事]を従業員に割り当てる）

008 □ **allude**
[əlúːd]

R 動 言及する、ほのめかす（≒ imply, suggest, hint）

名 **allusion** ほのめかし、暗示、あてつけ

The Diet member **alluded** to the issue of fiscal austerity in the interview.（その議員は、インタビューで緊縮財政の問題についてほのめかした。）

allude to the problem（問題をほのめかす）

記憶術 そこにあるーどとほのめかす。

009 □ **amicable**
[ǽmɪkəbl]

R 形 友好的な、好意的な、平和的な（≒ friendly）

The lawyer predicted that the issue would be resolved in an **amicable** manner.（弁護士は、その問題は平和的に

解決されるだろうと予測していた。)

amicable relationship（友好的な関係）

ポイント amicは「友」という意味の語根。

010 □ **antagonism** [R] 名 敵対、敵意（≒ hostility, antipathy）
[æntǽgənìzm]　形 **antagonistic** 敵意ある、相反する、相容れない

The **antagonism** between the two countries came to light in recent years.（最近になって、2国間の対立が表面化した。）

class **antagonism**（階級対立）

ポイント ant「対」+ agon「競争者」で「相手に敵対して」の意。

011 □ **anthology** [RW] 名 選集（≒ selected works）
[ænθάlədʒi]

Compiling an **anthology** is a daunting task that requires a tremendous amount of time and energy.（選集を編集することは、多大な時間と労力を費やす気が遠くなる作業である。）

ポイント antho（花）+ logy（収集）→「選集」となった語。

012 □ **anthropology** [RL] 名 人類学（≒ the study of human beings）
[ænθrəpάlədʒi]

Anthropology is a scholarly field that extensively studies human culture.（人類学は、人類の文化に関して幅広く研究する学問分野である。）

cultural **anthropology**（文化人類学）、形 **anthropological** study（人類学的研究）

ポイント anthro（人）+ logy（学問）→「人類学」となった語。

013 □ **articulate** [RL] 動 はっきり言う　形 明瞭な（≒ express[pronounce] clearly）
[ɑɚtíkjəlèit]

名 **articulation** 明確な発音［表現］

The new president specifically **articulated** his vision for his company.（新社長は、会社の将来のビジョンを具体的に明示した。）

articulate his words（言葉をはっきり発音する）

ポイント particularと同じ語根article（明瞭な割れ目）を含んでいる。

014 **assimilate**
[əsímlèɪt]

[RL] 動 吸収する、融合する（≒ absorb, integrate）
名 **assimilation** 同化、吸収
Newcomers experiencing culture shocks cannot **assimilate** into exotic lifestyles.（カルチャーショックを受けている新入国者は、異国の生活様式に溶け込めない。）
assimilate information（情報を吸収する）
ポイント similarと同じsimil（類似）を含み、「同化する」となった語。

015 **authentic**
[ɔːθéntɪk]

[RLW] 形 真の（≒ genuine, true and accurate）
名 **authenticity** 正真正銘
A seasoned appraiser can safely tell **authentic** and counterfeit bills apart.（経験豊かな鑑定士は、本物と偽物のお札を難なく区別することができる。）
authentic information[work]（本物の情報[作品]）
ポイント author（作者、作り出した人）から来た語。

016 **bashful**
[bǽʃfl]

[RL] 形 恥ずかしがり屋の、内気な（≒ shy, reserved）
名 **bashfulness** 恥ずかしさ、はにかみ、内気
The actress gave a **bashful** smile when introduced as the Oscar winner.（その女優はオスカー賞受賞者と紹介されて、恥ずかしそうに微笑んだ。）
ポイント bash（強く打たれる）→「赤面する」となった語。

017 **blaze**
[bléɪz]

[RL] 名 炎、強い輝き、火災（≒ large fire, flame, glare）
動 燃える、赤々と輝く
The authorities said that the **blaze** burned most of the national forest.（当局によると、その火災で国有林の大部分が焼失した。）
blaze of publicity（爆発的な評判）、形 **blazing** fire（赤々と燃える火）
ポイント fire＜blaze＜conflagration（大火事）と大きくなっていく。

018 bleak
[blíːk]

[RL] 形 寒い、寒々とした、わびしい（≒ gloomy, desolate）

名 **bleakness** もの悲しいこと、寂しさ、荒涼

The company still hopes to improve its business performance, but its future looks **bleak**.（その会社は業績の回復をまだ望んでいるが、見通しは暗い。）

bleak future[outlook, landscape]（暗い将来[見通し、風景]）

ポイント dim＜gloomy＜bleakと希望がなくなっていく。

019 cater
[kéɪtɚ]

[RLWS] 動 食料を調達する、要求を満たす（≒ serve, meet the needs of）

名 **catering** 仕出し業、名 **caterer** 仕出し屋

The government built residential facilities that **cater** to the needs of the elderly.（政府は、高齢者のニーズに応える居住用施設を建設した。）

cater to your need[demand]（必要性[要求]を満たす）

記憶術 「啓太君の**要求を満たす**」と覚えよう。

020 commendable
[kəméndəbl]

[RL] 形 称賛に値する、立派な（≒ admirable, respectable）

動 **commend** 称賛する

It is **commendable** of them to improve the product quality without increasing the price.（彼らが製品の品質を高めて値上げもしないのは、見事だ。）

commendable action[attitude]（立派な行動[態度]）

ポイント commandと同じ、mand[mend]（委ねる）を語根に持つ語で、立派と褒めて委ねると発想しよう。

021 complacent
[kəmpléɪsn̩t]

[R] 形 自己満足の、ひとりよがりの（≒ self-satisfied）

名 **complacency** 自己満足、ひとりよがり

Business leaders must always demonstrate their progress in performance without ever becoming **complacent** about their accomplishment.（ビジネスリーダーは、成果に満足することなく常に業績で進歩を示さなくではならない。）

complacent smile[attitude]（自己満足した微笑み[態度]）

ポイント place は「喜ばす」で「大変喜んでいるさま」を表す。

022 □ **composure**
[kəmpóʊʒɚ]
R 名 平静、沈着（≒ calmness, self-control）
The business leaders are supposed to maintain their **composure** in any crises.（ビジネスリーダーたちは、いかなる緊急時においても冷静さを保つことが求められる。）
with **composure**（落ち着いて）
ポイント com（完全に）＋pose（置く）→「（心の）安定した状態」となった語。

023 □ **concur**
[kənkə́ː]
R 動 同意する、同時発生する（≒ accord, agree, coincide）
副 **concurrently** 同時に、一致して
The historians have **concurred** with each other on this view of the war.（この戦争に関する見解について歴史家たちは意見が一致している。）
concur with you in the view（君と意見が合う）
ポイント con（共に）＋cur（流れる・進む）→「同意する」となった語。

024 □ **convene**
[kənvíːn]
RL 動 招集する、開会する（≒ call, summon, assemble）
名 **convention** 大会、会議、協定、慣習
The opposition leader called on the prime minister to **convene** an emergency meeting.（野党代表が首相に緊急会議の招集を求めた。）
convene a meeting（会議を招集する）
ポイント con（共に）＋vene（やって来る）→「招集する」となった語。

025 □ **cordial**
[kɔ́ɚdʒəl]
RL 形 心からの、誠心誠意の（≒ friendly, warm-hearted）
副 **cordially** 心から、真心込めて
The politician led the tense restructuring talks into a more **cordial** dialogue.（その政治家は、緊迫した構造改革の会談を友好的な話し合いへと導いた。）
cordial relationship（友好関係）
ポイント cord（心）から来た語。
記憶術「こーであると心からのアドバイス」

026 ☐ **credulous** [krédʒləs]	R 形 信じやすい、だまされやすい（≒ naïve, unsuspicious） 副 **credulously** 軽々しく信じて The con artist cheated **credulous** elderly people out of $10,000.（詐欺師は、だまされやすい老人から1万ドルをだまし取った。） **credulous** of rumors（噂をすぐに信じてしまう） ポイント credit（信用）＋ous（しがち）→「信じやすい」となった語。 記憶術「だまされやすい人は何でも<u>くれジュラス</u>」
027 ☐ **demolish** [dɪmɑ́lɪʃ]	RL 動 取り壊す、くつがえす（≒ destroy, pull [knock, tear] down） 名 **demolition** 破壊、打破、廃止 The superstorm moved directly across the island, **demolishing** most buildings in the area.（ハリケーンは、その島を直撃し、建物を破壊した。） **demolish** the opposition [theory, arguments]（反対派［理論、論拠］をくつがえす） 記憶術「<u>デモ立春</u>に起こり器物を**破壊する**」
028 ☐ **demotion** [dìmóʊʃən]	RL 名 降格、左遷（≒ downgrading, lowering） 動 **demote** 降格する、階級を下げる The leader of the political party hasn't yet informed the members of his **demotion**.（政党のリーダーは、まだそのメンバーに直接、左遷を伝えていない。） **demotion** from the rank of director（取締役からの降格） ポイント de をつけると promotion の反対になる。
029 ☐ **despot** [déspət]	R 名 専制君主、独裁者（≒ dictator, tyrant, autocrat） 名 **despotism** 専制政治、専制国家 Those oppressed people are poor victims of the absolute **despot**.（その弾圧された人々は、絶対的専制君主の哀れな犠牲者である。） enlightened **despot**（啓蒙専制君主） 記憶術「何<u>ですぽっと</u>はまるの**独裁者**のワナに」と覚えよう。

030 □ **deteriorate** [RL] 動 悪化する（≒ worsen, degenerate）
[dɪtíəriərèɪt] 名 **deterioration** 悪化

The performance of export industries is **deteriorating** due to the appreciation of the yen.（円高のために、輸出産業の業績が悪化している。）

deteriorating health［economy, relationship］（悪化する健康［経済、関係］）

記憶術 「出たー！俺と彼女の関係**悪化**」と覚えよう。

031 □ **detrimental** [RL] 形 有害な（≒ damaging, injurious, harmful）
[dètrəméntl] 名 **detriment** 損害、損傷

There is no doubt that smoking is **detrimental** to your health in many ways.（喫煙は多くの点において君の健康にはよくない。）

detrimental effect of pollution（汚染の有害な影響）

記憶術 「**出とり（ます）目ん玉**は**有害な損傷**」ですぐに覚えられる。

032 □ **devalue** [RL] 動 価値を下げる、平価を切り下げる（≒ depreciate）
[di:vǽlju:] 名 **devaluation** 価値の低下、平価切下げ

History has tended to **devalue** the contribution of women in politics.（歴史的に、政治における女性の貢献の価値を低く見られがちであった。）

devalue the yen（円の平価を切り下げる）

ポイント de（下）＋value⇔revalue（切り上げる）。

語根の知識で準1級語彙を光速マスター！⑥

44. dia は「通って」「横切って」「離れて」
- **diagnose** − dia（〜を通って）＋ gnosis（調査）→診断する；分析調査する
- **diagram** − dia（横切って）＋ gram（線）→図、図形；図解
- **dialect** − dia（〜の間で）＋ lect（言語）→方言
- **diameter** − dia（横切った）＋ meter（寸法）→直径；《光学》倍率

45. hypo, hyp は「下に」「以下」「少ない」「軽い」「亜」
- **hypocrite** −偽善者、偽善者の
- **hypothesis** − hypo（〜の下に）＋ thesis（置くこと）→仮説、前提

46. phil, ami は「愛する」「〜好きの」「愛」
- **amiable** −人当たりのよい、愛想のよい
- **amicable** −友好的な、平和的な
- **philanthropist** −博愛主義者、慈善家

47. plac, grat は「喜ばせる」「気に入る」「感謝する」「楽しい」
- **placebo** −偽薬、気休め薬
- **complacent** − com（完全に）＋ plac（喜ばす）→満足そうな
- **congratulation** − con（共に）＋ grat（楽しい）→祝うこと；(複)祝いの言葉
- ☑ **grateful** −ありがたく思う；感謝する；心地よい
- **gratify** −喜ばせる；満足させる
- **gratitude** −感謝の念、謝意
- **gratuity** −心づけ、チップ
- **ingratitude** − in（ない）＋ gratitude（感謝の念）→恩知らず

48. test は「証明する」「明らかにする」
- **detest** − de（下へ）＋ test（証言する）→憎む、ひどく嫌う
- **testify** − test（証言する）→証言する；証拠となる
- **testimonial** −証拠；証明書；推薦状、証明の

- ☐ **testimony** – 証拠；宣誓証言；《聖書》(the Testimony) 十戒

49. dent, denti, dont は「歯」(= tooth)
- ☐ **dent** – （歯車などの）歯
- ☐ **dentist** – dent（歯）＋ ist（〜する人）→歯科医

50. ambi は「両側」「周り」– ambivalence は心の両面
- ☐ **ambience** – 環境、雰囲気
- ☐ **ambiguous** – ambi（2つの道に）→あいまいな、不明瞭な

51. lav, lu は「洗う」– lavatory で手を洗う
- ☐ **deluge** – de（離れて）＋ lu（洗う）→大洪水；氾濫
- ☐ **dilute** – dis（分離する）＋ lu（洗う）→薄める、効果を弱める
- ☐ **lavatory** – 洗面所、トイレ
- ☐ **lavish** – 気前の良い；豊富な

52. chron, chrono は「時」
- ☐ **anachronism** – ana（さかのぼって）＋ chron（時を）→時代錯誤；アナクロ
- ☐ **chronic** – （病気が）慢性の；長期にわたる
- ☐ **chronological** – 年代順の
- ☐ **chronograph** – crono(時)＋ graph(記録する器具)→クロノグラフ、ストップウォッチ

53. pen は「罰」– ペン（pen）で人を罰する
- ☐ **penalty** – 刑罰、罰金、不利
- ☐ **penalize** – 罰する、不利にする
- ☐ **repentant** – 後悔している

54. ver, veri は「純粋な」「真実の」
- ☐ **verdict** – ver（真実の）＋ dit（言われた）→（陪審員の）評決；判断
- ☐ **verification** – 証明、実証；証拠
- ☐ **verify** – -ver（真実の）＋ ify（にする）→事実を証明する

55. tend は「伸ばす」「引っ張る」

- **con<u>tend</u>** －主張する、競争する
- **ex<u>tend</u>** －延長する

56. hyper は「向こうの」「超」「過度に」「非常な」

- **<u>hyper</u>critical** － hyper（超）＋ critical（あら探しする）→酷評する、執拗にあら探しする
- **<u>hyper</u>sensitive** － hyper（過度に）＋ sensitive（敏感な）→過敏症の；超高感度の
- **<u>hyper</u>sonic** － hyper（超）＋ sonic（音速の）→超音速の
- **<u>hyper</u>tension** － hyper（過度の）＋ tension（緊張）→過度の緊張；高血圧

57. ali, allo, alter は「ほかのもの」「他の方」

- **<u>alter</u>native** －二者択一の；代わりの；二者択一の選択
- **<u>alter</u>nate** －交互の、一つおきの；代わりの
- **<u>ali</u>en** －外国（人）の；異質の；外国人；宇宙人

第16日
準1級に楽々合格するための7000語水準語彙を完全マスター！ 2

033 □ devastate
[dévəstèɪt]

RL 動 壊滅させる、荒廃させる（≒ destroy, shatter）

名 **devastation** 荒廃、惨害

The blazing fire **devastated** large parts of the village.（大火事でその村の大部分が被害にあった。）

devastate a city[village]（都市[村]を荒廃させる）

記憶術 「でばー！捨てい！と壊滅させる」ですぐに覚えられる。

034 □ discord
[dískɔɚd]

R 名 不一致、不和（≒ disagreement, disharmony, conflict）

Putting years of **discord** behind them, they finally concluded a bilateral agreement.（長年の不和を水に流し、彼らはついに2国間協定を結んだ。）

marital **discord**（夫婦間の不和）

ポイント dis（分離）＋ cord（心）→「不一致」となった語。

035 □ dissent
[dɪsént]

RL 動 異議をとなえる、意見を異にする（≒ disagree, differ）名 **dissent** 意見の相違、異議

Dissenting voices emerged recently against the authority.（権威に対する反対の声が最近上がってきた。）

voices of **dissent**（反対の声）

ポイント di（分離）＋ sent（感じる）→「意見を異にする」となった語。

036 □ downplay
[dáʊnplèɪ]

R 動 軽視する、小さく扱う（≒ undervalue, make light of）

None of the attendants meant to **downplay** the results of today's meeting.（出席者の誰も、今日の会議の結果を軽視するつもりはなかった。）

downplay the role of science（科学の役割を軽視する）

037 □ empathy
[émpəθi]

RL 名 共感、感情移入（≒ sympathy, understanding）

形 **empathetic** 共感できる、感情移入の

The committee members expressed their **empathy** toward the chairperson's opinion.(委員たちは、委員長の言葉に同意を示した。)

ポイント em(中へ)＋pathy(感情)→「感情移入・共感」となった語。

038 □ **equation**
[ɪkwéɪʒən]

R 名 **方程式、同一視**(≒ mathematical problem, identification)

Students managed to find the solution to the cubic **equation**.(生徒たちはどうにかして、その三次方程式の解を見つけた。)

supply-demand **equation**(需給の均衡)で覚える。

ポイント equal(等しい)からすぐにわかる。

039 □ **eradicate**
[ɪrǽdəkèɪt]

RL 動 **根絶させる、撲滅する**(≒ eliminate, get rid of, wipe out)

名 **eradication** 撲滅、根絶

Promotion of education is believed to play a crucial role in **eradicating** poverty in society.(教育の促進は、貧困の撲滅に重要な役割を果たすと考えられている。)

eradicate the disease[the problem, poverty](病気[問題、貧困]を撲滅させる)

ポイント e(外へ)＋radic(根)で「根こそぎする→根絶する」となった語。

040 □ **exile**
[éɡzaɪl]

R 名 **国外追放、亡命、亡命者**(≒ banishment, expulsion)

動 **exile** 国外に追放する、亡命する

The national leader had a close bond with Dalai Lama, who fled into **exile** in 1959.(その国家指導者は1959年に亡命したダライ・ラマと親交があった。)

ポイント「エグザイル」は人気アーティストの名前にある。

041 □ **explicit**
[ɪksplísɪt]

RL 形 **明白な、率直な、露骨な**(≒ clear, specific)

副 **explicitly** 明白に、はっきりと

Police arrested the man who distributed sexually **explicit** images of children on the Internet. (警察は、性

的に露骨な画像をネット配信した男を逮捕した。）

explicit instructions［agreement, guidance］（明快な説明［合意、助言］）

ポイント implicitは「暗黙の」で一緒に覚えておこう。

---

042 □ fabricate
[fǽbrɪkèɪt]

RL 動 作る、でっち上げる（≒ invent, make up, create）

名 **fabrication** 製作、作りごと、偽造

The government officials were found responsible for **fabricating** the evidence.（政府官僚が、証拠偽造に関与していることがわかった。）

fabricate a lie（うそをでっち上げる）、farbricate a document（書類を偽造する）

ポイント fabricは「作る」の意味で、そこから「製造する、作り上げる」となった語。prefabricated house で「プレハブ住宅」

---

043 □ feeble
[fí:bl̩]

RL 形 弱い、虚弱な、意志の弱い（≒ weak, frail, cowardly）

Feeble global economic growth is a major factor behind the high unemployment.（弱い世界経済成長が、高い失業率の大きな要因である。）

a **feeble** excuse（下手な言い訳）のようにも使える。

記憶術 「フィー！ぶるぶると震えて**弱い**！」で覚えやすい！

---

044 □ feudalism
[fjú:dlìzm̩]

RL 名 封建制度、封建制

形 **feudal** 封建制の、形 **feudalistic** 封建的な

Traces of **feudalism** can be found even in Japanese society today.（今日の日本社会にも、封建制度の名残が見られる。）

記憶術 「フューフュー（と）だるまを作る**封建制度**」で覚えやすい。

---

045 □ flashy
[flǽʃi]

LS 形 派手な、かっこよさそうな（≒ showy）

Nowadays various **flashy** tablets and high-speed smartphones are on display at electric appliance shops.（今日、かっこいいタブレットや高速スマートフォンが電器店の店頭に並んでいる。）

flashy clothes[dress, jewelry]（派手な服[ドレス、宝石]）
ポイント flashは「ピカッ！キラ！チラ！」の意味で、flashyは「ぎんぎん」。

046 □ **formidable**
[fɔ́ɚmɪdəbl]

RL 形 恐るべき、並外れた、強力な（≒ powerful, impressive, demanding）

No one in the army anticipated an assault from the **formidable** enemy.（軍の誰も、強敵の攻撃を予期していなかった。）

formidable task[challenge]（恐るべき仕事[難題]）

047 □ **fortitude**
[fɔ́ɚtət(j)ùːd]

R 名 不屈の精神、忍耐（≒ courage, endurance）

Most surprising about the aid camps was the sheer **fortitude** of the refugees.（救援キャンプで最も驚いたのは、難民たちの真の我慢強さだった。）

ポイント fortは「力、強い」で、そこから生まれた語。

048 □ **frail**
[fréɪl]

RL 形 弱い、はかない、もろい（≒ weak, feeble, fragile）

名 **frailty** もろさ、はかなさ、意志薄弱

In her rare public appearances, the queen looked **frail** and distressed.（珍しく大衆の前に現れた王妃は、ひ弱そうだった。）

the **frail** bone structure（弱い骨の構造）

記憶術「触れいるとすぐに壊れるもろい品物」

049 □ **fret**
[frét]

RL 動 取り越し苦労をする、悩む（≒ worry, be anxious, trouble）

名 苛立ち、不機嫌

The low-income earners in the country are **fretting** about their future.（低所得者たちは、自分たちの将来を心配している。）

fret about my health[future]（健康[将来]を心配する）

050 □ **frivolous**
[frívləs]

RL 形 軽薄な、浅はかな（≒ silly, trivial）

The legal papers seem **frivolous**, though the lawyer may have a valid legal claim.（弁護士の主張は法的に有効かもしれないが、その法的書類は浅薄に思える。）

frivolous behavior[activity]（浅はかな振る舞い[行為]）
記憶術 「軽薄なやつお尻振り振りばらすよ他人の秘密」

051 □ **giggle**
[gígl]
RLWS 動 くすくす笑う（≒ chuckle）
名 くすくす笑い
It is difficult to decide whether to **giggle** or weep over the debt-ceiling crisis.（債務上限問題に笑うか泣くかを見極めるのは難しいところだ。）
give a **giggle**（くすくす笑う）

052 □ **glisten**
[glísn]
RL 動 （濡れたものが）輝く、光る（≒ shine, shimmer）
The mountains are **glistening** with freshly fallen snow today.（今日は、新しく降った雪で山が輝いている。）
glistening sweat on his forehead（額に光る汗）
ポイント glは「光」を表す。glistenは「濡れたり油で光る」の意味。

053 □ **glitter**
[glítər]
RL 動 ぴかぴか光り輝く、人目を奪う（≒ shine, gleam）
The crown is decorated with many **glittering** jewels.（王冠は多くの光り輝く宝石で飾られている。）
ポイント 語根glit（明るく輝く）を含むglitterは「金属、ダイヤ、空」などが輝く。

054 □ **gregarious**
[grɪɡéəriəs]
RL 形 社交的な、集団を好む（≒ sociable, outgoing）
副 **gregariously** 群れをなして、社交的に
The **gregarious** diplomat served as an ambassador to Moscow.（その社交的な外交官はロシア大使として働いた。）
gregarious animals（群生の動物）
ポイント greは「群れをなす」という意味の語根。

055 □ **groundless**
[gráʊndləs]
RLW 形 根拠のない、事実無根の（≒ unfounded, unproven, unjustified）
副 **groundlessly** 根拠なく
Many lawsuits of medical malpractice are proven **groundless**.（医療過誤の訴訟の多くは事実無根と証明されている。）
groundless rumor[accusation, anxiety]（根拠のないう

わさ[非難、不安])

056 grudge
[grʌ́dʒ]

RLWS 名 恨み、遺恨(≒ hatred, resentment)
動 惜しむ、ねたむ

Injustice in the name of justice creates a lasting **grudge** in the minds of victims.(正義の名の下の不正は被害者の心に恨みを長く抱かせる。)

grudge my money(お金を出し惜しむ)

記憶術 「心ぐらぐらじーさんねたむ」と覚えよう。

057 grumble
[grʌ́mbl]

RL 動 不平を言う、苦情を言う(≒ complain, grouch)
名 不平、苦情、文句

Smokers are **grumbling** about the sudden increase in the prices of cigarettes.(喫煙者はタバコの突然の値上げに文句を言っている。)

名 constant **grumbler**(不平屋)

ポイント grudge, grieveと同じ音素grは「心をぐりぐりえぐる」イメージ。complainより意味が強く「ずっと文句を言う」。

058 harness
[hɑ́ːrnəs]

RL 動 利用する、馬具でつなぐ(≒ utilize, employ)

The country **harnesses** the power of the rivers for hydroelectric power generation.(その国は川の力を水力発電に利用している。)、**harness** renewable energy(再生可能エネルギーを利用する)

ポイント harnessは主に「自然の力」を用い、utilizeは「実用性」を強調する。

059 haughty
[hɔ́ːti]

R 形 傲慢な、高慢な(≒ arrogant, conceited)

The newspaper criticized the election candidate for his **haughty** behavior.(新聞は選挙候補者の傲慢な振る舞いを批判した。)

ポイント オートクチュール(haute couture)と同じ語根hautは「高級の」の意味。

記憶術 「ほーてぃおけん、あんな**傲慢な**やつ！」と覚えよう。

060 haul [hɔ́ːl]	RL 動 引っ張る、運ぶ(≒ draw, tug, convey)
	名 運搬、距離、獲物
	The navy vessels **hauled** critical supplies and other aid.(海軍の船で必要物資や他の支援物資を運んだ。)
	ポイント long-**haul** freight(長距離輸送貨物)のようにも使える。
	記憶術 「マンホールから引っ張り上げる」で覚えやすい。
061 hunch [hʌ́ntʃ]	LS 動 (背を)丸める(≒ hump)
	名 直感(≒ intuition)
	I have a **hunch** that he is not telling the truth about the accident.(彼が事故について事実を語っていない気がする。)
	play my **hunch**(直感で行動する)
062 illicit [ɪlísɪt]	RL 形 不正の、不法の(≒ illegal, illegitimate)
	Many people are arrested for **illicit** drug use and possession.(多くの人が、不法薬物使用や所持のために逮捕されている。)
	illicit love[intercourse](不倫[不義])
	記憶術 「そっと入り嫉妬に狂う不倫の恋」
063 impair [ɪmpéɚ]	RL 動 害する、減ずる、損なう(≒ damage, harm)
	This theory explains why sleep deprivation can **impair** judgment.(この理論は、なぜ睡眠不足が判断力を損なう可能性があるのかを説いている。)
	impair my health(健康を損なう)
064 impersonate [ɪmpɚ́ːsənèɪt]	RL 動 物まねする、まねる(≒ mimic, imitate)
	名 **impersonation** 演技、物まね
	The criminals **impersonated** police officers when they carried out their schemes.(犯人たちは、計画実行の際、警官のふりをした。)
	impersonate the movie star(映画俳優の物まねをする)
	ポイント person(人)+ im(中へ)→「物まねする」となった語。

065 □ **impudent**
[ímpjədənt]

R 形 **厚かましい、出過ぎた**(≒ insolent, rude)

The student got a detention for making an **impudent** remark to his teacher.(その生徒は、先生に対して生意気な発言をしたので居残りさせられた。)

impudent attitude[remark]（生意気な態度[発言]）

ポイント 類語arrogantは「尊大」に近く、impudentより失礼なのはinsolent。

語根の知識で準1級語彙を光速マスター！⑦

58. trib は「授ける」「分配する」
- **distribute** － dis（分離）＋ tribute（分け与える）→分配する、配布する
- **contribute** － con（一緒に）＋ tribute（与える）→寄付する、貢献する
- **attribute** － at（～に）＋ trib（割り当てる）→（結果を）帰する、せいにする
- **tribute** －貢物；賛辞

59. loc は「場所」－ロケーションは場所
- **allocate** － al（～に）＋ loc（場所）→割り当てる；配置する
- **relocate** － re（再び）＋ loc（場所）→再び配置する；移転する［させる］
- **dislocate** －～の位置を変える；脱臼させる；狂わせる

60. seq は「続く」－シーケンス（sequnce）は続くもの（＝ follow）
- **consequence** －結果、重要性
- **sequel** －続き、結果
- **sequence** －連続
- **subsequent** －後の（人［物］）、その後の

61. doc は「教える」－ドクター（doctor）が教える（＝ teach）
- **docile** －従順な
- **indoctrinate** －（人に）教え込む、吹き込む
- **doctrine** －教義、主義

62. don は「与える」－どんどん与えるドナー（donor）（＝ give）
- **donate** －寄付［寄贈］する
- **condone** －大目に見る、許す
- **pardon** －許すこと、特赦

63. para は「近所」「両側」「以上」－パラボラ（parabola）アンテナ

- **paradigm** － para（並べて）→模範、典型；理論的枠組み
- **paralysis** － para（一面が）＋ lysis（分解）→麻痺
- **paraphrase** － para（～と平行して）＋ phrase（言う）→言い換える；意訳する
- **parapsychology** －（以上）→超心理学

64. leg は「委任する、法律」－法律でレガシー（legacy）管理委任する（＝ law）

- **legal** － leg（法律の）＋ al（性質の）→法律の, 合法の
- **legislative** －立法上の；立法府の；法律による
- **legitimate** －適法な、正当な；筋道の通った；舞台の

英検準1級必須類語グループクイズにチャレンジ!
《形容詞編》①

以下の空欄に適当な類語グループを入れてください。

1. ( ) businessperson（慎重な実業家）
2. ( ) work（きつい仕事）
3. ( ) answer（あいまいな返事）
4. ( ) worker（熱心な労働者）
5. ( ) outlook（暗い見通し）
6. ( ) dictator（非情な独裁者）
7. ( ) experience（屈辱的な経験）
8. ( ) smell（食欲をそそるにおい）
9. ( ) test（厳しいテスト）
10. ( ) weapons（古くさい兵器）
11. ( ) health（悪化する健康）
12. ( ) scientist（有名な科学者）
13. ( ) profits（莫大な利益）
14. ( ) book（面白い本）
15. ( ) argument（筋の通った意見）

選択肢

A（eminent, prominent, renowned） B（ruthless, merciless, heartless） C（coherent, rational, consistent） D（prudent, cautious, discreet） E（immense, enormous, tremendous） F（industrious, dedicated, committed） G（demanding, strenuous, exhausting, laborious） H（bleak, dismal, gloomy） I（obsolete, outmoded, outdated） J（humiliating, disgraceful, dishonorable） K（deteriorating, failing, declining） L（tempting, seductive, enticing） M（evasive, equivocal, ambiguous, obscure） N（diverting, intriguing, engrossing） O（rigorous, exacting, demanding）

> 解 答

選択肢以外にも余力のある人には覚えてほしい類語を加えています。

1. **D**(**prudent**, cautious, **discreet**, thoughtful) businessperson(慎重な実業家)
2. **G**(**demanding**, **strenuous**, exhausting, laborious) work(きつい仕事)
3. **M**(**evasive**, **equivocal**, ambiguous, obscure) answer(あいまいな返事)
4. **F**(industrious, **dedicated**, committed) worker(熱心な労働者)
5. **H**(**bleak**, dismal, gloomy, **dim**) outlook(暗い見通し)
6. **B**(**ruthless**, **merciless**, heartless, remorseless) dictator(非情な独裁者)
7. **J**(**humiliating**, disgraceful, **dishonorable**, shameful) experience(屈辱的な経験)
8. **L**(**tempting**, seductive, **enticing**) smell(食欲をそそるにおい)
9. **O**(**rigorous**, exacting, **demanding**) test(厳しいテスト)
10. **I**(**obsolete**, outmoded, **outdated**) weapons(古くさい兵器)
11. **K**(**deteriorating**, failing, declining) health(悪化する健康)
12. **A**(**eminent**, prominent, **renowned**) scientist(有名な科学者)
13. **E**(**immense**, **enormous**, **tremendous**, colossal) profits(莫大な利益)
14. **N**(diverting, **intriguing**, entertaining, engrossing) book(面白い本)
15. **C**(**coherent**, rational, **consistent**, organized) argument(筋の通った意見)

第17日
準1級に楽々合格するための7000語水準語彙を完全マスター！ 3

066 □ incessant
[ɪnsésn̩t]

R 形 **絶え間ない、ひっきりなしの**（≒ continuous）
副 **incessantly** 絶え間なく、間断なく
The army headed to the region in order to resolve the **incessant** conflict.（絶え間ない紛争を解決するため、軍隊はその地域へ向かった。）
incessant demands[rain, noise]（絶え間ない要求[雨、騒音]）
ポイント recess（休会）、recession（不況）と同じ語根cess（休止）を含み、inでそれを否定して、「絶え間ない」となった語。

067 □ incorporate
[ɪnkɔ́ːrpərèɪt]

RL 動 **合同させる、合併させる**（≒ include, integrate）
名 **incorporation** 合同、合併、法人化
The committee **incorporated** a number of suggestions into the final plan.（委員会は、多くの提案を最終計画に組入れた。）
incorporate a business（事業を法人化する）
ポイント corporate（会社）にin（組み込む）→「法人にする、組み込む」となった語。

068 □ inflict
[ɪnflíkt]

RL 動 **加える、負わせる、与える**（≒ impose）
The collapse of the large company **inflicted** considerable damage on the economy.（大企業の倒産は経済に大きな被害をもたらした。）
inflict harm on someone（危害を加える）
ポイント in（中へ）＋flict（打つ）→「打撃・刑罰を与える」となった語。

069 □ innumerable
[ɪn(j)úːmərəbl]

RL 形 **数えきれない、無数の**（≒ countless, numerous）
The earth is only one of the **innumerable** stars in the universe.（地球は無数の星の中の一つに過ぎない。）

innumerable examples[opportunities, stars]（無数の例[チャンス、星]）

ポイント 語根numer(数)から来た語で、numberに似ている。

070 □ **intact**
[ɪntǽkt]

RL 形 損なわれていない、そのままで（≒undamaged, complete）

The 60-year-old massive computer survived **intact** in the building.（60年前に作られたその巨大コンピュータは、そのビルにそのまま残っていた。）

building[reputation, body] remains **intact**（建物[評判、体]が無傷のままである）

ポイント contactと同じ語根tact(触れる)を含み、inで否定し、「触れられていない」→「損なわれていない」となった語。

071 □ **intelligible**
[ɪntélɪdʒəbl]

R 形 理解しやすい、明瞭な（≒understandable, clear）

Newspaper articles need to be readily **intelligible** enough to all readers.（ニュース記事はすべて、読者がすぐにわかるように書くべきである。）

intelligible message[explanation]（わかりやすいメッセージ[説明]）

ポイント intelligentにlegible(判読しやすい)を合体させた語。

072 □ **intricate**
[íntrɪkət]

RL 形 入り組んだ、複雑な（≒complex, complicated）

副 **intricately** 入り組んで、難解に

The premium watch has one of the most **intricate** designs and mechanism in the world.（その高級時計は世界で最も複雑なデザインと構造を持っている。）

intricate design[pattern]（複雑なデザイン[形態]）

ポイント trickと同じ語根tric(複雑)を含んだ語。

073 □ **intrigue**
[íntriːg]

R 名 陰謀、策略（≒conspiracy） 動 好奇心をそそる（≒interest）

形 **intriguing** 興味をそそる、面白い

The political **intrigue** of the lawmakers forced the minister into resignation.（議員たちの政治的陰謀で、大臣は辞職に追い込まれた。）

intriguing story［idea, plot］（興味をそそる話［考え、筋書き］）

ポイント intrigはintricの変形で、「複雑な」の意味。「陰謀」とは複雑なもの。

074 □ **intrinsic**
[ɪntrínsɪk]
または[ɪntrínzɪk]

R 形 **本来備わっている、固有の**（≒ congenital, inherent）

副 **intrinsically** 本質的に

There are several methods of estimating the **intrinsic** value of companies.（会社の本質的な価値を見積もるには、いくつかの方法がある。）

intrinsic value［nature, quality］（本質的な価値［性質、品質］）

075 □ **irrelevant**
[ɪréləvənt]

RL 形 **不適切な、見当違いの**（≒ inapplicable）

His remarks are dismissed as **irrelevant** to the subject of the meeting.（彼の発言は、会議のテーマに関係ないものとして退けられた。）

irrelevant information［data］（無関係な情報［データ］）

ポイント relevant（関連した）の反意語で、irrelevant to today's society（時代にそぐわない）のような第2義も読解で重要。

076 □ **jeopardy**
[dʒépɚdi]

RL 名 **危険**（≒ danger, hazard, peril）

動 **jeopardize** 危険にさらす、危うくする

The recent human invasions have put endangered species and their habitats in **jeopardy**.（最近の人間の侵入が絶滅危惧種やその生息地を危険にさらしている。）

put his life in **jeopardy**（彼の命を危険にさらす）

記憶術 「行くぜパーティー危険な旅路」はちょっと苦しい！

077 □ **knack** [nǽk]	[LS] 名 要領、コツ（≒ skill, facility, dexterity） Andy was a brilliant business person with a **knack** for marketing.（アンディは、マーケティングのコツを知る頭脳明晰なビジネスマンだ。） get the **knack**[hang] of it（そのコツをつかむ） 記憶術「悲しくなくても泣くコツ知ってる役者」
078 □ **lofty** [lɔ́fti]	[R] 形 高尚な、高慢な、高い（≒ high, noble, arrogant, soaring） The president with **lofty** aspirations delivered an address at his inauguration.（高い志を持つ大総領は就任演説を行った。） **lofty** ideals（崇高な理想）、**lofty** mountains（そびえ立つ山々） ポイント loft（最上階）から来た堅い語。
079 □ **malevolent** [məlévələnt]	[R] 形 悪意ある、意地の悪い（≒ baleful, malicious, hateful） 名 **malevolence** 悪意、敵意 The government must take stern measures against **malevolent** attempts by terrorists.（政府は、テロリストによる悪企みに対して厳しい措置を取らなければならない。） **malevolent** spirit[ghost]（悪意のある亡霊[幽霊]） ポイント mal（悪い）＋volent（望む）→「悪意のある」となった語⇔benevolent。
080 □ **mediocre** [mìːdióʊkɚ]	[RL] 形 月並みな、二流の（≒ banal, commonplace, middling） The team's **mediocre** performance results from a sheer lack of training.（チームの月並みな成績は全くの練習不足のせいである。） **mediocre** performance[school grade]（月並みな演技[学校の成績]） ポイント mediはmidと同じく「中間の」の意味で、そこから「月並み」となった。

081 □ **mentality** [mentǽləti]	RLWS 名 心性、物の見方（≒ way of thinking, mental attitude） Without a risk-taking **mentality**, he couldn't have been successful as a manager.（リスクを負う精神なくして、彼の経営者としての成功はなかった。） island nation **mentality**（島国根性） ポイント 上のフレーズのように主にネガティブな考え方を表す。
082 □ **milestone** [máɪlstòʊn]	RL 名 画期的な事件、里程標（≒ significant event, landmark） The invention of computers is said to be a **milestone** in human history.（コンピュータの発明は、人類の歴史上画期的な出来事だといわれている。） **milestone** in medical history（医学史における画期的な出来事） ポイント 「道程を示すマイル標石」から「画期的な出来事」の意味が生まれた。
083 □ **monopolize** [mənápəlàɪz]	RLWS 動 ひとり占めにする、独占する（≒ dominate, corner） 名 **monopoly** 独占、専売 The mother-in-law should kick the bad habit of **monopolizing** the conversation.（義理の母は、会話を独占する悪い癖を直すべきである。） **monopolize** the market［industry］（市場［産業］を独占する）
084 □ **nimble** [nímbl̩]	RL 形 すばやい、鋭敏な（≒ quick, agile, brisk） 名 **nimbleness** すばやさ、鋭敏さ With his **nimble** mind, the leader can always make a sensible decision very quickly.（そのリーダーは頭の回転が速く、常に正しい判断を下すことができる。） **nimble** fingers（器用な手先） 記憶術 「堪忍ぶるぶる震えるすばやいコソ泥」と覚えよう。

085 oblivion
[əblíviən]

[R] 名 忘却、忘れ去られていること、無意識状態（≒ unconsciousness, obscurity）

形 **oblivious** 忘れっぽい

The name of the historical figure had fallen into **oblivion** until recently.（その歴史上の人物の名前は、最近まで忘れ去られていた。）

fall[slip, pass] into **oblivion**（忘れ去られる）

記憶術 「おっブリびょーんと飛んで**忘却**の彼方へ」と覚えよう。

086 offset
[ɔ́:fsèt]

[RL] 動 相殺する、埋め合わせる（≒ compensate for, make up for）名 相殺するもの、枝分かれ

The cost reduction partly **offset** the shortfall in the total sales.（経費削減によって、売上全体の不足分を一部相殺した。）

offset the cost[loss]（費用[損失]を埋め合わせる）

087 oppressive
[əprésɪv]

[RL] 形 過酷な、圧政的な（≒ tyrannical, dictatorial）

名 **oppression** 抑圧、圧制、憂うつ

The freedom of speech has been severely restricted by the **oppressive** government.（強圧的な政府の下では、言論の自由は厳しく制限されている。）

oppressive regime[government]（強圧的な政権[政府]）

ポイント press（押さえつける）で覚えやすい。

088 outlive
[àʊtlív]

[RL] 動 〜より長生きする、生き延びる（≒ survive）

Fans of the renowned actor think that his legacy will **outlive** the scandal that ended his career.（その有名俳優の遺した業績は、彼の俳優生命を絶ったスキャンダルを忘れさせるであろう、とファンたちは思っている。）

Women **outlive** men.（女性は男性より長生きする。）

ポイント outは「より越えて」+ live →「より長生きする」となった語。

089 outnumber
[àʊtnʌ́mbɚ]
R 動 ～より数で勝る（≒ exceed, surpass in number）
The sales of adult diapers **outnumbered** those of baby diapers in the aging nation.（その高齢化の進む国では、成人オムツの売上が乳幼児オムツの売上を上回った。）
outnumber their opponents（数で敵に勝る）

090 outskirts
[áʊtskɚ̀ːts]
R 名 町外れ、郊外、周辺（≒ suburbs）
Guerrillas attacked a convoy of foreign troops on the outskirts of the city.（ゲリラ兵たちが、都市郊外の外国軍護衛部隊を襲撃した。）
on the **outskirts** of the capital（首都郊外で）
ポイント suburb（都心から離れた所）は郊外の住宅地という快適感はなく、outskirtsは都市の一部であるが、その中心から一番離れたエリア。

091 overflow
[òʊvɚflóʊ]
R 動 氾濫する、あふれる（≒ flow over, flood）
名 氾濫、過剰、流出
The heavy rain caused rivers to **overflow** in the farm belt.（大雨で農業地帯の川が氾濫した。）
create a town **overflowing** with greenery（緑にあふれる町をつくる）

092 overhaul
[òʊvɚhɔ́ːl]
R 動 分解検査する、追い抜く（≒ examine, repair, overtake）、名 分解検査、吟味、検討
The parliament approved the **overhaul** of the state's financial system.（議会は、その国の金融制度の徹底的見直しを承認した。）
overhaul the system [car, machine]（システム[車、機械]を総点検する）
ポイント 日本語の「オーバーホール」は「機械を分解して点検修理を行うこと」。

093 overrule
[òʊvɚrúːl]
R 動 却下する、拒否する（≒ cancel, revoke）
名 **overruler** 最高支配者
The party secured the two-thirds majority in the lower house needed to **overrule** the upper house.（その政党は

参議院の決定の拒否に必要な3分の2の衆議院議席を確保した。

overrule a presidential veto（大統領の拒否権を却下する）

ポイント over（超えて）＋rule（裁定する）→「却下する」となった語。

094 □ overthrow
[òuvəθróu]

R 動 くつがえす、転覆させる（≒ overturn, bring down）
名 転覆、打倒、暴投

The rebels **overthrew** the government which failed to implement the peace deal.（反乱者たちは、平和協定を実現しなかった政府をうち倒した。）

overthrow the theory（理論を覆す）

ポイント over（回転）＋throw（投げる）→「転覆させる」となった語。

095 □ pamper
[pǽmpə]

R 動 甘やかす、満足させる（≒ spoil, indulge）
形 **pampered** 甘やかされた、わがままな

The chef **pampers** his customers every day with superb ethnic cuisine.（そのシェフは毎日、見事なエスニック料理で客を満足させている。）

pamper your child（子供を甘やかす）

ポイント 「パンパース」はおむつのブランドで有名。

記憶術 「**パンパー**んにおなか張るまで**満足させる**」と覚えよう。

096 □ peddle
[pédl]

R 動 行商する、密売する、広める（≒ vend, hawk）
名 **peddler** 行商人、密売人

Doctors warned consumers about some websites **peddling** unsafe medicines.（医者たちは、危険な薬を不法販売するサイトについて消費者に警告した。）

peddle my wares[goods]（商品[品物]を売り歩く）

ポイント pedalと同じ語根ped（足）を持つ語。フーテンの寅さんはpeddler。

097 □ perceptive
[pəséptɪv]

R 形 知覚の、カンの鋭い(≒ sharp, insightful, intuitive)

The award-winning photographer explored the globe with a **perceptive** observation.(受賞した写真家は鋭い観察力をもって地球を旅してまわった。)

perceptive insight(鋭敏な洞察)、形 **perceptible** change[difference](それとわかる変化[違い])、動 **perceive** the change[difference](変化[違い]を察知する)

ポイント per(完全に)＋ceive[cept](受け止める)→「知覚(カン)の鋭い」となった語。

098 □ perseverance
[pə̀ːsəvíərəns]

R 名 忍耐、不屈の精神(≒ endurance, tenacity)

動 **persevere** 我慢する、やり通す

Today's success in our joint venture is a testament of **perseverance** and hard work of all employees.(今日の我々のジョイントベンチャーの成功は、全従業員の不屈の努力と勤勉の賜物である。)

ポイント per(完全に)＋severe(厳しい)→「不屈の精神」となった語。

099 □ peruse
[pərúːz]

R 動 熟読する、精読する(≒ read carefully, study)

名 **perusal** 読書、熟読、吟味

Economists **perused** the price indexes for any signs of industrial recovery.(経済学者は、産業復調の兆しがないか物価指数をよく調べた。)

peruse book[document](本[書類]を熟読する)

ポイント 文書をper(完全に)＋use(用いる)→「何度も読む」となった語。

記憶術 「ペルーずらりと本を**熟読する**人ばかり」で覚えやすい。

100 □ plight
[pláɪt]

R 名 苦境、窮地(≒ hardship, predicament)

The media has been covering the **plight** of war refugees almost every day.(メディアは連日のように、戦争難民の窮状を報道している。)

the **plight** of the needy people[flood victims](貧困層[洪水の被災者]の苦境)

101 □ **polarize**
[póʊləràɪz]

[R] 動 **分極化させる、両極化する**(≒ divide into two sharply contrasting groups)

名 **polarization** 対立、分裂

The proposal of accepting foreign immigrants has been **polarizing** the public opinion.(外国人移民の受け入れの提案は世論を二分している。)

ポイント **polarization** between [of] rich and poor(貧富の格差)は重要時事表現。

102 □ **posterity**
[pɑstérəti]

[R] 名 **後世の人々、子孫**(≒ descendents, offspring)

形 **posterior** 後の、次の、後ろの

The Berlin Wall is being restored for tourists and **posterity**.(ベルリンの壁は、観光客や後世の人々のために現在修復されている。)

tradition handed down to **posterity**(後世に伝える伝統)のようにも使える。

ポイント 語根post(後の)から意味が予測できる語。類語descendantは「子孫」、offspringは「子供」の意味。

必須派生語の知識でスーパーボキャブラリービルディング！
（7000語水準①）

- **attribute** my success to him（自分の成功を彼の**おかげと考える**）、**attributable** to smoking（喫煙に**起因する**）、**attribution** of responsibility（責任の**帰属**）
- **redeem** a mortgage（抵当を**取り戻す**）、**redeemable** coupons（商品に引き換え可能な券）、**redeemed** sinner（救われた罪人）、**redemption** at maturity（満期償還）
- be **apt** to be misunderstood（誤解されやすい）、vocational **aptitude**（職業**適性**）、**aptly** illustrate（**適切に**言い表す）、**aptness** of his quotations（彼の引用の**適切さ**）
- **deduct** sales tax（消費税を**差し引く**）、**deductible** medical expense（**控除可能な**医療費）、**deductive** method（**演繹法**）、tax **deduction**（税控除）
- **attend** a class（クラスに**出席する**）、**attendance** rate（**出席率**）、home **attendant**（ホームヘルパー）、class **attendee**（授業出席者）
- **vacate** the building（ビルを**立ち退く**）、**vacant** lot（**空き地**）、job **vacancy**（求人）、**vacation** with pay（有給休暇）
- **restrain** the price（価格を**抑える**）、**restrained** elegance（節度のある上品さ）、**restraint** of trade（貿易の**抑制**）
- **explode** a theory（理論を**論破する**）、**explosive** gas（**爆発性**ガス）、population **explosion**（人口爆発）、**explosion** of laughter（爆笑）
- **alarm** the public（国民に**危険を知らせる**）、at an **alarming** rate（驚異的な上昇率で）、climate **alarmist**（気象警鐘者）、at an **alarmingly** rapid pace（驚くほど速いペースで）
- **convert** celsius to fahrenheit（摂氏を華氏に**変換する**）、**convertible** car（スポーツカー）、**conversion** rate（換算レート）
- **verify** the facts（事実を**立証する**）、**verifiable** income（証明できる所得）、**verification** of address（住所確認のできるもの）
- **devote** oneself to one's business（業務に**専念する**）、**devoted** son（孝行息子）、**devotion** to work（仕事に**専念すること**）、**devotedly** attached to her（彼女を**熱愛している**）［devotedlyは「一心に」

必須派生語の知識でスーパーボキャブラリービルディング！
（7000語水準②）

- **presume** his innocence（彼の無罪を推定する）、**presumed** innocence（推定無罪）、**presumption** of validity（有効性の推定）、**presumably** correct（おそらく正しい）
- **administer** justice（裁く）、**administer** a drug（薬を飲ませる）、**administrative** law（行政）、**administration** cost（管理費）
- **contentious** issue（論議を呼ぶ問題）、bone of **contention**（不和の種）、major **contender**（有力候補）
- **definite** goal（明確な目標）、**definitive** answer（最終的な答え）、ambiguous **definition** of the term（用語のあいまいな定義）
- **compulsory** education（義務教育）、**compelling** reason（説得力のある理由）、**compulsive** gambling（賭け事をせずにはいられないこと）
- **allege** his guilt（彼の有罪を主張する）、**allegation** of corruption（汚職疑惑）、**alleged** murderer（殺人容疑者）、**allegedly** involved in the robbery（伝えられているところによると、その強盗事件に関与しているらしい）
- **sustain** a loss（損害を被る）、**sustained** effect（持続効果）、**sustaining** cost（維持費）、**sustainable** development（持続可能な発展）、**sustenance** allowance（扶養手当）、energy **sustainability**（エネルギー持続性）
- **avert** financial crisis（金融危機を避ける）、**avert** his eyes from the terrible sight（その恐ろしい光景から目をそらす）、**averse** to change（変化が嫌い）、**aversion** to savings（貯蓄嫌い）
- **prevail** over the enemy（敵に打ち勝つ）、**prevalent** notion（普及した考え）、**prevailing** mood in the nation（全国的に広まっている雰囲気）、**prevalence** rate（普及率）
- **diverting** story（気晴らしになる話）、**diversion** of funds（資金の流用）、cultural **diversity**（文化の多様性）、**divergent** views（異論）
- maintain his **resolve**（決心を維持する）、**resolute** attitude（断固とした態度）、the UN **resolution**（国連決議案）、New Year's **resolution**（新年の抱負）

第18日
準1級に楽々合格するための7000語水準語彙を完全マスター！ 4

103 □ potent
[póʊtnt]

R 形 **有力な、強力な、効能ある**（≒ powerful, effective）

Consumers are a **potent** force in the economic renaissance of a country.（消費者は、国の経済復興に強い力となる。）

potent drug（強力な薬）、**potent** arguments（説得力のある議論）

ポイント impotent（無能、不能）の反対なのでわかりやすい。

104 □ predecessor
[prédəsèsɚ]

R 名 **前任者、前にあったもの**（≒ antecedent）

The leader was widely respected for restoring the nation's reputation after the scandals of his **predecessor**.（その指導者は、前任者の不祥事後、国の名声を取り戻し広く尊敬を集めた。）

ポイント pre + decess は「先に（pre）＋立ち去る（decess）」の意。

105 □ premise
[prémɪs]

R 名 **前提、建物、家屋敷**（≒ assumption, property）

Because of his bankruptcy, he was forced to vacate the **premises**.（自己破産したため、彼は家を手放すしかなかった。）

vacate the **premises**（家を空け渡す）

ポイント pre（前に）＋ miss（送っておく）→「理論の前提」となった語。

106 □ propriety
[prəpráɪəti]

R 名 **礼儀、礼節、妥当**（≒ decency, good manners）

形 **proper** 適切な、礼儀正しい

The discussion centers on the legal **propriety** of the goverment's taking over bad loans.（政府が不良債権を肩代わりする法的妥当性に議論が集中している。）

observe the **proprieties**（礼儀作法を守る）

ポイント proper（妥当な）と同じ語根 prop（属する）を持つ語。

107 quaint
[kwéɪnt]

R 形 古風な趣のある、風変わりな (≒ curious, charming)

The foreigner has got soon accustomed to the **quaint** old tradition of the town.(その外国人は古い風変わりな伝統に慣れていった。)

quaint village [custom] (古風で趣のある村[習慣])

記憶術「あー食えん、とにかく風変わりな味」で覚えやすい。

108 redundant
[rɪdʌ́ndənt]

R 形 不必要な、余分の (≒ unnecessary, surplus, superfluous)

名 **redundancy** 余分、過剰

The company restored the finances by minimizing the number of **redundant** workers.(余剰労働者の数を最小限に抑えることで、その会社は経営を再建した。)

記憶術「しり段々と余分な贅肉」ですぐに覚えられる。

109 relish
[rélɪʃ]

R 動 楽しむ、好む、味わう (≒ enjoy, take pleasure [delight] in)

名 楽しみ、風味、薬味

The reporter **relished** the chance to interview the famous actor.(記者は、有名な俳優をインタビューする機会を楽しんだ。)

relish the food [time, opportunity] (食べ物[時間、機会]を楽しむ)

記憶術「胡椒入れリシュッと振りかけ風味を出そう」で覚えやすい。

110 remnant
[rémnənt]

R 名 残り、面影、遺物 (≒ remains, remainder)

The scientist group observed the long-sought image of the stellar **remnant**.(その科学者グループは待望の恒星残骸の「イメージ」を観察した。)

remnant of the feudal system (封建制度の名残)

ポイント remain (残る)から来た語。

記憶術「箱に入れ無念と遺物を保管する」で覚えやすい。

111 □ render
[réndɚ]

R 動 ～にする、与える、表現する（≒ make, give, perform, depict）

The advent of nuclear weapon has **rendered** conventional weapons totally obsolete.（核兵器の誕生で、通常兵器は全く時代遅れになった。）

render a decision[an opinion, a service]（決定を下す[意見を出す、サービスを提供する]）

記憶術 「連打とパンチを**与える**」で覚えやすい。

112 □ repeal
[rɪpíːl]

R 動 無効にする、廃止する（≒ abolish, cancel）

名 **repeal** 取り消し、廃止

The presidential candidate promised to **repeal** the health care reform law.（大統領候補は、医療改革法の廃止を約束した。）

repeal the law[bill]（法律[法案]を無効にする）

ポイント re（後ろへ・元へ）＋ peal（声を出す）→「廃止する」となった語。

113 □ repress
[rɪprés]

R 動 抑える、こらえる、鎮圧する（≒ restrain, suppress）

名 **repression** 抑制、鎮圧、抑圧

The riot police struggled to **repress** the 3-month-long uprising.（機動隊は3カ月間に及ぶ暴動を鎮圧するため必死に頑張った。）

repress my feeling[rebellion]（感情を抑制する[反乱を制圧する]）

ポイント 主に感情、欲望などを press（抑圧）する。

114 □ reproach
[rɪpróʊtʃ]

RL 動 非難する、叱責する、名 非難、叱責（≒ blame, criticize）

The boss **reproached** his staff for their inappropriate attitude toward clients.（上司は職員を、顧客に対する不適切な対応で叱責した。）

reproach him for his negligence（彼の怠慢を叱る）、

形 **reproachful** look とがめるような目

ポイント approach と同じ語根 proach（近づく）を含む語で、「何度も近づいて非難する」イメージ。

115 restrain
[rɪstréɪn]

[R] 動 抑える、抑制する（≒ control, check）
名 **restraint** 抑制、禁止

The increase in the consumption tax will **restrain** consumer spending in the country.（消費税の引き上げは、その国の消費支出を抑制するだろう。）

restrain growth[emotions, cost]（成長[感情、経費]を抑える）

ポイント re（元へと）＋strain（圧力をかける）→「抑制する」となった語。

116 reverence
[révərəns]

[RL] 名 崇敬、畏敬（≒ admiration, great respect）
動 **revere** 崇める、崇拝する

The local people have profound **reverence** for mother nature.（地元の人たちは、母なる自然に深い敬意を持っている。）

reverence for God（神を敬うこと）

記憶術 「リビアの元首を崇めるとは！」で覚えやすい。

117 revoke
[rɪvóʊk]

[R] 動 廃止する、無効にする（≒ cancel, repeal）

The big company had its operating license **revoked** for its huge debt.（その大会社は、多額負債のため営業許可を取り消された。）

revoke the license[contract, law]（免許[契約、法律]を無効にする）

ポイント re（元へ）＋voke（声を出して呼ぶ）→「廃止する」となった語。

118 rigorous
[rígərəs]

[R] 形 厳密な、厳しい、精密な（≒ tough, severe, harsh）
副 **rigorously** 厳密に

The U.N. imposed **rigorous** economic sanctions against the country.（国連は、その国に対して厳しい経済制裁を課した。）

rigorous testing[training, standards]（厳しい検査[訓練、基準]）

ポイント rigidと同じ語根rig（堅い）を持つ語で、「厳しい・厳密な」の意味が生まれた。

記憶術 「ごりごり懲らしめる厳しい教官」とちょっと苦しいが覚えやすくなる。

119 □ **roam**
[róʊm]

R 動 ぶらつく、歩き回る、放浪する(≒ ramble, drift)
名 **roam** ぶらつき、放浪
On the notorious alley, armed exconvicts would **roam** freely, selling drugs.(悪名高い裏通りでは、武器を持った前科者がよく麻薬を売ってうろついていた。)
roam the streets[countryside](通り[田舎]を歩き回る)
記憶術 「見ろ一群れで放浪するジプシーたちを」と苦しいが助けにはなろう。

120 □ **robust**
[roʊbʌ́st]

R 形 逞しい、強い、健全な、粗野な(≒ strong, durable)
The high rating of the company reflects its **robust** financial performance.(その会社の高い格付けは健全な財政状態を反映したものである。)
robust growth[economy, business](堅調な成長[経済、ビジネス])
記憶術 「見ろバストたくましい選手の群れを」で覚えやすい。

121 □ **rudimentary**
[rùːdəméntəri]

R 形 基本の、初歩の、原始的な(≒ basic, elementary)
The amateur directors have only a **rudimentary** knowledge of film making.(素人の映画監督は、映画製作に関して基礎的知識しかない。)
rudimentary understanding[skills](基本的理解[技能])
ポイント rude(粗野な)から来た語で、意味は推測できる。

122 □ **runaway**
[rʌ́nəwèɪ]

R 形 逃亡の、手に負えない、楽勝の(≒ escaped, effortless, unchecked)、名 **runaway** 逃亡、逃亡者、楽勝
The expert sounded a warning about the risk of **runaway** home prices.(専門家は、住宅価格高騰の危険性を警告した。)
runaway inflation(天井知らずのインフレ)、**runaway** children(家出した子供)

123 scorn
[skɔ́ɚn]

[R] 名 軽蔑、あざけり（≒ contempt, derision, mockery）
動 軽蔑する、拒絶する

The minister **scorned** their futile efforts for peace talks.（大臣は彼らの和平交渉実現のための無駄な努力を笑った。）

形 **scornful** laugh[look, attitude]（軽蔑した笑い[顔つき、態度]）

記憶術 「すこーんすこーんと要求はねつける」で覚えやすい。

124 scrutinize
[skrú:tənàɪz]

[R] 動 綿密に調べる、よく見る（≒ examine, inspect）
名 **scrutiny** 精密な検査、監視

The authorities thoroughly **scrutinized** the records for any sign of wrongdoings.（当局は、不法行為はないかと徹底的にその記録を調べた。）

scrutinize the data[information]（データ[情報]を綿密に調べる）

ポイント 語根 scrut（こすって調べる）を持つ語で、主に証拠など「文書」を綿密に調べる。

125 seclude
[sɪklú:d]

[R] 動 孤立させる、隔離する（≒ isolate, segregate）
名 **seclusion** 隔離、隠退、閉居

Social misfits tend to **seclude** themselves in their houses.（社会不適応者は、自分の家に引きこもりがちである。）

seclude himself from society（社会から隠遁する）のようにも使える。

ポイント se（分離）＋ clude（閉じる）→「隔離する」となった語。

126 seduce
[sɪd(j)ú:s]

[R] 動 誘惑する、そそのかして～させる（≒ tempt, lure）
名 **seduction** 誘惑、魅力

He was **seduced** by the offer of cash into committing the crime.（彼は、お金の申し出にそそのかされて罪を犯した。）

seduce women[the audience, voters]（女性[聴衆、有権者]をそそのかす）、形 **seductive** smile（魅惑的な微笑）

ポイント se（分離）＋ duce（導く）→「誘惑する」となった語。

127 □ **seemingly**
[síːmɪŋli]

R 副 見たところ、表面上は（≒ apparently, on the surface）

The government must tackle the **seemingly** impossible task of reducing the huge fiscal deficit.（政府は、膨大な財政赤字を削減するという一見不可能な課題に取り組まねばならない。）

seemingly impossible task（一見不可能に見える課題）、**seemingly** unrelated information（表面上は無関係に見える情報）

128 □ **shriek**
[ʃríːk]

R 動 金切り声を出す、金切り声で言う（≒ screech, scream, cry）名 金切り声、悲鳴

Thousands of spectators **shrieked** with delight in the victory of the local team.（何千もの聴衆が、地元チームの勝利に歓喜し金切り声を上げた。）

shriek with laughter（甲高く笑う）

ポイント 恐怖と苦痛でscreamよりも高い声で叫ぶ。

記憶術 「しゅりけん飛んでキャーと叫ぶ」で覚えやすい。

129 □ **shudder**
[ʃʌ́dɚ]

R 動 恐怖[寒さ]で震える（≒ shiver, shake）
名 身震い、ぞっとする感じ、激しい揺れ

The global economy is predicted to slow down or **shudder** to a complete halt.（世界経済は、減退するか激震して完全停止状態となると予測される。）

shudder with fear[cold, anger]（恐怖[寒さ、怒り]で震える）

ポイント shiver＜shake＜shudderと意味が強くなっていく。

130 □ **singular**
[síŋɡjəlɚ]

R 形 並外れた、風変わりな、単数の（≒ exceptional, peculiar, unique）

The sports player got a **singular** chance to join the leading team.（そのスポーツ選手は、一流チームに参加する類いまれな機会を手に入れた。）

singular ability to learn languages（言語学習の類いまれな能力）、**singular** form（単数形）、副 **singularly** beautiful girl（類いまれな美少女）

ポイント singular(単数の)から「類いまれな」の意味が生まれた。

131 □ **slaughter**
[slɔ́:tɚ]

R 名 **虐殺、食肉解体**(≒ mass killing, butcher)
動 **虐殺する、食肉解体する**

The government reported last month that cattle **slaughter** totaled 3 million head.(政府は先月、畜牛解体数は300万頭と発表した。)

the indiscriminate **slaughter**(無差別虐殺)
ポイント slaughterは多くの人を残酷に殺す。

132 □ **staggering**
[stǽgərɪŋ]

R 形 **驚異的な、よろめく**(≒ astonishing, overwhelming) 動 **stagger 仰天させる、ふらつかせる**

The club membership exploded by a **staggering** 800% in one year.(1年でクラブの会員数が800％という驚異的な数字で急増した。)

staggering results[success](驚異的な結果[成功])
ポイント あまりの驚きでふらっとするイメージ。

133 □ **stake**
[stéɪk]

R 名 **賭け、株、賞金、利害関係**(≒ share, interest, bet)
動 **賭ける、提供する**

The fate of the nation will be at **stake** in the coming decisive battle.(国の運命が、来るべき決戦にかかっている。)

stake a tent(テントをくいで打ちつける)、**stake** my fate(自分の運命を賭ける)、**stake** a claim(権利を主張する)

134 □ **stale**
[stéɪl]

R 形 **新鮮でない、生気のない**(≒ old, stuffy, outdated)

The automaker revamped its **stale** product lineup to increase its profit.(自動車メーカーは収益アップのため古くなった製品ラインナップを刷新した。)

stale food[air, smell](新鮮でない食べ物[空気、におい])
stale beer(気の抜けたビール)
記憶術「捨ていル！古くなったパンは」で覚えやすい。

135 □ **stammer**
[stǽmɚ]

R 動 口ごもる、どもる(≒ stutter, hesitate, pause)
副 口ごもりながら、どもりながら

The rescued passengers expressed their gratitude in a trembling voice and occasional **stammer**.(救助された乗客は、声を震わせ時としてどもりながら感謝の意を表した。)

stammer out my thanks(口ごもりながら感謝の言葉を言う)

ポイント 同意語stutterは習慣的。

英検準1級必須類語グループクイズにチャレンジ！
《形容詞編》②

以下の空欄に適当な類語グループを入れてください。

1. (　　　) life（穏やかな生活）
2. (　　　) girl（感じやすい少女）
3. (　　　) clothes（異様な服装）
4. (　　　) deed（あっぱれな行為）
5. (　　　) failure（明らかな失敗）
6. (　　　) growth（ものすごい成長）
7. (　　　) workers（余剰労働者）
8. (　　　) supporters（熱烈な支持者）
9. (　　　) attitude（横柄な態度）
10. (　　　) analyst（賢いアナリスト）
11. (　　　) matter（取るに足らない事柄）
12. (　　　) body（弱々しい体）
13. (　　　) story（恐ろしい話）
14. (　　　) protesters（怒った抗議者）
15. (　　　) role（重要な役割）

選択肢

A（serene, tranquil, peaceful） B（trivial, trifling, negligible） C（arrogant, haughty） D（bizarre, eccentric, odd） E（indignant, furious, enraged, resentful） F（redundant, excess） G（horrid, appalling, dreadful） H（frail, feeble, fragile） I（ardent, passionate, enthusiastic） J（substantial, striking, spectacular, staggering） K（apparent, obvious, evident, manifest） L（commendable, admirable, respectable） M（susceptible, sensitive, vulnerable） N（intellectual, knowledgeable, perceptive） O（crucial, critical, key, vital, essential）

> 解 答

1. **A**(**serene**, tranquil, peaceful) life(穏やかな生活)
2. **M**(susceptible, **sensitive**, **vulnerable**) girl(感じやすい少女)
3. **D**(**bizarre**, **eccentric**, odd) clothes(異様な服装)
4. **L**(**commendable**, **admirable**, respectable) deed(あっぱれな行為)
5. **K**(**apparent**, obvious, **evident**, manifest) failure(明らかな失敗)
6. **J**(**substantial**, striking, spectacular, **staggering**, impressive) growth(ものすごい成長)
7. **F**(**redundant**, **excess**) workers(余剰労働者)
8. **I**(**ardent**, passionate, **enthusiastic**) supporters(熱烈な支持者)
9. **C**(**arrogant**, haughty) attitude(横柄な態度)
10. **N**(**intellectual**, **knowledgeable**, perceptive, keen) analyst(賢いアナリスト)
11. **B**(**trivial**, **trifling**, **negligible**) matter(取るに足らない事柄)
12. **H**(**frail**, feeble, **fragile**) body(弱々しい体)
13. **G**(horrid, **appalling**, dreadful, horrifying) story(恐ろしい話)
14. **E**(**indignant**, **furious**, **enraged**, resentful) protesters(怒った抗議者)
15. **O**(**crucial**, critical, **key**, vital, essential, pivotal) role(重要な役割)

コロケーションの知識で加速的語彙力UP!
7000語レベル 《動詞》

- **supplement**（one's income, a diet）収入・食事を「補う」
- **administer** a（country, company）国・会社を「運営する」
- **allege**（illegality, immunity）違法性・免責を「申し立てる」
- **bribe**（voters, officials）有権者・役人に「賄賂する」
- **collaborate on** a（project, work）計画・作品に「協力する」
- **avert** the（crisis, danger, catastrophe）危機・危険・破局を「避ける」
- **denounce**（terrorism, violence, discrimination）テロ・暴力・差別を「非難する」
- **groan** in pain 苦痛で「うめく」、**groan** under a heavy tax burden 重税に「あえぐ」
- **lurk** in the（shadows, dark corners, bush）物陰・暗い隅・やぶに「潜む」
- **uncover** the secret 秘密を「暴露する」、**uncover** a vital fact 重大な事実を「発見する」、**uncover** a new product 新製品を「発表する」
- **undo** the（damage, past, last change）損傷・過去・直前の変更を「元に戻す」
- **stroke**（a cat, one's beard, chin）猫・あごひげ・あごを「撫ぜる」

コロケーションの知識で加速的語彙力 UP！
7000 語レベル 《名詞》

- ☐ (food, soil, water) **contamination**　食品・土壌・水「汚染」
- ☐ (home, herbal) **remedy**　家庭・薬草の「療法」
- ☐ (natural, wildlife) **habitat**　自然・野生動物の「生息地」
- ☐ (scientific, technological) **breakthrough**　科学の・科学技術の「大発見・躍進」
- ☐ (political, public, environmental **discourse** 政治「演説」・公開「講座」・環境「論考」
- ☐ **disintegration** of (family, society) 家庭・社会の「崩壊」
- ☐ **flock** of (birds, seagulls, swans, sheep) 鳥・カモメ・白鳥・羊の「群れ」
- ☐ (cultural, historical, political) **legacy** 文化・歴史的・政治的「遺産」
- ☐ **reign** of (terror, violence)　恐怖「統治」・暴力の「支配」
- ☐ **relic** of (an ancient civilization, the past)　古代文明の「遺跡」・過去の「遺物」
- ☐ **swarm** of (insects, mosquitoes, bees) 昆虫・蚊・蜂の「大群」

第19日
準1級に楽々合格するための
7000語水準語彙を完全マスター！⑤

136 □ standoff
[stǽndɔ̀(ː)f]

R 名 膠着状態、行き詰まり（≒ stalemate, deadlock）

形 **standoffish** よそよそしい、すました

The country failed to resolve the political **standoff** with its neighboring countries.（その国は、隣国との政治的な行き詰まりを解決できなかった。）

nuclear **standoff**（膠着状態の核問題）

ポイント 決闘などで両者が離れて（off）立った（stand）まま動かないイメージ

137 □ stark
[stάːrk]

R 形 全くの、過酷な（≒ sheer, utter）

The current market conditions are in **stark** contrast to those of the last year when prices soared to a record high.（現在の市場状況は、物価上昇が新記録を出した昨年と極めて対照的である。）

stark reality（過酷な現実）

ポイント 「全くの」と言っても、**stark** contrast［difference］（著しい対比［相違］）、sheer nonsense［lie］のようにコロケーションが変わってきます。

138 □ stern
[stə́ːrn]

R 形 厳格な、断固とした（≒ austere, strict, severe, harsh）

The government issued a **stern** warning to the nation violating the treaty.（政府は、条約に違反した国に対し厳しい非難声明を出した。）

stern measures（断固とした手段）

ポイント 類語 strict（規則・義務に厳しい）、severe（罰が厳しい）、harsh（人に非情）、austere（厳格で禁欲的）と違って、stern は strict と severe を足した語で断固たる厳しさを表す。

139 □ stifle
[stáɪfl]

R 動 窒息させる、抑圧する（≒ smother, suffocate, suppress）

	Heightening tensions between the two countries are likely to **stifle** the bilateral trade.(緊張の高まりから、その２国間の貿易は圧迫されるだろう。)
	stifle the growth[the economy, creativity]（成長[経済、創造性]を抑制する）
140 □**stipulate** [stípjəlèɪt]	R 動 **明記する、規定する**（≒ specify, lay down） 名 **stipulation** 規定化、明文化、条件 The World Health Organization guidelines **stipulate** a minimum of 800℃ to burn off the harmful gases.(WHOガイドラインでは、有害ガス燃焼には最低800度必要と規定されている。) **stipulated** by law[regulations]（法律[規則]により規定された）
141 □**stoop** [stú:p]	R 動 **かがむ、腰が曲がっている、身を落とす**（≒ bend [lean] down, crouch）、名 **猫背、前かがみ** The leader of the rebel army **stooped** to murderous depths to cling to power.(反乱軍リーダーは、殺人行為の深みに身を落としても権力にしがみついた。) develop a slight **stoop**（少し猫背になる）、**stoop** my shoulders（肩をすぼめる）
142 □**stout** [stáʊt]	R 形 **太った、頑丈な、勇敢な**（≒ fat, corpulent, robust） The **stout** walls surround the World Heritage, grand palaces and a mosque.(その世界遺産の、大宮殿とモスクは頑強な城壁に囲まれていた。) a youth with a **stout** heart（勇気ある青年）とも使える。 ポイント fat（不健康な太り方）やplump（ぽちゃっとした）と違って、stoutは健康で頑丈で恰幅がいい意味。
143 □**stuffy** [stʌ́fi]	R 形 **風通しの悪い、鼻が詰まった、融通のきかない**（≒ suffocating, blocked） The company's **stuffy** culture deters young employees from speaking truth to power.(その会社の風通しの悪い体質で、若い従業員たちは上に本音を話せない。)

stuffy nose[atmosphere]（息苦しい鼻[空気]）
ポイント stuff(物)が詰まって息苦しいイメージ。

144 □ sturdy
[stə́ːdi]

R 形 **頑丈な、丈夫な、屈強な**（≒ strong, hardy, robust, tough）

Citizens had reassurance from the bank's **sturdy** defense of the interest rate during the turmoil.（国民は騒動時、銀行の公定歩合の頑強な保持のおかげで幾分落ち着いていた。）

sturdy shoes[legs, building]（頑丈な靴[脚、建物]）
ポイント 音を聞いても頑丈そうな単語でしょう。

145 □ subdue
[səbd(j)úː]

R 動 **鎮圧する、抑制する**（≒ suppress, control）

形 **subdued** 抑制された、静かな

The regime is unable to **subdue** the rebellion with its military power.（政権は、軍事力でその暴動を鎮めることができなかった。）

subdue his anger [the crowd]（彼の怒り[群衆]を抑制する）

ポイント sub(下に)＋due(導く)→「抑制する」となった語。

146 □ suffocate
[sʌ́fəkèɪt]

R 動 **窒息させる、発展を妨げる**（≒ choke, smother, stifle）

名 **suffocation** 窒息

The government's plan to raise corporate income taxes will **suffocate** the economy.（政府の法人税増税計画は経済を圧迫するだろう。）

suffocate the murderer to death（殺人者を窒息死させる）

記憶術 「何さほけっとしてると**窒息させる**よ」で覚えやすい。

147 □ sullen
[sʌ́lən]

R 形 **不機嫌な、陰気な**（≒ moody, bad-tempered, gloomy）

The **sullen** gray sky made his mood more gloomy.（陰気な灰色の空は、彼の気分をより一層憂うつにさせた。）

sullen silence（陰うつな沈黙）、**sullen** attitude[look]

（むっつりした態度［表情］）

記憶術 「**サル**ンみたいな顔して**ふてくさる**な」ですぐに覚えられる。

148 superfluous
[sʊpˈɚːfluəs]

R 形 余分の、不必要な（≒ excess, redundant, unneeded）

The **superfluous** oil production dramatically decreased the oil price.（過剰な石油生産で石油の価格が大きく下がった。）

superfluous material［information, words］（多すぎる材料［情報、言葉］）

ポイント super（過剰に）＋flu（流れる）→「余分な」となった語。

149 suppress
[səprés]

R 動 鎮圧する、抑える（≒ subdue, restrain, stifle）

名 **suppression** 鎮圧、抑制、隠蔽

The autocratic regime **suppressed** free speech by regulating the Internet.（その独裁政権はインターネットを規制することで言論の自由を抑圧した。）

suppress the growth［rebellion］（成長［反乱］を鎮圧する）

ポイント 主に「感情、欲望」を抑圧するrepressと違って、suppressは「武力で言論の自由など自由や活動を抑圧する」。

150 sway
[swéɪ]

R 動 揺れる、揺らす、説得する（≒ swing, affect, persuade）

名 **sway** 揺れ、振動、影響

An 8% dividend of the company's common stock is enough to **sway** potential investors.（その会社の普通株の８％の配当は、投資家を刺激するには十分だ。）

swayed by emotions［pressure, opinions］（感情［圧力、意見］に影響される）

ポイント 前後左右に揺さぶり（気持ちにも）影響を与えるイメージ。

151 synthesize
[sínθəsàɪz]

RL 動 総合する、合成する（≒ combine）

名 **synthesis** 総合、統合、合成

The newly-discovered technique is used to **synthesize**

drugs.(新しく発見された技術が薬の合成に使用されている。)

synthesize DNA from RNA(RNAからDNAを合成する)、**synthesized** fertilizer(合成肥料)

152 □ **tenacious**
[tənéɪʃəs]

R 形 **固執する、頑強な**(≒ persistent, persevering)

副 **tenaciously** 粘り強く、頑強に

The experts are making **tenacious** efforts to eradicate the infectious diseases.(専門家たちは感染病の撲滅のために粘り強い努力をしている。)

tenacious efforts[resistance](粘り強い努力[抵抗])

ポイント 語根tenは「持つ」という意味で、そこから「粘り強い」となった。

153 □ **theology**
[θiálədʒi]

R 名 **神学** 形 **theological** 神学上の、聖書に基づく

The prestigious college of **theology** was established in medieval times.(その由緒ある神学校は中世に建てられた。)

ポイント theo＋logosは「神＋を扱った」で「神を扱う学問」の意。

154 □ **thrifty**
[θrífti]

R 形 **質素な**(≒ frugal, economical)

The millionaire enjoyed living a **thrifty** life in the rural area.(その大金持ちは、田舎で質素な生活をすることを楽しんでいた。)

thrifty homemaker[fashion](お金をかけない主婦[ファッション])

記憶術 「**すりふっ**と**倹約**な生活送る」で覚えよう。

155 □ **treacherous**
[trétʃərəs]

R 形 **裏切りの、不安定な**(≒ unfaithful, deceitful, dangerous)

副 **treacherously** 不実に、裏切って

Resorting to bankruptcy may be a most **treacherous** way of dealing with debts.(破産に頼るのは、負債を処理するための非常に卑怯なやり方かもしれない。)

treacherous action(裏切り行為)、**treacherous** weather

(当てにならない天気)

記憶術「取れ！チャリンコは裏切り者への制裁だ」で覚えやすい。

156 □ **undermine**
[Àndə́rmáin]
R 動 徐々に弱める、ひそかに傷つける(≒ weaken, impair)

The depreciation of the yen will leave the country exposed to soaring fuel costs, thus seriously **undermining** the economy.(円安によってその国は燃料費高騰にさらされ、経済はひどく弱まるだろう。)

undermine your efforts[position, authority](努力[立場、権威]を損なう)

ポイント under(下)＋mine(掘る)と足元から崩れていくところから、この意味になった語。

157 □ **unleash**
[Ànlíːʃ]
R 動 解放する、(人に)ぶちまける(≒ release, let loose)

The pension funds will **unleash** a wave of investment into infrastructure.(年金基金はインフラに一連の投資を行う予定である。)

unleash your efforts[imagination](惜しみなく全力を出す[想像力を発揮する])

ポイント leash(犬などをつなぐ鎖)＋un(ほどく)→「束縛を解く」となった語。

158 □ **unprecedented**
[Ànprésɪdəntɪd]
R 形 前例のない、新しい(≒ unheard-of, unparalleled)

The president squandered an **unprecedented** bonanza of oil money.(大統領は石油で得た大金を浪費してしまった。)

unprecedented success[event](前代未聞の成功[事件])

159 □ **uphold**
[Àphóʊld]
R 動 支持する、確認する(≒ support, defend)

The state should **uphold** the values of separation between religion and state.(国は政教分離の考えを支持するべきである。)

uphold a decision[an idea](決定[考え]を支持する)

ポイント up(上に)＋hold(持つ)→持ち上げる→「支持する」

となった語。

160 □ verge
[vˈɚːdʒ]

L 名 端、ふち、へり（≒ edge, brink）

Because of the prolonged recession, the manufacturing company is on the **verge** of bankruptcy.（長引く不況で、その製造会社は倒産の危機に瀕している。）

on the **verge**[brink] of a crisis（危機に瀕して）

161 □ viable
[vάɪəbl]

R 形 実行可能な、生存できる（≒ workable, practicable, feasible）

名 **viability** 実行可能性、生存能力

The failed talks prevented the establishment of a **viable** and democratic state.（会談の失敗で、存続可能な民主主義国家の樹立には至らなかった。）

viable alternative[solution, project]（実行可能な代案[解決策、計画]）

162 □ vicinity
[vɪsínəti]

R 名 近所、近隣、近接（≒ neighborhood）

The concentration of Starbucks cafes is high in Tokyo and its **vicinities**.（スターバックスカフェが東京およびその周辺にかなり集中している。）

in the **vicinity** of the station[airport]（駅[空港]の付近）

163 □ wage
[wéɪdʒ]

R 動 遂行する、維持する（≒ conduct, engage in, pay）

名 **wage** 賃金、給料

The lawmaker planned to **wage** guerrilla war on the coalition in the next parliament.（国会議員は次の会期で連立内閣にゲリラ戦を行おうと計画していた。）

wage war[a battle, a campaign]（戦争[戦闘、キャンペーン運動]を行う）

ポイント **wage** hike（賃上げ）は重要時事フレーズ。

記憶術 「ゲリラ戦を**行わ**なければ**飢え死**にしちゃう」で覚えやすい。

164 □ walkout
[wɔ́ːkàʊt]

R 名 ストライキ、退場（≒ strike, stoppage）

The threatened **walkout** may bring cargo operations to a halt at 80 ports.（発生のおそれがあるストライキがあれ

ば、80港で貨物作業が停止するだろう。）
stage a **walkout**（ストライキをする）= go on strike

165 □ **whim**
[hwím]

R 名 気まぐれ、でき心（≒ caprice, sudden wish）
形 **whimsical** 気まぐれな、風変わりな
The dancer applied for a movie audition on a **whim**.（そのダンサーは気まぐれで映画のオーディションに応募した。）
Don't act on a **whim**.（気まぐれに行動しないように。）
ポイント 軽い気持ちですぐ〜したいという人には、It's your **whim**, isn't it? といえる。

166 □ **wholesome**
[hóʊlsm̩]

R 形 健康によい、健全な（≒ healthy, beneficial）
Most teenagers today prefer junk foods to **wholesome** snacks.（10代の若者は健康食品よりジャンクフードを好む傾向がある。）
ポイント wholesomeは「体全体、心身ともに（holistic）」に健康とイメージしよう。類語wellは一時的、healthyは長期的、fitは運動によって、それぞれ人が健康的に対して、wholesomeは食べ物が健康を増進し衛生的。

167 □ **wither**
[wíðɚ]

R 動 枯れる、枯らす、弱る（≒ dry up, die）
Fruits and vegetables have **withered** due to the prolonged drought.（長びく日照りのために果物と野菜はしおれた。）
ポイント weather（天候、風化させる）と語源は同じ。
記憶術 「**うっいざー**となったら**しおれ**ちゃう」で覚えやすい。

コロケーションの知識で加速的語彙力UP！
7000語レベル 《形容詞》

- **extinct**（species, language）「絶滅した・廃れた」種・言葉
- **fatal**（accident, disease）「致命的な」事故・病気
- **feasible**（plan, approach）「実行可能な」計画・やり方
- **negligible**（mistake, damage）「取るに足りない」誤り・被害
- **obsolete**（technology, computer）「時代遅れの」科学技術・パソコン
- **sinister**（plot, figure, image）「不吉な・邪悪な」企み・姿・イメージ
- **sloppy**（management, clothes）「ずさんな」経営・「だらしない」服装
- **sluggish**（economy, market）「鈍い」経済・市場
- **bland**（statement, coverage, program）「当たり障りのない」発言・報道・番組
- **dubious**（business, character, product）「怪しげな」ビジネス・人物・商品
- **glaring**（sun light）（「眩しい」太陽）、glaring（error, mistake）（「ひどい」間違い）
- **integral** part of（my life, our society）人生・社会の「絶対必要な」要素
- **pervasive** influence of the Internet　インターネットの「広範囲にわたる」影響
- **hereditary** predisposition to cancer　がんにかかりやすい「遺伝的」傾向
- **subordinate**（organization, task）「下部」組織・「付随する」仕事
- lead a **wretched**（life, existence）「惨めな」生活を送る
- **oblivious** to the（danger, threat, noise）危険・脅威・騒音に「気づかない」

準1級語彙クイズ 7000語レベル

各文の空所に入る適切な表現を下から選び、正しい形に直してください。

1. Most parts of the castle was (　) by the fire.
2. It is often pointed out that dependency is an (　) part of love.
3. No one in the army anticipated an assault from the (　) enemy.
4. The prosecutors closely (　) the evidence presented by the lawyer.
5. It is scientifically proven that smoking is (　) to your health.
6. The candidate (　) the president for his negative remarks on the bailout plan.
7. The firm had its operating license (　) for its huge debt.
8. The government officials did not commit perjury or (　) any evidence.
9. He had his vision and hearing (　) by the accident.
10. His eyes were (　) with tears brought by the plaintive song.
11. The rebels attempted to (　) the oppressive government.
12. Deflation in produce prices has placed many farmers in financial (　).
13. The regime cannot (　) the rebellion merely with its military power.
14. The west wing of the building was (　) by the construction company.
15. The new model has a more powerful engine than its (　).

---

admonish, demolish, detrimental, devastate, fabricate
formidable, glisten, impair, intrinsic, jeopardy, overthrow
predecessor, revoke, scrutinize, suppress

解答

1. devastated　2. intrinsic　3. formidable　4. scrutinized
5. detrimental　6. admonished　7. revoked　8. fabricate
9. impaired　10. glistening　11. overthrow　12. jeopardy
13. suppress　14. demolished　15. predecessor

日本語訳

1. 城の大部分が火事で焼失した。
2. 依存が愛の本質部分であるとよく指摘されている。
3. 軍の誰もが強敵の攻撃を予期していなかった。
4. 検察官は弁護士によって提出された証拠を綿密に調べた。
5. 喫煙が健康に有害であると科学的に証明されている。
6. 候補者は大統領の救済措置に対する否定的発言を非難した。
7. その会社は多額の負債のため営業許可を取り消された。
8. 政府官僚たちは偽証や証拠偽造をしていなかった。
9. 事故によって彼の視力と聴力が損なわれた。
10. 彼の目は物悲しい歌による涙で光っていた。
11. 反逆者たちは圧政的な政府の転覆を試みた。
12. 農作物価格のデフレは多くの農家を財政的窮地に追い込んだ。
13. 政権は単に武力で反乱を抑えることができない。
14. 建物の右翼が建設会社により解体された。
15. 新型モデルは前のモデルより強力なエンジンを持っている。

正答数

14問以上 ― この語彙水準をほぼ完璧にマスターしています。
12問　　― もう一歩で7000千語水準をマスター！
　　　　　もう一度復習しておきましょう！
10問　　― まだまだ安定しているといえないので、十分に
　　　　　リプロダクション・シャドーイングトレーニングを
　　　　　するなどもっと繰り返し語彙をマスターしましょう！
8問以下 ― まだまだうろ覚えの語彙が多いので7000語水準の
　　　　　ボキャビルに再チャレンジ！

第5章

語彙・読解・リスニング問題スコアUP
最重要時事英語語彙をマスター！

時事英語語彙をマスターすれば
英字新聞・ニュースをエンジョイできる！

CD2・Track 4

第20日
読解・リスニング問題スコア UP に不可欠な最重要時事英語語彙を完全マスター！ 1

　ビジネス・経済分野の語彙表現は、読解・リスニングや語彙問題でも重要なだけでなく、二次試験の出題トピックランキング第1位の分野で、非常に重要な表現を含んでいます。ですから、皆さんは気合を入れて、まずは太字のものから覚えていきましょう。そして、CDを聴いてリピーティングやシャドーイングにチャレンジし、その後で、復習テストや「紛らわしい語大特訓」にチャレンジしましょう。それでは健闘を祈ります。Good luck!

【経済政策・貿易】──経済記事を読むのに重要表現！

☐ **trade liberalization**　貿易自由化（**protectionism**は「保護貿易主義」、trade frictionは「貿易摩擦」）
☐ **trade surplus [deficit]**　貿易黒字 [赤字]（trade embargoは「通商禁止」）
☐ surcharge on imports　輸入課徴金
☐ **assets and liabilities**　資産と負債
☐ **austerity measure [belt-tightening policy]**　金融引き締め政策
☐ balance of payment　国際収支
☐ **foreign exchange rate**　外国為替レート（**foreign reserve**は「外貨準備」）
☐ yen quotation　円相場
☐ **yen's appreciation**　円高（yen's depreciationは「円安」）
☐ **commodity price**　物価
☐ default in payment　支払いの不履行
☐ import quota　輸入割当
☐ non-tariff barrier　非関税障壁
☐ denomination　貨幣の単位名・証券の額面金額（日本語の「デミノネーション」新しい貨幣単位を作り、旧貨幣単位名と切り換えることはredenomination）
☐ double-digit inflation　2桁インフレ
☐ **economic outlook**　経済予測（economic fluctuationは「景気の変動」）
☐ **fiscal policy**　国家歳入政策（**monetary policy**「金融政策」とあわせて **financial policy**「財政政策」という。fiscal yearは「会計年度」）

- □ **inheritance tax**　相続税
- □ **insurance coverage**　保険金（**insurance premium**は「保険の掛け金」、**insurance policy**は「保険証書」）
- □ **per capita income**　一人当たりの所得
- □ royalty income　印税収入
- □ **tax deduction for spouse**　配偶者税控除
- □ **tax break**　税優遇措置（tax returnは「所得申告」）
- □ **tax revenue**　税収
- □ **tax evasion**　脱税（tax havenは「税逃れの場所」）
- □ withholding taxation　源泉課税（pay-as-you-goともいう）
- □ creditor　債権者 ⇔ debtor（債務者）

【産業・投資】
- □ **corporate takeover**　企業の乗っ取り
- □ **merger and acquisition**　吸収合併
- □ **bearish market**　弱気の市場 ⇔ **bullish market** 強気の市場
- □ **corner the market**　株の買い占め
- □ capital gains　（株式などの）資産売却所得
- □ **hedge fund**　ヘッジファンド（世界の金持や機関投資家から集めた資金を運用して高利回りを得ようとする国際投機マネー）
- □ securities company　証券会社（security companyは「警備保障会社」）
- □ **dividend**　配当（yieldは「利回り」）
- □ **land speculation**　土地投機
- □ catering company　仕出し会社（catering serviceは「配膳サービス」）
- □ certified public accountant［CPA］　公認会計士
- □ **forwarding address**　転送先（forwarding agentは「運送業者」）
- □ **mail-order business**　通信販売業
- □ **mortgage payment**　家［不動産］のローンの支払い（on a ten year mortgageは「10年ローンで」）
- □ petroleum product　石油製品（crude oilは「原油」）
- □ technical expertise　技術的専門知識

- □ **defective product**　欠陥商品・不良品
- □ **commission**　手数料
- □ **down payment**　頭金（pay $100 down on〜は「〜に100ドル頭金を支払う」）
- □ **leaflet / flier**　チラシ（leafletは「小冊子」という意味もある）
- □ **inventory**　在庫（**clearance sale**は「処分セール」）
- □ **word-of-mouth advertising**　口コミによる宣伝
- □ **retail outlet**　小売販売店（**wholesale store**は「卸問屋」）
- □ **business transaction**　商取引
- □ **the primary industry**　第一次産業（**the tertiary industry**は「第三次産業」）
- □ **dairy farming**　酪農業（**dairy product**[**produce**]は「乳製品」）
- □ **the textile industry**　繊維工業
- □ **pharmaceutical company**　製薬会社
- □ **real-estate agent [realtor]**　不動産業者
- □ **assembly plant**　組立工場（**assembly line**は「流れ作業」）
- □ **industrial complex**　コンビナート
- □ **precision machinery**　精密機械
- □ **the knowledge-intensive industry**　知識集約型産業（**the capital-intensive industry**は「資本集約型産業」、**the labor-intensive industry**は「労働集約型産業」、**knowledge workers**は「頭脳労働者」）
- □ **deindustrialization**[**industrial hollowing-out**]　産業の空洞化
- □ **shipping cost**　運送費（**warehouse**は「倉庫」）
- □ **breach of contract**　契約違反
- □ **extended warranty**　保証延長サービス
- □ **one-year warranty**　1年間保証（**money-back guarantee**は「返金保証」）
- □ **trade union**《英》[**labor union**《米》]　労働組合（**walkout**は「ストライキ」）

【会社・経営・労働】——リスニング問題Part 3で狙われる！
- □ **monthly paycheck**　月給
- □ **the accounting department**　経理部（**the human resources department**は「人事部」）

- □**affiliated company**　系列会社（**foreign affiliate company**は「外資系企業」）
- □**arbitrary layoff**　一方的解雇
- □**aptitude test**　適性検査
- □**around-the-clock operation**　24時間営業
- □**asking price**　提示価格
- □**chief executive officer**［**CEO**］　最高経営責任者
- □**board of directors**　役員会（**board of trustees**は「理事会」）
- □**branch office**　支社（**headquarters**は「本社」）
- □**bulk purchase**　大量購入
- □**office supplies**　事務用備品
- □**conference agenda**　会議の議題（**minute**は「議事録」）
- □**employee turnover rate**　従業員の離職率
- □**incentive program**［**system**］　報奨制度（**executive perks**は「役員の特典」）
- □**paid holidays**　有給休暇
- □**hands-on**［**on-the-job**］**training**　実地訓練
- □**promotion transfer**　栄転（**demotion transfer**は「左遷」）
- □**job applicant**　求職者（**job opening**は「就職口」）
- □**personnel**［**labor**］**cost**　人件費（**the personnel department**は「人事部」）
- □**rank and file**　平社員（口語では**employee with no title**という）
- □**exploitation of workers**　労働者搾取
- □**extension number**　内線番号
- □**full refund**　全額払い戻し
- □**handling charge**　手数料
- □**luncheon voucher**　（会社が従業員に支給する）昼食券
- □**markdown**　値下げ　⇔　**markup**　値上げ
- □**maternity leave**　母親の産休（**paternity leave**は「父親の育児休暇」）
- □**miscellaneous expenses**　雑費・諸経費
- □**proceeds of sale**　売上高（**net profit**は「純利益」）
- □**low-margin high-turnover**　薄利多売
- □**sales quota**　販売ノルマ（**sales-promotion gimmick**は「販売戦略」）

- □ **overnight delivery**　翌日配達（**home delivery**は「宅配」）
- □ **potential [prospective] customer**　見込み客（**regular customer**は「固定客」）
- □ product liability suits　製造物責任訴訟
- □ resignation letter　辞表
- □ **retirement allowance**　退職手当
- □ **the seniority system**　年功序列制度（**seniority allowance**は「勤続手当」）
- □ **lifetime employment**　終身雇用
- □ **severance pay**　解雇手当（**unemployment allowance**は「失業手当」）
- □ **temporary worker**　臨時従業員（**contract worker**は「契約社員」）
- □ **mandatory retirement**　定年退職（**voluntary resignation**は「希望退職」）
- □ **clerical error [mistake]**　事務上の誤り
- □ expense accounters　社用族（**expense accounts**は「交際費」）
- □ **night shift**　夜勤（**work shift**は「交代制勤務」）
- □ **minimum wage**　最低賃金（**overtime allowance**は「残業手当」）

　さて皆さん、いかがでしたか？　大体のものは覚えることができましたか？このビジネス・経済分野の語彙を覚えると、英字新聞や英語ニュースをエンジョイできることにつながりますので、CDを聴きながら繰り返し音読し、マスターしましょう。それでは、次は、政治・司法分野です。

時事英語語彙復習テスト① ビジネス・経済

本項で取り上げた表現の中から厳選した20の表現を英語で説明してみましょう。

1	年功序列制度	11	内線番号
2	人件費	12	本社
3	不動産業者	13	頭金
4	脱税	14	終身雇用
5	弱気の市場	15	夜勤
6	円高	16	製薬会社
7	大量購入	17	24時間営業
8	母親の産休	18	定年退職
9	転送先	19	求職者
10	実地訓練	20	家のローンの支払い

解答 即答できるまで繰り返し音読して覚えましょう！

1	the seniority system	11	extension number
2	personnel cost	12	headquarters
3	real-estate agent [realtor]	13	down payment
4	tax evasion	14	lifetime employment
5	bearish market	15	night shift
6	yen's appreciation	16	pharmaceutical company
7	bulk purchase	17	around-the-clock operation
8	maternity leave	18	mandatory retirement
9	forwarding address	19	job applicant
10	hands-on [on-the-job] training	20	mortgage payment

読解&リスニング力UP
意外な意味を持つ動詞をマスター！①
（最重要 ランク1-20）

英単語には、literal meaning（基本の意味）と、figurative meaning（比喩的意味）があります。ハイレベルな語を数多く覚えるだけでは、読解やリスニング問題が解けないことが多く、一見簡単に見える語でも、その2番目、3番目の意味を知っておかなければなりません。そこで、意外な意味を持つ動詞の最重要60語、重要44語を頻度順にフレーズごと覚えていきましょう。

- **address**（宛名を書く）→**address** the problem（その問題に取り組む）、**address** the audience（聴衆に演説する）
- **apply**（志願する）→**apply** ointment（軟膏を塗る）、**apply** excessive force（過度の力を加える）
- **call**（大声で呼び、求め、近づいていく）→**call** a strike（ストを指令する）、**call** the roll（出席をとる）、**call**（off）a game（試合を中止する）
- **cover**（覆う）→**cover** the damage by insurance（保険で損害を償う）、**cover** noise pollution（騒音公害を扱っている）
- **develop**（展開する）→**develop** a strategy（戦略を立てる）、**develop** cancer（がんにかかる）、**develop** film（フィルムを現像する）
- **extend**（伸ばす）→**extend** support（支援する）、**extend** my gratitude（礼を言う）
- **file**（とじ込む）→**file** a document（書類を提出する）、**file** for bankruptcy（破産申請する）、**file** a lawsuit（訴訟を起こす）
- **hit**（ぶつかる）→**hit** the market（商品化する）、**hit** the road（出発する）、**hit** a record high（新記録を立てる）、**hit** the brakes（急ブレーキをかける）
- **issue**（出す）→**issue** a permit（許可証を発行する）、**issue** a statement（声明を出す）、**issue** uniforms（制服を支給する）
- **launch**（［矢を］放つ）→**launch** a campaign（キャンペーンを始める）、**launch** a new product（新製品を発売する）

- **meet**(出会いと一致)→**meet** the challenge(試練に挑む)、**meet** the requirement(必要条件を満たす)、**meet** the deadline(締め切りに間に合う)
- **miss**(し損なう)→**miss** two pages(2ページ抜けている)、**miss** the point(要点がわからない)、**miss** my passport(旅券がないのに気づく)
- **place**(置く)→**place** an order(注文する)、**place** a call(電話する)、**place** an ad(広告を出す)
- **raise**(上げる)→**raise** money by subscription(寄付で資金を工面する)、**raise** one's voice(声を荒げる)
- **relieve**(取り除く)→**relieve** earthquake victims(地震の被災者を救援する)、**relieve** him of his post(彼を解任する)
- **set**(セットする)→**set** a new record(新記録を樹立する)、**set** the standard(基準を定める)、**set** a good example(模範を示す)
- **stretch**(伸ばす)→**stretch** the truth(真実を誇張する)、**stretch** the meaning(拡大解釈する)、**stretch** a budget(予算をやりくりする)
- **survive**(生き残る)→**survive** the attack(攻撃から生き延びる)、**survive** the recession(不況を切り抜ける)、**survive** my spouse(配偶者より長生きをする)
- **try**(試しにやってみる)→**try** the device(装置を使ってみる)、**try** the cake(そのケーキを食べてみる)、**try** the case(事件を裁判する)
- **win**(勝ち取る)→**win** her love(彼女を口説き落とす)、**win** her trust(彼女の信頼を得る)、**win** a lottery(宝くじが当たる)

紛らわしい語大特訓　スーパーボキャブラリーテスト
Part 1 [動詞編]

Choose the best answer from among the 14 alternatives below for each blank. (制限時間5分)

1. The United Kingdom (　) England, Wales, Scotland, and Northern Ireland.
2. The scientist was (　) by the press as a lunatic.
3. The culprit was (　) for murder and robbery.
4. I'm afraid he will (　) his health by overwork.
5. Thunder (　) in the distance, and then it started to rain.
6. The student was (　) for spreading the rumor.
7. Talent is worthless unless you (　) in developing it.
8. Several small banks (　) into one large organization.
9. The writer (　) on the theme of his next work.
10. The aroma of fresh coffee (　) the house.
11. His suggestion was (　) at by the other members.
12. Trade friction has (　) our relations.
13. They (　) part of the employees' earnings for income taxes.
14. I will not let my parents (　) in my affairs.

---

1. (A. comprise B. compose)
2. (A. denounced B. renounced)
3. (A. persecuted B. prosecuted)
4. (A. impair B. impart)
5. (A. rambled B. rumbled)
6. (A. censored B. censured)
7. (A. persevere B. preserve)
8. (A. merge B. emerge)
9. (A. mediated B. meditated)
10. (A. pervades B. perverts)
11. (A. snared B. sneered)
12. (A. strained B. straightened)
13. (A. withheld B. withdrawn)
14. (A. meddle B. peddle)

●解答&解説

(1) A(〜から成る) B(構成する、作曲する) (2) A(非難する) B(放棄する) (3) A(迫害する) B(起訴する) (4) A(損ねる) B(伝える、与える) (5) A(ぶらぶら歩く) B(ゴロゴロ鳴る) (6) A(検閲する) B(非難する) (7) A(辛抱する) B(保存する) (8) A(合併する) B(現れる) (9) A(調停する) B(瞑想する) (10) A(浸透する) B(堕落させる、曲解する) (11) A(罠にはめる) B(冷笑する) (12) A(張る、痛める) B(整理する) (13) A(差し控える) B(引っ込める、撤回する) (14) A(干渉する) B(行商する)

（解答）1.A 2.A 3.B 4.A 5.B 6.B 7.A 8.B 9.B 10.A 11.B 12.A 13.A 14.A

　皆さん、紛らわしい語大特訓「動詞編」はいかがでしたか。難しかったでしょうか。紛らわしくて混同してしまうものも多いので、しっかり覚えておきましょう。

●補足

□ **displace**(取って代わる、解任する) / **misplace**(置き忘れる)
□ **inhibit**(抑制する) / **inhabit**(住んでいる)
□ tinkle(チリンと鳴る) / twinkle(きらきら光る)
□ **condole**(お悔やみを言う) / **console**(慰める)
□ **infect**(感染させる) / **infest**(〜にはびこる)

第21日
読解・リスニング問題スコア UP に不可欠な最重要時事英語語彙を完全マスター！ 2

政治・司法分野の語彙表現は、読解・リスニングや語彙問題で重要なだけでなく、二次試験の出題トピックランキング第2位で、2割を占める重要な分野です。決して気を抜くことなく、この分野もCDを聴きながら頑張って覚えましょう。

【国際政治】——政治記事を読むのに重要表現！

☐ **ban on nuclear testing**　核実験の禁止
☐ **nuclear holocaust**　核の大惨事（radioactive falloutは「放射能の死の灰」）
☐ **nuclear deterrence**　核による戦争抑止（**nuclear proliferation**は「核拡散」）
☐ missile deployment　ミサイル配備（nuclear warheadは「核弾頭」）
☐ bombing raid　爆撃
☐ **arms smuggling**　武器密輸
☐ **disarmament talks**　軍縮会議（**nuclear disarmament**は「核軍縮」）
☐ bargaining power　交渉力（bargaining chipは「交渉の切り札」）
☐ **bilateral talks**　二国間交渉（bilateral[trilateral] discussionは「二者[三者]会談」、multilateral agreementは「多国間合意」）
☐ **conflict resolution**　紛争解決
☐ **civil war**　内戦（**martial law**は「戒厳令」）
☐ **cease-fire [truce] agreement**　休戦協定
☐ withdrawal of the U.S. forces　米軍の撤退
☐ **logistic assistance [support]**　後方支援
☐ **military intervention**　軍事的介入（**military action**は「軍事力行使」）
☐ **military junta** [húntə, dʒúntə]　軍事政権
☐ military supremacy　軍事上の覇権[優位性]
☐ **absolute dictatorship**　絶対的独裁制（totalitarian regimeは「全体主義体制」）
☐ **confidential document**　機密文書（classified documentともいう）

- **Islamic fundamentalism**　イスラム原理主義（radical groupsは「過激派グループ」）
- **official development assistance [aid]（ODA）**　政府開発援助
- peace envoy　平和使節（peace pactは「平和条約」）
- **the U.N. Charter**　国連憲章（**U.N. resolution**は「国連決議」）
- **the United Nations Security Council**　国連安全保障理事会（**the U. N. General Assembly**は「国連総会」）
- **permanent members of the Security Council**　国連安全保障理事会の常任理事国
- **plenary convention**　総会（plenary sessionは「本会議」）
- ultimatum　最後通告、最後通牒
- **presidential veto**　大統領拒否権
- running mate　副大統領候補
- **inaugural address**　就任演説（**inauguration ceremony**は「就任式」、inaugural issueは「創刊号」）
- the Republican convention　共和党党大会⇔the Democratic convention民主党党大会
- Democratic ticket　民主党公認候補者
- undercover agent　諜報部員

【国内政治】

- ballot box　投票箱（ballot initiativeは「住民投票」）
- **abstention rate**　棄権率
- cabinet approval rating　内閣支持率
- casting vote　議会で賛否同数の時、議長が持つ決定票
- election returns　開票結果（voter turnoutは「投票率」）
- **eligible voters**　有権者
- **universal suffrage**　普通選挙権（口語ではuniversal voting right）
- gubernatorial election　知事選挙（mayoral electionは「市長選」）
- **incumbent mayor**　現職の市長（**outgoing mayor**は「退職する市長」）
- **ruling party**　与党（**opposition party**は「野党」）
- checks and balances / separation of powers　三権分立

第5章　最重要時事英語語彙を完全マスター！

257

- □ the legislative branch　立法府（the executive branchは「行政府」、the judicial branchは「司法府」）
- □ **constitutional amendment**　憲法改正
- □ **renunciation of war**　戦争放棄（war-renouncing constitutionは「戦争放棄の憲法」）
- □ **consulate general**　総領事館（**consul**は「領事」）
- □ courtesy call［visit］　表敬訪問（goodwill visitは「親善訪問」、courtesy carは「送迎サービス車」）
- □ defense expenditure［outlay］　防衛費
- □ **Diet dissolution**　国会解散（**Diet resolution**は「国会決議」）
- □ diplomatic immunity　外交官特権
- □ (**general**) **amnesty**　大赦（amnesty［special pardon］は「特赦」）
- □ eyewitness testimony　目撃者の証言
- □ **local autonomy**　地方自治（local chapterは「地方支部」）
- □ parliamentary system　議会制
- □ mainstream faction　主流派（anti-mainstream factionは「反主流派」）
- □ major contender　有力候補（front-runnerは「最有力候補」）
- □ **municipal office**　市役所
- □ **political arena**　政界（political allianceは「政治同盟」）
- □ **political assassination**　政治的暗殺（political maneuvering［engineering］は「政治工作」）
- □ political asylum　政治亡命
- □ **red-tape**　官僚的で面倒な手続き
- □ **preliminary**［**prior**］**talks**［**consultation**］　事前協議
- □ public prosecutor　検察官
- □ **guilty verdict**　有罪判決
- □ **jury system**　陪審員制度

　皆さん、いかがでしたか？　この分野は英字新聞や英語ニュース放送でも頻出で、覚えておくと非常に役立ちますので、繰り返し復習してマスターしていただきましょう。では、次は教育・文化分野にまいりましょう。

時事英語語彙復習テスト② 政治・司法

本項で取り上げた表現の中から厳選した20の表現を英語で説明してみましょう。

1	有権者	11	政治亡命
2	総会	12	戦争放棄
3	休戦協定	13	核による戦争抑止
4	軍縮会議	14	陪審員制度
5	現職の市長	15	憲法改正
6	紛争解決	16	棄権率
7	交渉力	17	有罪判決
8	後方支援	18	政治的暗殺
9	武器密輸	19	平和使節
10	核の大惨事	20	就任演説

解答 即答できるまで繰り返し音読して覚えましょう！

1	eligible voters	11	political asylum
2	plenary convention (plenary sessionは「本会議」)	12	renunciation of war
3	cease-fire[truce] agreement	13	nuclear deterrence
4	disarmament talks	14	jury system
5	incumbent mayor	15	constitutional amendment
6	conflict resolution	16	abstention rate
7	bargaining power	17	guilty verdict
8	logistic assistance [support]	18	political assassination
9	arms smuggling	19	peace envoy
10	nuclear holocaust	20	inaugural address

読解&リスニング力UP
意外な意味を持つ動詞をマスター！②
（最重要 ランク21-34）

- **administer**（管理する）→**administer** punishment（罰を与える）、**administer** medicines（薬を投与する）
- **arrange**（きちんと並べる）→**arrange** a date（日取りを決める）、**arrange** for the meeting（会議の手配をする）
- **associate**（連想する）→**associate** with other companies（他の企業と提携する）、**associate** peace with prosperity（平和と繁栄を結びつけて考える）
- **brief**（短くまとめる）→**brief** her on the plan（彼女に計画の概要を伝える）
- **cancel**（取り消す）→**cancel** my subscription（定期購読をやめる）、**cancel** a stamp（切手に消印を押す）、**cancel** bad loans（不良債権を帳消しにする）
- **carry**（運ぶ）→**carry** 3% interest（3％の利息がつく）、**carry** the story（その話を掲載している）、**carry** high voltage electricity（高圧の電気が流れている）
- **challenge**（挑戦する）→**challenge** injustice（不正に立ち向かう）、**challenge** his statement（彼の意見に異議を唱える）
- **charge**（積み込む）→**charge** him with robbery（彼を強盗で告発する）、**charge** a battery（電池を充電する）、**charge** a duty（関税をかける）
- **claim**（主張する）→**claim** travel expenses（旅費を請求する）、**claim** a life（命を奪う）、**claim** responsibility（責任を認める）
- **clear**（取り除く）→**clear** my debts（借金を返済する）、**clear** the Diet（国会を通過する）、**clear** customs（税関をパスする）
- **compromise**（妥協する）→**compromise** his principles（基本理念を曲げる）、**compromise** her credit（信用を落とす）
- **consult**（意見を求める）→**consult** a reference book（参考書で調べる）、**consult** a physician（医師の診療を受ける）
- **contain**（含む）→**contain** ten people（10人を収容している）、**contain** inflation（インフレを抑える）
- **convert**（変える）→**convert** faith（改宗する）、**convert** dollars to yen（ドルを円に換える）

第22日
読解・リスニング問題スコア UP に不可欠な最重要時事英語語彙を完全マスター！ 3

　教育・文化分野は、レターライティング問題で出題ランキング第1位を占める最も重要な分野です。ぜひ以下の語彙を覚えて、表現力 UP を目指しましょう。

【教育】──レターライディング問題でも重要！
- **anthropology**　人類学（**cultural anthropology** は「文化人類学」）
- **geology**　地質学（**seismology** は「地震学」）
- **acceptance letter**　合格通知（**admission criterion** は「入学基準」）
- **grade point average（GPA）**　学業成績平均点
- **author bibliography**　著作目録
- **bar examination**　司法試験
- **Braille edition**　点字版
- **chronological order**　年代順
- **class enrollment**　授業の登録
- **registration fee**　登録費
- **class reunion [alumni association]**　同窓会
- **co-education**　男女共学
- **college tuition**　大学の授業料
- **commencement [graduation ceremony]**　卒業式
- **communicative competence**　会話能力（**command of English** は「英語運用能力」、**linguistic ability** は「語学力」）
- **continuing education**　生涯教育（**lifelong learning** は「生涯学習」）
- **correspondence course [distance learning]**　通信教育
- **crash course**　短期集中講座（**examination ordeal** は「受験地獄」）
- **compulsory [mandatory] education**　義務教育
- **corporal punishment**　体罰
- **cyber-bullying**　ネットいじめ
- **delinquent behavior**　不良行為
- **dormitory [dorm, residential hall]**　寄宿舎

- ☐ **faculty member**　教職員
- ☐ **field study**　野外研究
- ☐ **final exam**　期末試験（**term paper**は「学期末レポート」、**oral test**は「口頭試験」、**open-book examination**は「教科書持ち込みテスト」）
- ☐ **illiteracy rate**　非識字率
- ☐ **impromptu speech**　即興のスピーチ
- ☐ **interdisciplinary approach**　学際的アプローチ
- ☐ **literacy rate**　識字率
- ☐ **master's degree**　修士号（**doctor's degree**は「博士号」、**bachelor's degree**は「学士号」）
- ☐ **master's thesis**　修士論文（**dissertation**は「（学位）論文」）
- ☐ **multiple-choice exam**　多肢選択方式試験（**true-false questions**は「○×式問題」、**bubble sheet**は「マークシート」）
- ☐ **nursery school**　保育園
- ☐ **preliminary competition [elimination]**　予選
- ☐ **prestigious university**　名門大学
- ☐ **required courses**　必修科目（**elective courses**は「選択科目」）
- ☐ **roll book**　出席簿
- ☐ **rote memorization**　暗記
- ☐ **school diploma**　卒業証書（**school report [recommendation]**は「内申書」）
- ☐ **teaching certificate**　教員免許状
- ☐ **trainee [cadet] teacher**　教育実習生
- ☐ **undergraduate student**　学部学生（**graduate student**は「大学院生」）
- ☐ **vocational school**　職業訓練学校

【文化】

- ☐ **ancestor worship**　先祖崇拝
- ☐ **extended family**　拡大家族（**bereaved family**は「遺族」）
- ☐ **art exhibition**　美術展
- ☐ **calligraphy master**　書道の大家
- ☐ **historical figures**　歴史上の人物
- ☐ **cultural diversity**　文化的多様性

- **detective [mystery] novel**　推理小説
- **archaeology**　考古学
- **excavation sites**　発掘場所
- handicraft　手芸
- intangible cultural asset　無形文化財
- **intercultural [cross-cultural] communication**　異文化コミュニケーション
- **life-size statue**　実物大の銅像
- literary masterpiece　文学の傑作
- millennium celebration　千年紀の祝典
- **nonverbal communication**　言葉を用いないコミュニケーション
- official language　公用語
- regional dialect　方言
- revised edition　改訂版
- prehistoric culture　先史文化
- religious ceremony　宗教的儀式

時事英語語彙復習テスト③ 教育・文化

本項で取り上げた表現の中から厳選した20の表現を英語で説明してみましょう。

1	識字率	11	体罰
2	卒業式	12	発掘場所
3	文化人類学	13	義務教育
4	人類学	14	暗記
5	大学の授業料	15	不良行為
6	通信教育	16	授業の登録
7	短期集中講座	17	修士論文
8	年代順	18	教職員
9	先祖崇拝	19	著作目録
10	名門大学	20	文化的多様性

解答 即答できるまで繰り返し音読して覚えましょう!

1	literacy rate	11	corporal punishment
2	commencement [graduation ceremony]	12	excavation sites
3	cultural anthropology	13	compulsory [mandatory] education
4	anthropology	14	rote memorization
5	college tuition	15	delinquent behavior
6	correspondence course [distance learning]	16	class enrollment
7	crash course	17	master's thesis
8	chronological order	18	faculty member
9	ancestor worship	19	author bibliography
10	prestigious university	20	cultural diversity

読解&リスニング力UP
意外な意味を持つ動詞をマスター！③
（最重要 ランク35-47）

- **drop**（落とす）→**drop** a plan（計画を取り下げる）、**drop** a letter from the word（単語から1文字抜かす）、**drop** a line（一筆便りを書く）
- **employ**（雇う）→**employ** a business strategy（経営戦略を用いる）
- **establish**（確立する）→**establish** a fund（基金を設立する）、**establish** a good reputation（良い評判を確立する）、**establish** his guilt（彼の有罪を立証する）
- **fail**（失望させる）→**fail** in his duty（義務を怠る）、**failing** health（衰える健康）、**fail** the patient（患者を救えない）
- **feature**（呼び物とする）→**feature** local artists on the program（番組で地元の芸術家を特集する）、**feature** a new design（新しいデザインを特徴とする）
- **flood**（水浸しにする）→**flood** the domestic market（国内市場にあふれる）、**flood** a large area（広い地域を浸水させる）
- **honor**（名誉を与える）→**honor** a contract（契約を守る）、**honor** a living will（遺言を尊重する）、**honor** her with a prize（彼女に賞を与える）
- **house**（住居を与える）→**house** the refugees（避難民を収容する）、**house** radioactive waste（放射性廃棄物を保管する）
- **identify**（識別する）→**identify** our customers' needs（顧客のニーズを見つける）、**identify** with the hero of a novel（小説の主人公になりきる）
- **introduce**（導入する）→**introduce** new methods（新たな方法を導入する）、**introduce** a new policy（新たな方針を発表する）
- **observe**（観察する）→**observe** the rule（規則を守る）、**observe** an anniversary（記念日を祝う）
- **post**（掲示する）→**post** bail（保釈金を支払う）、**post** guards（守衛を置く）、**post** high earnings（大幅な収益を上げる）
- **print**（印刷する）→**print** my name（活字体で名前を書く）、**print** a photograph（写真を焼きつける）

265

紛らわしい語大特訓 スーパーボキャブラリーテスト Part 2 [形容詞編]

Choose the best answer from among the 14 alternatives below for each blank.（制限時間 5 分）

1. Our house is far from (　　) with yours; yours is a mansion.
2. Even the most (　　) doctors could not cure him.
3. His handwriting is so poor that his letters are barely (　　).
4. All his efforts were (　　); he failed after all.
5. The boxer's jaw was his (　　) spot.
6. He escaped from the prison but was (　　) recaptured.
7. You can enjoy the (　　) feeling of soft velvet on the skin.
8. I don't see any point in discussion about such (　　) situations.
9. The damage to my car is (　　).
10. Her face had a sweet, (　　) expression, which attracted us.
11. They made (　　) investigation of environmental conditions.
12. The boy is (　　) and defiant. He should be disciplined.
13. The discovery of superconductivity was a (　　) event.
14. She's so (　　) she won't give anything to anyone:

1. (A. comparable B. comparative)
2. (A. imminent B. eminent)
3. (A. eligible B. illegible)
4. (A. futile B. fertile)
5. (A. venerable B. vulnerable)
6. (A. consequently B. subsequently)
7. (A. sensuous B. sensitive C. sensible)
8. (A. hypocritical B. hypothetical)
9. (A. negligent B. negligible)
10. (A. ingenious B. ingenuous)
11. (A. thorough B. through)
12. (A. indolent B. insolent)
13. (A. momentary B. momentous)
14. (A. miserly B. misery)

●解答&解説

(1) A(匹敵する) B(比較の) (2) A(差し迫った) B(著名な) (3) A(資格のある) B(読みにくい) (4) A(無益な、無能の) B(肥沃な、多産の) (5) A(立派な、尊い) B(もろい) (6) A(その結果) B(後で) (7) A(感性に訴える) B(デリケートな) C(分別のある) (8) A(偽善的な) B(仮想的) (9) A(怠慢な) B(取るに足らない) (10) A(独創的、巧妙な) B(正直な、純真な) (11) A(完璧な) B(直通の、通しの) (12) A(怠惰な) B(横柄な、無礼な) (13) A(瞬間的な、つかの間の) B(重大な) (14) A(けちな) B(みじめさ、苦痛、苦難)

（解答）1.A　2.B　3.B　4.A　5.B　6.B　7.A　8.B　9.B　10.B　11.A　12.B　13.B　14.A

皆さん、紛らわしい語大特訓の「形容詞編」はいかがでしたか。ほとんどすべてが重要なのでしっかりと覚えましょう。

●補足

□ exhaustive(徹底的な) / exhausting(骨の折れる)
□ **economic**(経済の) / **economical**(倹約な)
□ popular(人気のある、一般民衆の) / populous(人口の多い)
□ **imaginative**(想像力に富む) / **imaginary**(想像上の) / **imaginable**(想像できる)
□ **literal**(文字どおりの) / **literary**(文学の) / **literate**(読み書きができる)
□ **morale**(士気) / **moral**(道徳的な)
□ successive(連続の) / successful(成功して) / consecutive(連続した)
□ transient(一時的な) / transitional(過渡期の)
□ authoritarian(独裁主義) / authoritative(権威ある)
□ deceitful(ぺてんの) / deceptive(当てにならない)
□ **defective**(欠陥のある) / **deficient**(足りない)
□ **explicit**(明白な) / **implicit**(暗黙の)

- □ **conscientious**(良心的な) / **conscious**(意識的な)
- □ honorable(名誉ある) / honorary(名誉職の)
- □ insanitary(不衛生な) / insanity 名(狂気)
- □ **jealous**(嫉妬した) / **zealous**(熱心な)
- □ malignant(悪意のある、悪性の) / malicious(悪意のある、有害な)
- □ memorable(忘れられない) / memorial(記念の)
- □ **numerical**(数の) / **numerous**(多くの)
- □ permissible(許される) / permissive(甘い)
- □ **potent**(力強い) / **potential**(潜在的な)
- □ practicable(実施できる) / practical(実際的な)
- □ **stationary**(静止した) / **stationery** 名(文房具)
- □ **coherent**(一貫した) / **inherent**(固有の)
- □ catching(うつりやすい) / catchy(覚えやすい)
- □ childlike(子供らしい、無邪気な) / childish(子供っぽい、大人げない)
- □ continual(断続的な) / continuous(切れずに続いた)

第23日
読解・リスニング問題スコア UP に不可欠な最重要時事英語語彙を完全マスター！ 4

　一般社会分野の語彙表現は、語彙・読解・リスニング問題はもちろんのこと、二次試験、とりわけリスニングで重要な分野です。この分野はとっつきやすいので、CDを聴きながら、勢いに乗って覚えていきましょう。

【一般社会問題】──あらゆるセクションで重要！

- **glass ceiling**　昇進を妨げる見えない壁
- **racial discrimination**　人種差別（**sexual discrimination** は「性差別」）
- **counterterrorism measure**　テロ対策
- **human trafficking**　人身売買
- exodus of refugees　難民の大量流出（refugee repatriation は「難民送還」）
- political contributions　政治献金（political maneuvering は「政治工作」、political corruption は「政治腐敗」）
- **territorial dispute**　領土紛争
- **death with dignity**　尊厳死
- child molestation　児童性的虐待
- **sexual assault**　レイプ
- head-on collision　正面衝突（pileup は「玉突き衝突」）
- **reckless driver**　乱暴な運転手
- **traffic fatalities**　交通事故死者数
- road rage　車を運転中に逆上し、暴力行為に走ること
- kidnap attempt　誘拐未遂（ransom money は「身代金」）
- **death toll**　死亡者数（**casualties** は「死傷者数」）
- **life expectancy**　余寿命、平均余命（**life span** は「平均寿命」）
- low-income household　低所得世帯
- **crash site**　衝突現場
- seeing eye dog　盲導犬
- **staple food**　主食
- veterinary care　獣医の治療

- ☐ **earthquake-proof construction** [structure]　耐震構造
- ☐ **census bureau**　国勢調査局
- ☐ **opinion poll**　世論調査
- ☐ **population density**　人口密度
- ☐ age bracket　年齢層
- ☐ **brain drain**　頭脳流出 ⇔ **brain gain** 頭脳流入
- ☐ **universal care**　国民皆保険
- ☐ **nursing care insurance**　介護保険
- ☐ fishing vessel　漁船
- ☐ **peer pressure**　同僚からの圧力
- ☐ alleged bribery　収賄疑惑
- ☐ child rearing　子育て(childbearingは「出産」)
- ☐ monogamous family　一夫一婦家族(polygamyは「一夫多妻制」)
- ☐ **surrogate mother**　代理母
- ☐ gender equality　性の平等
- ☐ **heterogeneous society**　異質的[多種多様な民族からなる]社会
  （**homogeneous society**は「同質的社会」）
- ☐ **landmark** [epoch-making] **event**　画期的な事件(landmark building は「歴史的な建物」の意味)
- ☐ philanthropic organization[charitable foundation]　慈善団体
- ☐ social implications　社会的影響
- ☐ social integration　人種・障害者差別の廃止等の社会的統合
- ☐ **vicious circle** [cycle]　悪循環
- ☐ city dwellers　都会人

【メディア】──リスニング問題で狙われる！
- ☐ **digital divide**　情報格差
- ☐ **ubiquitous society**　ユビキタス社会
- ☐ **pirated edition**　海賊版 (**pirated software**は「海賊版ソフト」)
- ☐ editorial page　社説面
- ☐ proofreading section　校閲部

- **exclusive interview**　独占インタビュー
- **identity theft**　個人情報の窃盗
- on-the-spot coverage　現場取材
- **traffic congestion [jam]**　交通渋滞（**traffic updates**は「最新交通情報」）
- **computer malfunction**　コンピュータの故障
- **computer literacy**　コンピュータ操作能力
- **bulletin board**　掲示板
- electronic device [appliances]　電子装置（electronic gadgetは「電子機器」）
- forthcoming [upcoming] book　近刊書
- **Internet penetration rate**　インターネットの普及率
- prank call　いたずら電話（obscene callは「嫌がらせ電話」）
- **questionnaire form**　質問用紙
- **registered mail**　書留郵便
- **table of contents**　目次
- **information retrieval [processing]**　情報検索［処理］（**data processing**は「データ処理」）
- **data transmission**　データ転送
- **high-definition television**　高品位テレビ
- **circulation**　発行部数
- **periodical subscription**　定期刊行物の購読
- **classified ad**　求人広告
- **telephone subscriber**　電話加入者
- residential Internet subscriber　一般家庭のネット加入者
- **surface mail**　船便（**express mail**は「速達」）

時事英語語彙復習テスト④ 一般社会問題・メディア

本項で取り上げた表現の中から厳選した20の表現を英語で説明してみましょう。

1	尊厳死	11	情報格差
2	人身売買	12	死亡者数
3	昇進を妨げる見えない壁	13	頭脳流出
4	盲導犬	14	テロ対策
5	国勢調査局	15	情報検索
6	平均余命	16	コンピュータ操作能力
7	領土紛争	17	インターネットの普及率
8	交通事故死者数	18	代理母
9	同僚からの圧力	19	正面衝突
10	人種差別	20	海賊版

解答 即答できるまで繰り返し音読して覚えましょう！

1	death with dignity	11	digital divide
2	human trafficking	12	death toll
3	glass ceiling	13	brain drain
4	seeing eye dog	14	counterterrorism measure
5	census bureau	15	information retrieval
6	life expectancy	16	computer literacy
7	territorial dispute	17	Internet penetration rate
8	traffic fatalities	18	surrogate mother
9	peer pressure	19	head-on collision
10	racial discrimination	20	pirated edition

読解＆リスニング力UP
意外な意味を持つ動詞をマスター！④
（最重要 ランク48-60）

- **process**（処理する）→**process** raw material（原料を加工する）、**process** loan application（ローン申し込みの処理をする）
- **relax**（緩める）→**relax** the sanctions（制裁措置を緩和する）、**relax** the tension（緊張をほぐす）、**relax** her efforts（気を緩める）
- **release**（解放する）→**release** a document（文書を公表する）、**release** a debt（負債を免除する）、**release** a hostage（人質を解放する）
- **report**（報告する）→**report** to the head office（本社に出向く）、**report** to the police（警察へ届ける）、**report** a trial（公判を記録する）
- **review**（もう一度見る）→**review** a project（計画を再検討する）、**review** a book（書評をする）
- **save**（救う）→**save** my face（体面を保つ）、**save** my pains（骨を折らずに済む）、**save** my voice for tonight's concert（今夜のコンサートのために声を大事にする）
- **serve**（仕える）→**serve** a life sentence（終身刑に服す）、**serve** on the jury（陪審員を努める）、It **serves** you right.（当然の報いだ）
- **settle**（落ち着かせる）→**settle** a bill（勘定を払う）、**settle** a price（値段を決める）
- **spread**（広がる・広げる）→**spread** a groundless rumor（根も葉もない噂を広める）、**spread** payments over six months（6カ月の分割払いをする）
- **strike**（一撃を加える）→**strike** oil（石油を掘り当てる）、**strike** a balance（バランスをとる）、**strike** a bargain（契約を取り決める）
- **suspend**（つるす）→**suspend** a license（免許を一時停止する）、**suspend** an order（注文を見合わす）
- **transfer**（移す）→**transfer** to headquarters（本社へ異動する）、**transfer** money to banks（銀行に振り込む）、**transfer** a phone call（電話を回す）
- **withdraw**（引く）→**withdraw** savings（貯金をおろす）、**withdrew** an accusation（告訴を取り下げる）、**withdraw** from school（学校をやめる）

CD2・Track 8

第24日
読解・リスニング問題スコアUPに不可欠な最重要時事英語語彙を完全マスター！ 5

サイエンス・環境分野の語彙表現は、読解問題で特に重要な表現が満載です。読解問題スコアUPを狙うには、この分野の語彙をしっかりとマスターする必要があります。

【テクノロジー】──特に読解問題で重要！

☐ **half-life**　半減期
☐ **nanosecond**　10億分の1秒
☐ **fuel cell**　燃料電池（fuel gaugeは「燃料計」）
☐ **insulation**　絶縁（insulatorは「絶縁体」）
☐ **light emitting diode [LED]**　発光ダイオード
☐ **feasibility test**　実現可能性試験
☐ **radio wave**　電波（ultrashort wave [very high frequency]は「超短波」）
☐ **voice recognition**　音声認識
☐ **Computer Aided Design [CAD]**　コンピュータ支援設計
☐ **Computer-Assisted Instruction [CAI]**　コンピュータ支援教育
☐ **interactive computer shopping**　双方向コンピュータ・ショッピング（interactivityは「双方向性」）
☐ **Global Positioning System [GPS]**　全地球測位システム
☐ **fluorescent light [lamp]**　蛍光灯
☐ **cutting-edge [state-of-the-art] technology**　最先端の技術
☐ **scientific breakthrough**　科学の大進歩
☐ **high-mileage car [fuel-efficient car, gas-sipper]**　低燃費車
☐ **hydrogen [atomic] bomb**　水素[原子]爆弾
☐ **metal detector**　金属探知機
☐ **surveillance [monitoring] camera**　監視カメラ
☐ **statistical analysis**　統計分析
☐ **research grant (bounty)**　研究助成金
☐ **static electricity**　静電気

- **carbohydrate** 炭水化物（carbonated waterは「炭酸水」、starchは「でんぷん」、calciumは「カルシウム」、proteinは「たんぱく質」）
- fermentation 発酵（fermented soybeansは「納豆」）
- gravitational force 重力（gravitational waveは「重力波」）
- centrifugal force 遠心力（centripetal forceは「求心力」）
- critical mass [point] 臨界点（critical pressureは「臨界圧」）
- **infrared rays** 赤外線（**ultraviolet rays**は「紫外線」）
- convex lens 凸レンズ（concave lensは「凹レンズ」）
- **photosynthesis** 光合成
- Fahrenheit thermometer 華氏温度計 ☞ 50 degrees Fahrenheit is 10 degrees Centigrade.（華氏50度は摂氏10度だ） 華氏温度(℉)の算出方法は、1.8×摂氏温度(℃)＋32
- **fossil fuel** 化石燃料（**crude oil**は「原油」）
- **garbage disposal** ゴミ処理
- **genetically modified foods** 遺伝子組み換え食品（gene mutationは「遺伝子の突然変異」）
- **thermal power generation** 火力発電
- **hydroelectric power generation** 水力発電
- **nuclear power generation** 原子力発電
- wind power generation 風力発電
- **solar power generation** 太陽光発電
- **geothermal power generation** 地熱発電
- biomass energy バイオマスエネルギー
- **nonrenewable energy** 再生不能エネルギー ⇔ renewable energy 再生可能エネルギー
- **alternative energy sources** 代替エネルギー
- **emission trading** 排出権取引（**emission control**は「排ガス規制」）
- **sustainable development** 持続可能な開発
- **waste disposal** 廃棄物処理（industrial waste materialsは「産業廃棄物」）
- **energy conservation** 省エネ（**eco-friendly car**は「低公害車」）
- biodegradable materials 生分解性の素材

第5章 最重要時事英語語彙を完全マスター！

【環境・地理・生物】
- **ocean dumping**　海洋投棄（**oil spill**は「石油の流出」）
- **ozone depletion**　オゾン層枯渇（oil depletionは「石油枯渇」）
- **car exhaust [exhaust gas]**　排気ガス（acid rainは「酸性雨」）
- **toxic substance**　有毒物質（**hazardous materials**は「有害物」）
- **drought [dry spell]**　干ばつ
- **soil erosion**　土壌侵食
- **desertification**　砂漠化
- **radioactive contamination**　放射能汚染（**nuclear radiation**は「放射線」）
- **seismic center**　震源地（seismic intensityは「震度」）
- **epicenter of an earthquake**　地震の震源地
- **tremor**　微震（aftershockは「余震」）
- **evacuation drill**　避難訓練
- **tectonic activity**　地殻活動（tectonicsは「構造地質学、地質構造」）
- **hazard map**　災害予測図
- **tidal wave [tsunami]**　津波（storm surgeは「高潮」）
- **power failure [blackout]**　停電（lightning rodは「避雷針」）
- **distress signal**　遭難信号
- **land reclamation [landfill]**　埋め立て（land [ground] subsidenceは「地盤沈下」）
- **sewage disposal**　下水処理（sewage treatmentは「下水処理」）
- **the Meteorological Agency**　気象庁（**meteorological observatory**は「気象台」）
- **latitude and longitude**　緯度と経度（**equatorial belt**は「赤道地帯」）
- **the Northern hemisphere**　北半球（**the Southern hemisphere**は「南半球」）
- **the temperate zone**　温帯（the torrid zoneは「熱帯」、the frigid zoneは「寒帯」）
- **topography [topographical features]**　地勢（図）
- **mountain range**　山脈（mountain passは「峠」, ridgeは「尾根」）
- **strait/channel**　海峡
- **atoll**　環状珊瑚島、環礁（「珊瑚礁」はcoral reef）

- □**iceberg** 氷山（**glacier**は「氷河」）
- □**avalanche**［**snowslide**］ なだれ
- □crust 地殻（surfaceは「地表」、mantleは「マントル」）
- □**volcanic eruption** 火山噴火
- □**dormant volcano** 休火山（extinct volcanoは「死火山」、active volcanoは「活火山」）
- □river basin 河川流域（river＞stream＞brook［creek］と小さくなる）
- □**sand dune** 砂丘（**sand bar**は「砂州」）
- □**geyser**［**intermittent spring**］ 間欠泉
- □**the Japanese Archipelago** 日本列島（peninsulaは「半島」）
- □**downpour**［**torrential rain**］ どしゃ降り（drizzleは「霧雨」）
- □hail 雹（sleetは「みぞれ」）
- □**acid rain** 酸性雨
- □afforestation 植林（deforestationは「森林破壊」）
- □air turbulence 乱気流
- □**atmospheric pressure** 気圧（**cold air mass**は「寒気団」）
- □water vapor 水蒸気
- □**humidity**［**moisture**］ 湿度（**precipitation**は「降水量」）
- □**wind velocity** 風速
- □**irrigation canal** 灌漑用水路
- □bumper crop 豊作
- □**chemical fertilizer** 化学肥料（**compost**［**manure**］は「堆肥」）
- □**inflammable material** 可燃物
- □domestic drainage 生活排水
- □**biodiversity loss** 生物多様性損失
- □**bird sanctuary** 鳥類保護地区
- □**endangered species** 絶滅危惧種（extinct speciesは「絶滅種」）（extinction of the dinosaursは「恐竜の絶滅」）
- □**wildlife preservation** 野生動物の保護（**wilderness preservation**は「原生保護」）
- □**natural habitat** 自然生息地
- □**carnivorous animal** 肉食動物（**herbivorous animal**は「草食動物」）

- ☐ nocturnal animal　夜行動物
- ☐ domesticated animals　家畜
- ☐ coniferous trees　針葉樹林(deciduous treesは「落葉樹林」、perennial plantは「多年生植物」)
- ☐ virgin forest　原生林(tropical rain forestは「熱帯雨林」)
- ☐ **the evolution theory [evolutionism]**　進化論
- ☐ **environmental degradation [destruction]**　環境悪化[破壊]
- ☐ microorganism　微生物
- ☐ **food chain**　食物連鎖
- ☐ agricultural produce　農産物

【宇宙】

- ☐ **galaxy**　銀河(**the Milky Way**は「銀河、天の川」)
- ☐ celestial body　天体(constellationは「星座」、the zodiacは「十二宮図」)
- ☐ **asteroid**　小惑星(nebulaは「星雲」)
- ☐ **meteor**　流星、隕石(nebulaは「星雲」)
- ☐ extraterrestrial　地球外生物、宇宙人(E. T. はこの略語)
- ☐ **lift-off**　ロケットの打ち上げ(crash landingは「不時着」、splashdownは「着水」)
- ☐ **lunar module**　月着陸船
- ☐ terraforming　テラフォーミング(惑星を地球のように変化させて人が住めるようにすること)
- ☐ **the National Aeronautics and Space Administration [NASA]**　航空宇宙局(Federal Aviation Administration [FAA]は「連邦航空局」)
- ☐ **Hubble Space Telescope [HST]**　ハッブル宇宙望遠鏡
- ☐ **solar eclipse**　日食(lunar eclipseは「月食」)
- ☐ vernal [spring] equinox　春分
- ☐ **space debris**　宇宙ゴミ
- ☐ **space [moon] probe**　宇宙[月]探査機
- ☐ geostationary orbit　静止軌道

時事英語語彙復習テスト⑤ サイエンス・環境

本項で取り上げた表現の中から厳選した20の表現を英語で説明してみましょう。

1	宇宙ゴミ	11	紫外線
2	持続可能な開発	12	生物多様性
3	化学肥料	13	日食
4	生分解性の素材	14	遺伝子組み換え食品
5	オゾン層枯渇	15	森林破壊
6	なだれ	16	埋め立て
7	停電	17	重力
8	炭水化物	18	干ばつ
9	再生可能エネルギー	19	地熱発電
10	海洋投棄	20	ゴミ処理

解答 即答できるまで繰り返し音読して覚えましょう！

1	space debris	11	ultraviolet rays
2	sustainable development	12	biodiversity
3	chemical fertilizer	13	solar eclipse
4	biodegradable materials	14	genetically modified foods
5	ozone depletion	15	deforestation
6	avalanche [snowslide]	16	land reclamation [landfill]
7	power failure [blackout]	17	gravitational force
8	carbohydrate	18	drought [dry spell]
9	renewable energy	19	geothermal power generation
10	ocean dumping	20	garbage disposal

読解＆リスニング力UP
意外な意味を持つ動詞をマスター！⑤
（重要 ランク1-15）

- **load**(荷物を積む)→**load** a film（フィルムを入れる）、**load** a question（歪曲して質問する）
- **project**(突き出す)→**project** next year's expenses（来年の経費を見積もる）、**project** an image（印象を与える）
- **pull**(引っ張る)→**pull** a long face（仏頂面をする）、**pull** a trick on her（彼女にいたずらする）
- **push**(押して動かす)→**push** one's luck（図に乗る）、**push** the demand（要求を押し通す）
- **squeeze**(圧迫する)→**squeeze** a confession（自白を強要する）、**squeeze** money（お金を搾り取る）、**squeeze** people into a car（車に人を押し込む）
- **sustain**(支える)→**sustain** a shock（衝撃に耐える）、**sustain** a fatal injury（致命傷を負う）、**sustain** an objection（異議を認める）
- **sweep**(掃く)→**sweep** the enemy（敵を一掃する）、**sweep** the election（選挙に圧勝する）
- **thrive**(栄える)→**thrive** on work（仕事を生きがいにする）、**thrive** on tourism（観光で栄える）
- **redeem**(買い戻す)→**redeem** a debt（借金を清算する）、**redeem** his honor（名誉を回復する）、**redeem** a coupon（商品券を商品と引き換える）
- **allow**(認める)→**allow** time for study（勉強する時間を取る）、**allow** credit（つけで売る）、**allow** a request（要求を認める）
- **appeal**(懇願する)→**appeal** to customers（客を魅了する）、**appeal** for aid（援助を訴える）、**appeal** a case（上訴する）
- **break**(破壊する)→**break** a secret code（暗号を解読する）、**break** a strike（ストを終わらせる）、**break** the news to you（ニュースを知らせる）
- **buy**(買い取る)→**buy** a public official（役人を買収する）、**buy** the suggestion（提案に賛成する）
- **coin**(鋳造する)→**coin** a new phrase（新しい表現を作る）
- **grant**(認める)→**grant** a request（要求に応じる）、**grant** permission（許可を与える）

紛らわしい語大特訓　スーパーボキャブラリーテスト
Part 3 ［名詞編］

Choose the best answer from among the 15 alternatives below for each blank.（制限時間5分）

1. "Waste not, want not" is her favorite (　　).
2. We need to put this issue into a historical (　　).
3. We're going to follow the usual (　　) in the meeting.
4. I like that young man. He always conducts himself with (　　).
5. The (　　) of hydrogen to oxygen in water is 2 to 1.
6. That old-fashioned lady is a (　　) of the Meiji era.
7. She was known to have a nervous (　　).
8. What he said didn't contain a (　　) of truth.
9. We will have to pay the last (　　) of a loan next week.
10. The success of his writing brought him great (　　).
11. Each car must pay a (　　) to cross the bridge.
12. He was annoyed by his friend's act of (　　).
13. Generosity is her remarkable (　　). She has donated a lot to us.
14. The (　　) of rules is very important in any game.
15. His argument lacks (　　); it has lots of contradictions.

1. (A. maxim B. maximum)
2. (A. perspective B. prospective)
3. (A. procedure B. procession)
4. (A. proprietor B. propriety)
5. (A. ratio B. ration)
6. (A. relic B. relish)
7. (A. disposal B. disposition)
8. (A. faction B. fraction)
9. (A. installation B. installment)
10. (A. prestige B. privilege)
11. (A. poll B. toll)
12. (A. treachery B. treason)
13. (A. tribute B. attribute)
14. (A. observance B. observation)
15. (A. coherence B. cohesion)

● 解答&解説

(1) A(金言) B(最大限) (2) A(展望、大局観) B(展望) (3) A(手順) B(行列) (4) A(オーナー) B(礼儀正しさ) (5) A(比率) B(配給量) (6) A(遺物、名残) B(風味、趣) (7) A(処理) B(気質、傾向、配置) (8) A(派閥) B(断片、少量) (9) A(取り付け、就任) B(分割払い、1冊) (10) A(名声) B(特権) (11) A(投票) B(料金、犠牲) (12) A(裏切り) B([国家への]反逆) (13) A(ささげ物、賛辞) B(性質) (14) A(遵守、儀式) B(観察、意見) (15) A(筋が通っていること) B(結合(力))

(解答) 1.A 2.A 3.A 4.B 5.A 6.A 7.B 8.B 9.B 10.A 11.B 12.A 13.B 14.A 15.A

紛らわしい語大特訓の最後「名詞編」はいかがでしたか。これらもほとんどが非常に重要なものばかりなので、頑張って覚えていきましょう。

● 補足

□ adversary(敵対者) / adversity(逆境)
□ **clash**(衝突・対立) / **crash**(墜落・暴落) / **crush**(押しつぶすこと)
□ **physicist**(物理学者) / **physician**(内科医)
□ **produce**((農)産物) / **product**(製品)
□ corps(隊) / corpse(死体)
□ stimulant(興奮剤) / stimulus(刺激)

第25日
読解・リスニング問題スコア UP に不可欠な最重要時事英語語彙を完全マスター！ 6

　医学・医療分野の語彙表現は、読解とリスニング問題で特に重要で、さらにレターライティング問題では出題ランキング第2位の必須分野です。準1級に合格するには、この分野の語彙もしっかり覚えていきましょう。

【医療全般】──読解問題、リスニング問題 Part 2 で重要！

- **AIDS epidemic**　エイズの流行（a high incidence of AIDS は「エイズの高い発生率」）
- **alternative medicine**　代替医療
- **asthma care**　喘息治療
- **bone marrow bank**　骨髄バンク（bone marrow transplant は「骨髄移植」）
- **artery**　動脈（vein は「静脈」）
- **bump [lumps]**　こぶ（blister は「まめ」）
- **reproductive organ**　生殖器（reproduction は「生殖」）
- **generic drug**　商標未登録の薬
- **prescription drug**　処方薬（doctor-prescribed medicine ともいう）
- **antibiotic**　抗生物質（anti-cancer drug は「抗がん剤」）
- **antidote**　解毒剤
- **cold symptoms**　かぜの兆候（cough medicine は「咳止め薬」）
- **immune therapy**　免疫療法（immune deficiency は「免疫不全」）
- **immunization against influenza**　インフルエンザの予防接種
- **vaccination against measles**　はしかの予防接種
- **cosmetic surgery**　美容整形（plastic surgeon は「形成外科医」）
- **first-aid kit**　救急箱
- **daily workout**　毎日の運動
- **health hazard**　健康を害するもの（fire hazard は「火災の原因」、environmental hazard は「環境公害の原因」）
- **dental clinic**　歯科医院
- **disabled people**　身体障害者（physically challenged people）

- **euthanasia [mercy killing]** 安楽死
- **gene therapy** 遺伝子療法(gene manipulationは「遺伝子操作」)
- **organ transplant** 臓器移植(organ recipientは「移植臓器の受け手」)
- **hypnotic therapy** 催眠治療(hypnotismは「催眠術」、hypnotistは「催眠術師」)
- **terminal care** 末期医療(**terminal patient**は「末期患者」)
- **blood donation** 献血(**blood transfusion**は「輸血」)
- **intensive care unit (ICU)** 集中治療室
- **local anesthesia** 局部麻酔(general anesthesiaは「全体麻酔」)
- **mortality rate** 〔病気による〕死亡率(fatality rateは「〔交通事故による〕死亡率」)
- **psychiatric center** 精神療養所(psychiatristは「精神科医」)
- **therapeutic effect** 治療効果(curative effectともいう。healing effectは「治癒効果」)
- **tissue regeneration** 組織再生
- **malpractice liability** 医療過誤責任
- **medical diagnosis** 医学的診断(**misdiagnosis**は「誤診」)
- **pro-life advocate [pro-lifer]** 妊娠中絶反対論者 ⇔ **pro-choice advocate [pro-choicer]** 妊娠中絶賛成論者
- **public hygiene** 公衆衛生
- **abortion right** 中絶の権利
- **artificial insemination** 人工授精
- **obesity rate** 肥満率

【病気】

- **metabolic syndrome** メタボリック症候群(metabolismは「〔新陳〕代謝」)
- **acute disease** 急病(**chronic disease**は「慢性の病気」)
- **altitude sickness** 高山病(altitudeは「高度」)
- **athlete's foot** 水虫
- **benign tumor** 良性腫瘍(**malignant tumor**は「悪性腫瘍」)
- **cardiac [heart] disease** 心臓病(heart attackは「心臓発作」)
- **claustrophobia** 閉所恐怖症

- □alcohol dependence　アルコール依存症
- □**hereditary disease**　遺伝病（heredityは「遺伝」）
- □**decayed tooth [cavity]**　虫歯（denture [false tooth]は「入れ歯」）
- □**eye strain**　眼精疲労（farsightednessは「遠視」）、far-sighted glasses [reading glasses]は「老眼鏡」
- □**food poisoning**　食中毒（dysenteryは「赤痢」）
- □**hangover**　二日酔い
- □**infectious disease**　〔空中感染による〕伝染病（**contagious disease**は「〔接触による〕伝染病」
- □in-hospital infection　院内感染
- □**malnutrition patient**　栄養不良の患者
- □**pneumonia**　肺炎（**respiratory disease**は「呼吸器系の病気」）
- □**senile dementia**　老人性認知症（**Alzheimer's disease**は「アルツハイマー病」）
- □sprained [strained] ankle　足首の捻挫（sprained fingerは「突き指」）
- □**stomach ulcer**　胃潰瘍
- □**tuberculosis**　結核
- □hypertension　高血圧（internal bleedingは「内出血」）
- □**lifestyle-related disease**　生活習慣病
- □**post-traumatic stress disorder（PTSD）**　心的外傷後ストレス障害

時事英語語彙復習テスト⑥ 医学・医療

本項で取り上げた表現の中から厳選した20の表現を英語で説明してみましょう。

1	肺炎	11	二日酔い
2	肥満率	12	(病気による)死亡率
3	美容整形	13	眼精疲労
4	人工受精	14	献血
5	末期医療	15	処方薬
6	結核	16	臓器移植
7	商標未登録の薬	17	老人性認知症
8	生活習慣病	18	公衆衛生
9	エイズの流行	19	伝染病
10	免疫療法	20	かぜの兆候

解 答 即答できるまで繰り返し音読して覚えましょう！

1	pneumonia	11	hangover
2	obesity rate	12	mortality rate
3	cosmetic surgery	13	eye strain
4	artificial insemination	14	blood donation
5	terminal care	15	prescription drug
6	tuberculosis	16	organ transplant
7	generic drug	17	senile dementia
8	lifestyle-related disease	18	public hygiene
9	AIDS epidemic	19	infectious [contagious] disease
10	immune therapy	20	cold symptoms

読解＆リスニング力UP
意外な意味を持つ動詞をマスター！⑥
（重要 ランク16-29）

- **dismiss**（去らせる）→**dismiss** a class（授業を終わりにする）、**dismiss** the charges（告発を解除する）
- **quote**（引用する）→**quote** a price for the product（製品に値を付ける）
- **misplace**（置き間違える）→**misplace** a key（鍵を置き忘れる）、**misplace** his trust（信頼する相手を間違える）
- **play**（遊ぶ）→**play** the field（活動範囲が広い）、**play** a trick on her（彼女に一杯食わす）、**play** sick（仮病をつかう）、**play** the market（株をする）
- **pose**（ポーズをとる）→**pose** a risk（危険性をもたらす）、**pose** a threat（脅威を与える）、**pose** a problem（問題を引き起こす）
- **practice**（実行する）→**practice** medicine（医者を開業している）、**practice** energy conservation（省エネを実行する）
- **produce**（生産する）→**produce** a ticket（切符を出して見せる）
- **qualify**（資格を与える）→**qualify** for employment insurance（雇用保険の受給資格がある）、**qualify** a statement（声明を修正する）
- **rage**（激怒する）→**raging** fire（燃え盛る火）、**raging** storm（荒れ狂う嵐）、**raging** war（激しい戦争）
- **represent**（表す）→**represent** freedom（自由を象徴する）、**represent** the mayor（市長の代理を務める）、**represent** a landscape（風景を描写する）
- **return**（元へ戻る）→**return** evil for good（恩をあだで返す）、**return** his call（彼に折り返し電話をする）、**return** a verdict（判決を下す）
- **trap**（わなで捕える）→**trap** an animal（動物をわなにかける）、**trap** the heat of the sun（太陽の熱を閉じ込める）
- **wear**（着る）→**wear** her hair long（髪を長くしている）、**wear** a smile（微笑んでいる）、**wear** a hole in the rug（敷物が擦り切れて穴があく）
- **command**（命令する）→**command** several languages（数カ国語を操る）、**command** respect（尊敬を得る）、**command** high prices（高い値で売れる）、**command** a spectacular view（壮大な眺めを望む）

CD2・Track 10

第26日
読解・リスニング問題スコア UP に不可欠な最重要時事英語語彙を完全マスター！ 7

　乗り物・エンタメ分野の語彙表現は、対話式やリアルライフ式リスニング問題で特に重要な分野です。スコアUPのためには、それらの語彙をしっかりマスターしておきましょう。

【旅行・乗り物】──リスニング問題 Part 3 で狙われる！

- **aisle seat**　通路側の席 ⇔ window seat　窓側の席
- **baggage claim carousel**　〔空港の〕手荷物受取所の円形コンベヤー（baggage allowance は「〔チェックイン時の〕手荷物制限」）
- **boarding pass**　搭乗券（boarding gate は「搭乗口」）
- **carry-on baggage**　機内持ち込みの荷物（**excess baggage** [**luggage**] は「重量超過手荷物」）
- **coach** [**economy**] **class**　エコノミークラス ⇔ first [business] class　ファースト［ビジネス］クラス
- **first-class car**　グリーン車（「シルバーシート」は priority seat（優先座席）という）
- **connecting flight**　接続便
- **in-flight meal**　機内食（in-flight magazine は「機内誌」）
- **embarkation card**　出国記録カード（**disembarkation card** は「入国記録カード」）
- **valid passport**　有効なパスポート
- **jet lag**　時差ボケ（**frequent flyer** は「飛行機を頻繁に利用する人」）
- **standby fare**　空席待ち料金（standby passenger は「飛行機のキャンセル待ちの客」）
- **security screening**　手荷物検査
- **accommodation charge**　宿泊料（lodging expense は「宿泊費」）
- **safe deposit**　貴重品保管所
- **carpool**　車の相乗り
- **rearview mirror**　バックミラー
- **steering wheel**　ハンドル（license plate は「ナンバープレート」）
- **windshield wiper**　車のフロントガラスワイパー

- ☐**convertible**　オープンカー
- ☐**camper**　キャンピングカー
- ☐**detour sign**　迂回表示（take a detourで「迂回する」）
- ☐**driveway**　車を乗り入れる邸内の道
- ☐**northbound lane**　北方向の車線
- ☐**reserved seat**　指定席 ⇔ nonreserved seat 自由席
- ☐**round-trip**（米）**/ return-trip**（英）　往復旅行
- ☐**shuttle bus**　近距離往復バス
- ☐**commuting time**　通勤時間
- ☐**out-of-service train**　回送列車
- ☐**toll road [turnpike]**　有料道路
- ☐**flat tire**　パンクしたタイヤ
- ☐**summer retreat**　夏の避暑地
- ☐**travel itinerary**　旅程
- ☐**tourist destination**　観光地（**historic spot**は「史跡」）
- ☐**scenic spot**　景勝地
- ☐**world cultural heritage**　世界文化遺産

【エンタメ】

- ☐**advance ticket**　前売り券（walk-up ticketは「当日券」）
- ☐**audience rating**　視聴率（audience rating＞viewer rating＞viewing ratingの順によく使われる）
- ☐**capacity crowd**　超満員客
- ☐**complimentary beverage**　無料の飲み物（complimentary ticketは「無料優待券」）
- ☐**concert venue**　コンサート会場（**venue for expo**は「エキスポ開催地」）
- ☐**curator**　館長
- ☐**dress code**　服装規定
- ☐**theater intermission**　劇の合間［休憩時間］（**curtain time**は「開演時間」、**premiere performance**は「初演」）

【日常生活】

- ☐**electric appliance**　電気器具（**household appliance**は「家電製品」、**outlet**は「コンセント」）
- ☐**cardboard box**　段ボール箱

- □ glossy [mat] finish　つや出し[つや消し]仕上げ
- □ graffiti　落書き
- □ spare [duplicate] key　合い鍵
- □ durable goods　耐久消費財 (consumer goodsは「消費財」)
- □ fire extinguisher　消火器 (fire hydrantは「消火栓」)
- □ fitting room　試着室
- □ fluorescent light　蛍光灯
- □ monthly installments　月々の分割払い
- □ food preservative　食品防腐剤 (food additiveは「食品添加物」)
- □ furnished apartment　家具付きのアパート
- □ household chores [duties]　家事
- □ instruction booklet [manual]　取扱説明書
- □ lost and found　遺失物取扱所 (personal belongingsは「所持品」)
- □ memo [scratch] pad　メモ帳
- □ paper diaper　紙オムツ
- □ pedestrian overpass [bridge]　歩道橋
- □ kitchen utensils　台所用品
- □ disposable chopsticks　割り箸 (disposable incomeは「可処分所得」)
- □ tap water　水道水
- □ flush toilet　水洗トイレ
- □ plumbing system　下水配管システム (plumberは「配管工」)
- □ sewage [sewer] system　下水道 (sewage pipeは「下水パイプ」)
- □ utility company　ガス・電気会社 (utility chargesは「公共料金」、utility poleは「電柱」)
- □ trash can　ゴミ箱 (waste basketは「くずかご」)
- □ grocery store　食料雑貨店
- □ (automatic) vending machine　自動販売機
- □ ceremonial functions　冠婚葬祭

　さて皆さん、「時事英語語彙大特訓」はいかがでしたか？　何度もCDを聴きながら、リピーティングやシャドーイングを実践し、ゴロで覚え、英語の「受信力」「発信力」を同時にUPしていきましょう。そして、準1級に合格するだけでなく、英字新聞や英語ニュース放送がエンジョイできるようになることを祈っています。　Let's enjoy the process!（陽は必ず昇る！）

時事英語語彙復習テスト⑦ 乗り物・エンタメ・日常生活

本項で取り上げた表現の中から厳選した20の表現を英語で説明してみましょう。

1	車の相乗り	11	落書き
2	下水道	12	冠婚葬祭
3	コンサート会場	13	紙オムツ
4	水道水	14	ガス・電気会社
5	視聴率	15	世界文化遺産
6	時差ボケ	16	下水配管システム
7	月々の分割払い	17	旅程
8	割りばし	18	電気器具
9	通路側の席	19	迂回表示
10	無料の飲み物	20	エコノミークラス

解答 即答できるまで繰り返し音読して覚えましょう！

1	carpool	11	graffiti
2	sewage [sewer] system	12	ceremonial functions
3	concert venue	13	paper diaper
4	tap water	14	utility company
5	audience rating	15	world cultural heritage
6	jet lag	16	plumbing system
7	monthly installments	17	travel itinerary
8	disposable chopsticks	18	electric appliance
9	aisle seat	19	detour sign
10	complimentary beverage	20	coach [economy] class

第5章 最重要時事英語語彙を完全マスター！

読解＆リスニング力UP
意外な意味を持つ動詞をマスター！⑦
（重要 ランク30-40）

- **contract**（縮ませる）→**contract** a muscle（筋肉を収縮させる）、**contract** an illness（病気にかかる）
- **land**（上陸させる）→**land** a job（仕事にありつく）、**land** an interview（インタビューにこぎつける）
- **exercise**（運動させる）→**exercise** a muscle（筋肉を鍛える）、**exercise** caution（用心する）、**exercise** pressure on him（彼に圧力をかける）
- **lift**（持ち上げる）→**lift** her spirit（彼女の気分を高揚させる）、**lift** the embargo（輸出禁止を解く）、**lift** goods in a store（万引きする）
- **refer**（差し向ける）→**refer** her to a specialist（彼女に専門家を紹介する）、**refer** to the operation manual（取り扱い説明書を参照する）
- **register**（記録する）→**register** for the seminar（そのセミナーに登録する）、**register** a letter（手紙を書留にする）、**register** a surplus（黒字を記録する）
- **shed**（落とす）→**shed** regular employees（正社員を解雇する）、**shed** tears（泣く）、**shed** its leaves（葉を落とす）、**shed** light（光を放つ）、**shed** weight（減量する）
- **deal**（分配する）→**deal** in a variety of goods（さまざまな商品を扱う）、**deal** cards（カードを配る）、**deal** a heavy blow（大きな打撃を与える）
- **neglect**（無視する）→**neglect** his duty（職務を怠る）、**neglect** her health（不摂生である）
- **reconcile**（調停する）→**reconcile** conflicts（紛争を和解させる）、**reconcile** herself to poverty（彼女は貧乏に甘んじる）
- **transmit**（送る）→**transmit** orders（命令を伝える）、**transmit** an infection（感染症をうつす）、**transmit** electricity（電気を通す）

第6章

句動詞・リスニング問題＆２次試験スコアUP　最重要句動詞をマスター！

句動詞を制するものは
口語英語を制す！

第27日
句動詞・リスニング問題スコア UP に不可欠な最重要句動詞を完全マスター！①

001 □ account for 説明する、〜の割合を占める、〜の原因となる、〜の責任を負う（≒ make up, explain）
The employees have to **account for** any mistakes they make.
（社員はいかなるミスもその理由を説明しなければならない。）
ポイント この重要な多義語句動詞は、何かの事件が起きたとき、「自分が①原因であると②説明し、③責任を負う」と意味が関連している。

002 □ act up 調子が悪い、ふざける（≒ behave badly, go wrong）
My computer **acted up** due to infection by a malicious virus.
（悪質なウイルスに感染したため、コンピュータの調子が悪くなった。）
ポイント これは「いつもの調子が出ない」を表す。

003 □ add up 筋が通る、合計する（≒ make sense）
The detective was confused by the reality that his story didn't **add up** at all. （探偵は、彼の話は全くつじつまが合わないという現実に困惑した。）
ポイント 特に否定文で使われる。

004 □ allow for 考慮する（≒ take into consideration [account]）
You must **allow for** the possibility of the plane being delayed.
（飛行機が遅れるという可能性を考慮しておく必要があります。）
ポイント make allowance(s) for ともいう。

005 □ amount to 〜に等しい、（合計で）〜になる（≒ add up to, constitute）
His outrageous behavior **amounts to** a criminal offense.
（彼の言語道断の振舞いは犯罪行為も同然だ。）
ポイント 「英語がものになる[ならない]」にも amount to something [nothing] と使える。

006 □ bail out 救い出す、釈放する（≒ save, relieve）
The government has been **bailing out** ailing banks to avert the economic crisis. （経済危機を回避するために政府は経営難の銀行を救済している。）
ポイント bail（保釈金）は、government bailout（政府による救済）のように使える。

007 □**bank on** ～を当てにする（≒ **depend [rely, count] on**）
The pharmaceutical company is **banking on** the development of new drugs.（製薬会社は、ある新薬の開発を当てにしている。）
ポイント 「銀行に預ければ大丈夫と頼る」と覚えよう。

008 □**bear out** 裏付ける、運び出す（≒ **prove, support, verify**）
Statistics **bear out** the fact that cancer is the world's deadliest disease.（統計は、ガンが世界で一番死に至る病気であるという事実を裏付けている。）
ポイント 「とことん＋支える」→「裏付ける」となった表現。

009 □**beef up** 増強する（≒ **increase, boost, build up**）
The company is planning to **beef up** its sales and distribution network.（会社は、売上と流通網を強化する計画を立てている。）
ポイント beef（牛肉→筋肉→力）をupさせるところから来た表現は面白い！

010 □**bog down** 立ち往生する（≒ **stall, get stuck**）
The business negotiation has been **bogged down** for the second time.（ビジネス交渉は2度目に行き詰まってしまった。）
ポイント bog（泥沼）にdown（落ち込む）ところから来た表現で迫力がある！

011 □**boil down to** 詰まるところ～になる（≒ **add up to**）
His answer will **boil down to** a flat refusal to accept your offer.（彼の返事は詰まるところ、あなたの申し出の受け入れをきっぱりと断ることになる。）
ポイント boil（沸騰させ）て、とうとう～となるから来た表現。

012 □**bounce back** 立ち直る（≒ **recover, pick up**）
Stock prices **bounced back** after falling sharply on fears of financial instability.（株価は金融不安から急落した後、値を戻してきた。）
ポイント bounce（ボールが跳ね返る）＋back（戻ってくる）から来た表現。

013 □**bow to** ～に屈する、おじぎをする（≒ **give in, accept**）
The company will **bow to** a pay-raise demand from the labor union.（会社は、労働組合の賃上げ要求をやむを得ず受け入れるだろう。）
ポイント ～にbow（おじぎする→屈服する）は覚えやすい。

014 □**break in** 訓練する、慣らす、押し入る（≒ **instruct, train, educate**）

It is very costly to **break in** new employees, but employers consider it as an investment.（新入社員を訓練するのは非常に費用がかかるが、雇用者は投資とみなしている。）

ポイント 昔の習慣をまずbreak（壊して）から新しいものをin（入れる）とイメージしよう。

015 □ **bring *somebody* around** 説得する、連れてくる、（人）の意識を取り戻させる（≒ **persuade, talk *somebody* into, win *somebody* over**）

I will **bring** him **around** to agreeing with the new plan.
（新しい計画に同意するように、彼を説得してみせます。）

ポイント 人の気持ち・態度をaround（ぐるっと回し→意見を変えさせる）と覚えよう。

016 □ **bring off** 成し遂げる、救出する（≒ **pull off, carry off, accomplish**）

The business team managed to **bring off** the seemingly impossible task.（ビジネスチームは、一見不可能そうな業務を何とか成し遂げた。）

ポイント carry off、pull offと同じくoff（済ませる）を用いて、その意味になった表現。

017 □ **bring out** 引き出す、出して見せる（≒ **launch, publish, set off**）

The experienced soccer coach always **brings out** the best in players.
（経験を積んだサッカー監督は、常に選手の最もよいところを引き出している。）

ポイント bring out a new modelのように「商品を作って売りに出す」以外に、bring out my maternal instinct（母性本能をくすぐる）のように、「性質を引き出す」もある。

018 □ **bring up**（話題を）持ち出す、育てる（≒ **raise, introduce, put [bring] forward**）

The old man is always **bringing up** the good old days.
（その老人は古き良き時代のことをいつも話している。）

ポイント 「言い出しっぺ」はthe first one to bring it up、「育ち」はupbringing。

019 □ **brush off** はねつける（≒ **dismiss, ignore, brush aside**）

The president **brushed off** the suggestion to stimulate the economy.
（大統領は景気を刺激するための提案を無視した。）

ポイント ブラシではねのけるイメージ。

020 □ **bump into** ～と偶然に出会う（≒ **run into, come across**）

I **bumped into** an old friend who I hadn't seen for many years.
(長年会ってなかった旧友に偶然会った。)
ポイント bump（ぶつかる）から、「ばったり出会う」となった表現。

021 □**call for** 要求する、必要とする（≒ **require**）
The consumer groups **called for** a moratorium on the sales of GM foods.
(消費者グループは、遺伝子組み換え食品の販売の一時停止を求めた。)
ポイント call（声を出して）＋ for（求める）→「要求する」となった表現。

022 □**carry over** 持ち越す、順延する（≒ **carry forward, bring forward**）
If there is no winner, the prize money will be **carried over** to the next week.（当選者がいない場合、賞金は翌週まで繰り越されます。）
ポイント carry over to の自動詞用法もある。

023 □**cash in on** 利用してもうける、乗じる（≒ **take advantage of, capitalize on**）
The auto makers are **cashing in on** a hybrid car boom.
(自動車会社はハイブリッド車ブームを利用してもうけている。)
ポイント on（乗じて）、cash in（現金を取り込む）とイメージするとよい。

024 □**catch on** 流行る、わかる（≒ **become popular, understand**）
The product has quickly **caught on** with health-conscious consumers.
(その商品はたちまち健康志向の消費者に受けた。)
ポイント be in now と言い換えることができる。

025 □**cater to** ～に応える（≒ **satisfy, pander to**）
The online store **caters to** the needs of PC-using consumers.（そのオンラインストアは、パソコンを使用する消費者のニーズに応えている。）

026 □**cheat on** ごまかす、浮気する、カンニングする（≒ **evade, have an affair**）
The businessperson has finally admitted to **cheating on** his income taxes.（実業家はついに所得税をごまかしていたことを認めた。）
ポイント cheat on the fare［tax, exam］（キセル［脱税、カンニング］）というふうに使える。

027 □**chip in** 寄付する、口出しする（≒ **donate, pitch [kick] in**）
Children **chipped in** 10 dollars to buy a watch for their mother.
(子供たちは10ドルずつカンパして、母親の腕時計を買った。)
ポイント chip（チップ）を in（入れる）で覚えやすい。

028 □**clear up** 解明する、片付ける（≒ **resolve, straighten out, tidy up**）
　　The scientists will spend their entire life **clearing up** the mysteries of genes.（科学者たちは遺伝子の謎を解明するのに全人生を費やすだろう。）

029 □**come around** 意識を取り戻す、立ち寄る（≒ **recover one's consciousness, wake up**）
　　When he **came around** from the anesthetic, he found himself surrounded by his family.（麻酔から意識を取り戻した時、彼は家族に囲まれていた。）

030 □**come by** 手に入れる、立ち寄る（≒ **get, obtain**）
　　How did you **come by** the classified information？
　　（どうやってその機密情報を入手されたのですか。）
　　ポイント 例文や hard to come by のように、否定・疑問文に用いられる。

031 □**come down with** 〜にかかる（≒ **catch, contract**）
　　My brother **came down with** the flu last week again.
　　（私の兄は先週またインフルエンザにかかった。）
　　ポイント 病気にかかってダウンするイメージ。

032 □**come into** 相続する（≒ **inherit**）
　　He **came into** a huge fortune when his father died.
　　（父親が亡くなった時、彼は莫大な遺産を相続した。）
　　ポイント inherit だけでなく、この表現も使えるようにしてほしい。

033 □**cope with** 対処する（≒ **deal [grapple, wrestle] with**）
　　Some people find it very difficult to **cope with** daily stress.
　　（日々のストレスに対処することが非常に難しい人もいる。）
　　ポイント deal with も「対処する」だが、cope with は deal successfully with のこと。

034 □**cough up** しぶしぶ出す（≒ **shell out, fork over**）
　　I have to **cough up** 10 dollars for an annual fee for a credit card.
　　（クレジットカードの年会費に10ドル支払わなければならない。）
　　ポイント お金を嫌々吐き出すようなイメージ。

035 □**could do with** 〜が欲しい（≒ **need, would like**）
　　I am very thirsty and I **could do with** a cup of coffee right now.
　　（たいへん喉が渇いている。今すぐコーヒーが飲みたい。）
　　ポイント 〜 with（〜があれば）、could do（間に合うだろう）から来た表現で、want より品がある。

036 □ **count in** 仲間に入れる（≒ **include**）⇔ **count out** 除外する（≒ **exclude**）
Will you please **count** me **in** so I can go with you？
（あなた方と一緒に行けるように私も仲間に入れていただけませんか。）
ポイント count（数）に in（入れて）から来た表現で、その反対は count〜out。

037 □ **cover for** 代理をする、かくまう（≒ **stand [fill] in for, take over**）
I'll **cover for** you while you take a lunch break.
（あなたがお昼休憩を取っている間、私が代わりをやりますよ。）

038 □ **cover up** 隠蔽する、覆い隠す（≒ **hide, conceal, gloss over**）
The company systematically tried to **cover up** its illegal activities.
（その企業は組織的に違法行為を隠蔽しようとした。）

039 □ **crack up** 精神的に参る、爆笑する（≒ **break down**）
Some managers **crack up** due to years of hard work.
（長年のハードワークによって、精神的に参ってしまう重役もいます。）
ポイント crack up（ひび割れてしまう）から、「参る」「爆笑（おなかがひび割れ）」となった表現。

040 □ **crop up**（不意に）起きる、口に出る（≒ **spring [turn, pop] up**）
It is not surprising that various kinds of business problems **crop up**.
（様々なビジネス上の問題が不意に起きるのは当然だ。）
ポイント crop（作物）が up（出てくる）から「不意に出てくる」となった表現。

041 □ **cross out** 削除する（≒ **delete, strike out**）
Due to cancelations, several names were **crossed out** on the passenger list.
（キャンセルのため、数人の名前が搭乗者リストから削除された。）
ポイント cross（十字）でアウト→「削除」となった表現。

UP の必須句動詞 Top35 マスター!
「完」「満」→完了する・仕上げる・高める・強調するをイメージ

- [ ] My computer is **acting up**. パソコンの調子が悪い。
- [ ] The figures don't **add up**. 計算が合わない。
- [ ] **bring up** the subject そのことを話題に出す
- [ ] **build up** his career キャリアを築く
- [ ] **catch up** on my sleep 睡眠不足を解消する
- [ ] **come up with** new ideas 新しいアイデアを思いつく
- [ ] **cover up** the error ミスを隠す
- [ ] **draw up** a list リストを作成する
- [ ] **drive up** the price 価格を上げる
- [ ] I don't **feel up to** going out. 外出する気にならない。
- [ ] **be fed up with** his attitude 彼の態度にうんざりしている
- [ ] **hang up** the phone 電話を切る
- [ ] **Keep up** the good work! その調子で頑張って!
- [ ] **hold up** the meeting 会議を延期する
- [ ] The rain will soon **let up**. 雨はまもなくやむだろう。
- [ ] **live** [**measure**] **up to** the standard 基準に達する
- [ ] They finally **made up**. 彼らは最後には仲直りした。
- [ ] **make** [**play**] **up to** the boss 上司に取り入る
- [ ] **move up** the schedule スケジュールを繰り上げる
- [ ] He **stood** me **up**. 彼に待ちぼうけをくわされた。
- [ ] **sum** [**round**] **up** the results 結果をまとめる
- [ ] **round up** the criminals 犯人を検挙する
- [ ] **stand up for** the right その権利のために戦う
- [ ] **pass up** the promotion 昇進の機会を逃す
- [ ] **pick up** English 英語を覚える
- [ ] **play up** the work experience その職務経験を強調する
- [ ] **run up** a phone bill 電話料金がかさむ
- [ ] **step up** my efforts さらなる努力をする

- □ **stir up** controversy　物議を醸し出す
- □ **take up** exercise　エクササイズを始める
- □ The problem suddenly **cropped up**.　その問題が急浮上した。
- □ **show up for** the party　パーティーに顔を出す
- □ **stay [sit] up** all night　徹夜する
- □ **wind up** a speech　スピーチを終える
- □ **wrap up** the meeting　会議を終わりにする

DOWN の必須句動詞 Top20 マスター!
「下」→弱める・固定する・減る・押さえつける・完全にをイメージ

- □ **boil down to** the issue　詰まるところは、その問題に行きつく
- □ **bring down** the government　政府を倒す
- □ **crack [clamp] down on** drugs　麻薬を取り締まる
- □ **cut down on** the travelling costs　出張費を削る
- □ The storm has **died down**.　嵐がやんだ。
- □ **get down to** business　仕事に取りかかる
- □ **go down** in history　歴史に残る
- □ **jot down** the ideas　考えをメモする
- □ **lay down** the rules　規則を定める
- □ **let** my fans **down**　ファンを失望させる
- □ **narrow down** the choices　選択範囲を絞る
- □ **pay** 10% **down** on a house　家の頭金として 10%を払う
- □ **play down** the importance　重要性を軽視する
- □ **put down** the opponent　対戦相手をけなす
- □ **run down** the delinquent son　不良息子をどなりつける
- □ **scale down** the production　生産を減らす
- □ **settle down** the dispute　紛争を解決する
- □ **tear [knock, pull] down** the building　建物を壊す
- □ **step down from** the position　辞職する

第 6 章　最重要句動詞を完全マスター!

WITHの必須句動詞 Top10 マスター!
「関」「結」→関わり合う・結ぶをイメージ

- □ **be charged with** bribery　収賄の罪で告発される
- □ **cope [deal] with** a problem　問題を処理する
- □ **could do with** some drink　飲み物が欲しい
- □ **dispense with** the formalities　堅苦しいことは抜きにする
- □ **do away with** the policy　その政策を廃止する
- □ **identify with** the main character　主人公の気持ちになりきる
- □ **live with** a problem　問題を受け入れる
- □ **make do with** the secondhand camera　中古のカメラで間に合わせる
- □ **stick with** my partner　パートナーを支え続ける
- □ **part with** my favorite desk　お気に入りの机を手放す

第28日
句動詞・リスニング問題スコアUPに不可欠な最重要句動詞を完全マスター！ 2

042 □ deal in 売買する、扱う（≒ buy and sell, trade in）
The store **deals in** a wide variety of fresh fruits and vegetables.
（その店は様々な新鮮な果物と野菜を扱っています。）
ポイント specialize in～は「～を専門に扱う」。

043 □ die down 徐々に収まる（≒ subside, let up, fade）
The strong public outcry against any tax increase will never **die down**.
（いかなる増税に対する国民の強い抗議も、決して収まるところがない。）
ポイント die awayは「非常に弱まる」。

044 □ dig up 調べ出す、掘り出す（≒ find [ferret] out）
The police have been trying to **dig up** the truth behind the murder.
（警察は、殺人事件の真相を明らかにしようとしている。）
ポイント 掘り起こして調べるイメージ。

045 □ dispense with 抜きにする（≒ drop, get rid of）
Let's **dispense with** any long speeches or formalities at the party.
（パーティーでは、長たらしいスピーチや堅苦しいことは抜きにしましょう。）
ポイント dispenseの「免除する」の用法から来た表現。

046 □ do away with 処分する、殺す（≒ abolish, get rid of, kill）
Factory automation will enable the company to **do away with** many human workers.
（工場のオートマ化で、会社は多くの労働者を必要としなくなるであろう。）
ポイント doに「殺す」の意味があり、～に関してdo away（殺してしまう）こと。

047 □ doze off うたた寝する（≒ drop [drift, nod] off）
The room was so warm that I **dozed off** at the meeting.
（部屋が非常に暖かったので、会議でつい居眠りしてしまった。）

048 □ draw on ～に頼る、（時が）近づく（≒ depend [bank, rely, lean] on）
We need to **draw on** our decades of experience to get out of the critical situation.（危機的状況から抜け出すためには、数十年の経験に頼る必要がある。）

ポイント experience, savings, knowledge などを draw（引き出し）＋on（頼る）こと。

049 □ **draw up** 作成する、(車が) 止まる（≒ **make up, map out**）
The foreign ministry has to **draw up** guidelines on the employment of foreigners.（外務省は、外国人雇用に関するガイドラインを作成しなければならない。）

050 □ **drive at** 意図する（≒ **get at, hint at**）
None of the students could understand what the professor was **driving at**.（どの生徒も、教授が何を言わんとしているのかを理解できなかった。）

ポイント What are you driving at?（何が言いたいの?）は対話式リスニング問題でよく出てくる。

051 □ **drive up** 押し上げる（≒ **bring [push, jack] up, boost**）
The growing demand for energy will **drive up** oil prices.
（エネルギーへの高まる需要は、石油価格を上昇させるだろう。）

ポイント jack up はおどけて力強い。

052 □ **drop out** 中退する、脱退する（≒ **leave [quit] school**）
Several students **dropped out** of school due to their poor academic performance.（何人かの生徒が、学業不振のために学校を中退した。）

053 □ **dwell on** くよくよ考え込む、長々と話す [書く]（≒ **brood over, think about**）
Quite a few people have a habit of **dwelling on** their mistakes.
（失敗をくよくよ考え込む癖のある人が、非常に多い。）

ポイント 〜に住みつくぐらい「ずっと」考えるところから来ている。

054 □ **ease up** 和らげる、緩和する（≒ **cut [back, down]**）
I wish my father would **ease up** on drinking and smoking.
（父が酒とタバコを控えてくれればいいのに。）

055 □ **eat away** 食いつぶす、徐々に侵食する（≒ **cut [eat] into**）
The rising medical expenses are **eating away** at my savings.
（増えていく医療費が、私の貯蓄を食いつぶしている。）

ポイント away（どんどん）＋eat（食いつぶす）ところから来た表現。

056 □ **eat into** 食い込む、むしばむ（≒ **cut into, whittle away**）
The increasing labor costs are **eating into** the company profits.

（増加していく人件費が会社の利益に食い込んでいます。）
ポイント into（中へと）＋ eat（侵食する）から、「利益に食い込む」となった表現。

057 □ **embark on** 開始する（≒ enter [launch] into, set about）
The company **embarked on** a restructuring program to survive the recession.（会社は、不況を乗り切るためにリストラ計画に着手した。）
ポイント embark（乗船する）から、「新しい事・困難な事に乗り出す」となった固い表現。

058 □ **fade away** 弱まる、消えていく（≒ melt away, wear away）
A slim chance of finding the missing people is **fading away**.（行方不明者を発見できるわずかなチャンスも消えつつある。）
ポイント fadeは「記憶・名声・希望・音・光」などが衰えるの意味。

059 □ **fall back on** 〜に頼る（≒ depend [bank, rely, count] on）
Many people have nothing to **fall back on**, when faced with unemployment.（失業時に何にも頼れない人々が多勢います。）
ポイント どっさりもたれかかって頼るイメージ。

060 □ **fall for** 〜にだまされる、〜にほれる（≒ be taken in by, fall in love with）
An increasing number of people have been **falling for** online fraud.（オンライン詐欺でだまされる人が増加しています。）
ポイント for（〜の方へ）＋ fall（落ちる）→「ひっかかる、よろめく」となった表現。

061 □ **fall out (with)** けんかする、抜け落ちる（≒ quarrel [fight] (with)）
The worker left the company after **falling out** with his boss.（その社員は、上司とけんかして会社を辞めた。）
ポイント けんかして倒れてしまうイメージで、have a falling-outともいう。

062 □ **fall through** 失敗に終わる（≒ fail）
My plan to study abroad **fell through** due to financial difficulties.（留学するという私の計画は、資金難のために失敗した。）
ポイント ここでもfallはネガティブなイメージで、failよりも力強い。

063 □ **be fed up with** 〜にうんざりする（≒ be sick [and tired] of, have enough of）
Eligible voters **are fed up with** the money-oriented politics.（有権者は金権政治にうんざりしている。）

ポイント 食べ過ぎて飽き飽きしたイメージ。

064 □ feel up to ～する元気がある（≒ **have the energy to do**）
I don't really **feel up to** going to work today.
（今日は本当に、仕事に行く元気がありません。）
ポイント be up to ～で「～ができる」、その感じがしない。

065 □ follow through 最後までやりぬく（≒ **see [carry] through**）
The politicians must **follow through** what they promised during the campaign.（政治家は、選挙期間中に約束したことを最後までやりぬかなければならない。）
ポイント 「最後までついて行く」→「やり始めたことを完成させる」となった表現。

066 □ frown on 眉をひそめる（≒ **disapprove**）
My parents **frowned on** my plan to live alone in Tokyo.
（私の両親は、私の東京での一人暮らしの計画に難色を示した。）
ポイント be frowned uponは、日本語の「ひんしゅくを買う」に相当する。

067 □ gain on 次第に追いつく（≒ **catch up, close [move] in on**）
The company is **gaining on** its rivals by developing innovative products.（会社は画期的な商品を開発することで、ライバル企業を追い上げつつある。）
ポイント スピードをgainしてon（接触・迫ってくる）イメージ。

068 □ get ahead 成功する（≒ **succeed, go [come] up in the world**）
It is a daunting challenge for women to **get ahead** in the male-dominated society.（女性が男性社会で出世するのは、至難の業である。）
ポイント 「前進する」→「成功する」となった表現。never get aheadは「うだつが上がらない」。

069 □ get around 避ける、広まる、動き回る（≒ **avoid, skirt around**）
The company tried to **get around** the problem of rising labor costs by outsourcing.（会社はアウトソーシングによって、上昇する人件費の問題を回避しようとした。）
ポイント 前方に障害物があった場合などに、around（回って）＋get（進む）から「よける」となった表現で、get around the lawは「法律の目をくぐる」。

□ get around to ～する余裕ができる（≒ **finally do**）
I finally **got around to** visiting my friend's home.

(私はようやく、友人宅を訪問するだけの余裕ができた。)
ポイント 「～まで周ってたどりつく」から来た表現で、「そこまで手が回らない」は、I can't get around to it. という。

070 □ **get away with** うまくやってのける、持ち逃げする（≒ **escape punishment for**）
The politician took a bribe, thinking that he could **get away with** it.
（政治家は罰せられずに逃げ切れる、と思ったので賄賂を受け取った。）
ポイント with以下をしても get away（逃げられる）ところから来た表現で、I won't let you get away with it.（こんなことをして、ただではすまんぞ。）はよく使われる。

071 □ **be [get] carried away** 夢中になる（≒ **lose self-control**）
The audience **got carried away** by her graceful performance.
（聴衆は、彼女の優雅な演技にうっとりした。）
ポイント 調子に乗る（get very excited or lose control of one's feelings）

072 □ **get down to** 本腰を入れて取り組む（≒ **buckle down to**）
Let's **get down to** work right away because the deadline is only one week away.（締切まであと1週間しかないので、直ちに本腰を入れて仕事に取り組もう。）
ポイント Let's get down to business.（本題に入りましょう。）でよく用いられる表現。

073 □ **get *something* over with** 済ませる（≒ **get through, finish [round] off, wrap [wind] up**）
I will be very relieved to **get** the job interview **over with**.
（就職の面接が済んだら、非常に気が楽になるだろう。）
ポイント get over itが「それを乗り越える」に対して、get it overは「それを片付ける」。

074 □ **go around** 広まる、流行る、動き回る（≒ **get [about, around]**）
A rumor was **going around** that a teacher went out with his student.
（先生が生徒とデートしていたという噂が広がっていた。）
ポイント enough food to go around（みんなに行き渡るのに十分な食べ物）、what goes around comes around（因果応報）も覚えておこう。

075 □ **go back on** 破る、裏切る（≒ **break, betray**）
The government **went back on** its promise to reduce taxes.

（政府は、税を下げるという約束を破った。）

076 □**go for** 選ぶ、攻撃する、好む、狙う（≒ **attack, like, choose**）
The dog is well-trained to **go for** suspicious-looking people.
（犬は怪しい人に攻撃するよう、よく訓練されている。）
ポイント 「～を求めていく」から「好む、狙う、攻める」などの意味が生まれ、Go for it!（目指せ！）、only go for handsome guys（面食いである）のように使える。

077 □**go under** 倒産する、沈む（≒ **fail, go bankrupt**）
The pharmaceutical company **went under** due to financial difficulties.
（製薬会社は資金難のために倒産した。）
ポイント 「会社が沈んでいく」イメージで口語的表現。

078 □**grow on** だんだん好きになってくる（≒ **gradually attract**）
At first I didn't like the book very much, but it has **grown on** me.
（最初はその本があまり好きではなかったが、だんだん好きになってきた。）
ポイント その存在が自分の心の中で大きくなって心を奪うイメージ。

079 □**hammer out** 徹底的に議論して（結論を）出す（≒ **work [thrash] out**）
The labor union and the management **hammered out** an agreement on the working conditions.（労働組合と経営者側は、徹底的に議論して労働条件の合意に至った。）
ポイント 激論の末に案、合意などを「打ち出す」イメージ。

INの必須句動詞 Top10 マスター！
「入る」→ 中に取り込む・中に入っていくをイメージ

- □ **break in** new shoes　新しい靴を履きならす
- □ **chip [kick] in** for a wedding gift　結婚祝いのためにカンパする
- □ **Count** me **in**!　私も仲間に入れてください！
- □ **deal in** dairy products　乳製品を取り扱う
- □ **give in to** the pressure　プレッシャーに負ける
- □ **hand [turn] in** the sales report　売上報告書を提出する
- □ **pitch in** and finish the job　協力して仕事を片付ける
- □ The rainy season has **set in**.　梅雨が始まった。
- □ **let in** some fresh air　新鮮な空気を入れる
- □ **cash in on** the trend　そのトレンドに乗る

OUTの必須句動詞 Top20 マスター！
「出」→ 出る・追い出す・出す・消えるをイメージ

- □ **bail out** the bank　その銀行を救済する
- □ **bear out** the theory　その理論を裏付ける
- □ **bring out** a book　本を出版する
- □ The fire **broke out** in the building.　そのビルで火事が起きた。
- □ **carry out** the inspection　検査を行う
- □ **drop out of** high school　高校を中退する
- □ **figure [make] out** his intentions　彼の意図を理解する
- □ **fall out with** my brother　弟と言い合いになる
- □ **hold out for** a better deal　より良い取引を求めて頑張る
- □ **iron [smooth] out** differences　相違点をなくす
- □ **rule out** the possibility　その可能性を排除する
- □ **turn out for** the meeting　会議に出席する
- □ **hammer out** an agreement　合意に達する

第6章　最重要句動詞を完全マスター！

- **leave** his name **out of** the list　彼の名前をリストから外す
- **pick out** a souvenir　お土産を選ぶ
- **spell out** the details　詳細を説明する
- **straighten out** problems　問題を解決する
- **wear out** my welcome　長居して嫌われる
- **wipe [weed] out** terrorism　テロを撲滅する
- **work out** smoothly　丸く収まる

ON の必須句動詞 Top15 マスター！
「加わる」→頼る・影響を与える・迫る・繰り返す・関連するをイメージ

- The new laptop is **catching on**.　その新型ノートパソコンが人気を集めている
- **count [bank] on** his support　彼の援助に頼る
- **draw on** her knowledge　彼女の知識を生かす
- **dwell on** the past　過去のことばかりくよくよ考える
- **embark on** a new career　新しい仕事を始める
- **frown on** his behavior　彼の振る舞いに顔をしかめる
- **let on to** him about the news　彼にそのニュースをばらす
- **pass on** the message　伝言をする
- **pick on** the weak　弱者をいじめる
- **put on** airs　気取る
- **take on** the new project　新規プロジェクトを引き受ける
- **tell on** your health　健康に影響する
- **touch on** a subject　ある話題に触れる
- The song **turns** me **on**.　その歌にしびれる。
- **work on** the garden　庭の手入れをする

第29日
句動詞・リスニング問題スコア UP に不可欠な最重要句動詞を完全マスター！③

080 □ **hand over** 譲り渡す、手渡す（≒ **turn over, transfer**）
The man wants to **hand over** his company to his only son.
（その人は一人息子に会社を譲りたがっている。）

081 □ **hang around [about]** うろつく（≒ **sit around, hang out**）
The boy was taken into custody for **hanging around** downtown at midnight.
（少年は、真夜中に繁華街をうろついていたので補導された。）
ポイント hang around with 人（人と付き合う）で、他に stick around（人や何かを待ってそのへんにいる）も覚えておこう。

082 □ **hit it off** 仲良くなる（≒ **get along well**）
I **hit it off** with them immediately at the party.
（私はパーティーで、すぐに彼らと意気投合した。）
ポイント hit（意気投合して）＋ off（出発する）イメージ。

083 □ **hold back** 抑える、妨げる（≒ **keep [choke] back, bottle up**）
I was so upset that I couldn't **hold back** from telling him what I thought.
（激怒していたので、彼に私の思いをぶちまけるのを抑えられなかった。）
ポイント hold back は「一時的、短期的」、keep back は「長期的」に抑制するという意味。「こみ上げる涙を抑える」は、hold [keep] back tears welling up in my eyes。

084 □ **hold out** 差し出す、粘る、（希望などを）抱く（≒ **resist, extend**）
I continue to **hold out** a slim hope of finding the missing alive.
（行方不明者を生きて発見するという僅かな希望を持ち続けています。）
ポイント hold out for a pay raise [against a pay cut]（賃上げ [賃下げ] に対して粘る）のように使える。

085 □ **hold together** 団結する（≒ **pull [band, stick, hang] together**）
All the countries need to **hold together** against the threats of terrorism.
（すべての国が、テロの脅威に対して一致団結する必要がある。）
ポイント 「みんなで頑張ろう」と言う時に用いる表現で、pull [hold] together

は「短期的」、stick [hang] togetherは「長期的」。

086 □ **hold up** 支える、遅らせる、襲う（≒ **support, delay, hinder, rob**）
The traffic was **held up** by the head-on collision on the highway.
（高速道路は、正面衝突のため交通が妨げられた。）

087 □ **iron out** 解決する（≒ **work [sort, straighten] out**）
We need to **iron out** all the details to finalize the contract.
（契約をまとめるために、きっちりと詳細を詰めておく必要がある。）
ポイント アイロンでしわを伸ばすという発想。

088 □ **jack up** 引き上げる、持ち上げる（≒ **push up, drive up**）
The company **jacked up** the prices on all its services to make up for the revenue decline.
（会社は、収益減を埋め合わせるために全サービスの値段を引き上げた。）
ポイント 「車をジャッキでぐいっと引き上げる」ところから来た口語表現。

089 □ **jot down** 書き留める（≒ **get [put, take, write] down**）
Let me **jot down** your name and number so that I can contact you later.
（後で連絡できるように、名前と電話番号を書き留めさせてください。）
ポイント jot（素早く書く）＋ down（記録にずっと残る）から来た表現。

090 □ **jump at** (チャンスに) 飛びつく（≒ **snap [catch] at, seize on**）
The student **jumped at** the opportunity to study abroad on a scholarship.
（学生は、奨学金で海外留学できるチャンスに飛びついた。）

091 □ **keep at** 根気よく続ける（≒ **continue with, work away with**）
If you **keep at** studying, you'll pass the entrance exam.
（根気よく勉強を続けていれば、入学試験に通るでしょう。）
ポイント at（1つのこと）をkeep（続ける）するから来た表現。

092 □ **kick around** あれこれ検討する、乱暴に扱う（≒ **abuse, consider**）
We need to **kick** several ideas **around** before making a final decision.
（最終決定する前に、いくつかのアイデアを検討する必要があります。）
ポイント 「空き缶をいろんな角度から蹴ってみる」から「検討する」となった表現。

093 □ **kick in** 効き始める、カンパする（≒ **take effect, work, chip in**）
She became very drowsy after the drug **kicked in.**
（薬が効き始めると、彼女は非常に眠たくなった。）

ポイント「蹴って作動させる」から来た表現。

094 □ **kick off** 開始する（≒ **start, begin**）
The organizers plan to **kick off** the convention with a guest speaker's speech.（主催者は、ゲストスピーカーのスピーチで大会を始める計画をしている。）
ポイント 蹴って始めるサッカーのキックオフから来た表現。

095 □ **kick out** 追い出す（≒ **throw [force] out**）
The problem student was **kicked out** of school for his bad behavior.（問題児は、素行不良のために学校から追い出された。）
ポイント 蹴って追い出すから来た表現で、shoulder out は「仲間外れにする」。

096 □ **lag behind** 立ち遅れる（≒ **fall [trail] behind**）
Many developing countries are **lagging behind** in public infrastructure.（多くの発展途上国は、公共のインフラが立ち遅れている。）
ポイント lag は「遅れ」で、jet lag（時差ぼけ）、time lag（時間差）も重要。

097 □ **laugh off** 笑い飛ばす（≒ **shrug off, brush aside**）
He **laughed off** the groundless rumor that he was heavily in debt.（彼は、多額の借金をしているという根拠のない噂を笑い飛ばした。）
ポイント laugh（笑って）＋ off（離す）から来た表現で、sleep off the problem（寝て悩みを忘れる）も重要。

098 □ **lay down** 規定する、捨てる（≒ **stipulate, surrender, sacrifice**）
The employment act **lays down** the maximum working hours and the minimum wage.（雇用法には、最大労働時間と最低賃金が規定されている。）
ポイント「下に置く」から「規定する、放棄する、犠牲にする」と意味が発展した表現。

099 □ **leave off** 中断する、削除する（≒ **break [knock] off**）
Let's pick up where we **left off** in the last class.
（先週の授業で中断したところから始めましょう。）
ポイント off（中止）＋ leave（〜の状態に放っておく）から来た表現。

100 □ **leave out** 省く、仲間外れにする（≒ **miss (out), exclude**）
Be careful not to **leave out** even a single word in a sentence.
（センテンスから1語も抜かさないように、気をつけなさい。）
ポイント リストから省く（leave it out of the list）のようによく使う。

101 □ let *somebody* in on *something* 打ち明ける (≒ confide in, open up)

Please **let** me **in on** the company secret.（その会社の秘密を教えてください。）

ポイント「心の中に入れてやる」→「秘密を教える」となった表現で、この他、fill 人 in on ～は「～について情報を与える」も重要。

102 □ let off 放免する、発する (≒ pardon, release)

The police **let** him **off** with only a stern warning.
（警察は、厳しい注意をしただけで彼を放免した。）

103 □ let on 口外する、ふりをする (≒ reveal, disclose)

Don't **let on** to the teacher that I cheated on the exam.
（カンニングしたことを先生にチクらないで。）

ポイント let は「緩めて出す」で、これに off や out を加えると上記の意味となる。

104 □ let up 弱まる、緩める (≒ decrease, ease up [off])

I'm afraid that this tight schedule won't **let up** for a while.
（このきついスケジュールは、しばらくおさまりそうにないな。）

ポイント「仕事のペースを緩める」もこの表現で言える。また after the let-up は「一段落したら」の意味。

105 □ level with 正直に言う (≒ speak honestly)

The boss **leveled with** me and told me what she thought about the plan.
（上司は私に正直に、その計画に関する意見を述べた。）

ポイント「相手と同じレベル（対等）になって正直に何もかも打ち明ける」から来た表現。

106 □ live down 償う、時と共に忘れる (≒ make people forget)

I can never **live down** the disgrace of bankruptcy for the rest of my life.（破産したという不名誉を、一生涯消し去ることは決してできない。）

ポイント「不名誉なことを down（片付けさせる）」から来た表現。

107 □ live off 頼って生きる (≒ sponge off, live on)

Many unemployed young people today **live off** their parents.
（今日、多くの無職の若者は親のスネかじりをしている。）

ポイント live on が「依存して生きる」に対して、live off は「吸い取って生きる」イメージ。

108 □ **live up to** (期待に)応える (≒ **measure [come, match] up to**)
　The large tax cut has certainly **lived up to** public expectations.
　(大型減税は、確実に国民の期待に応えるものだった。)
　ポイント 名前負け (not live up to its name)、公約を守らない (not live up to the pledge) のように幅広く使える必須表現。

109 □ **live with** 受け入れる (≒ **accept, put up with**)
　I must learn to **live with** the fact that I failed an exam.
　(試験に落ちたという事実を、受け入れなければならない。)
　ポイント 「〜と共に生きる」から「受け入れる」となった表現で、live with the decision [illness] (決定に従う[病気と折り合って暮らす]) のように使える。

110 □ **make do with** 間に合わせる (≒ **put up with, get by on**)
　There was no cream for the coffee, so we had to **make do with** milk.
　(コーヒーのクリームがなかったので、牛乳で済まさなければならなかった。)
　ポイント do が「間に合う、用が足りる」で、それに make (させる) を加えてできた表現。

111 □ **make for** 生み出す、役立つ (≒ **head for, contribute to**)
　Conducting regular employee training **makes for** excellent customer service. (定期的な従業員訓練は、優れたカスタマーサービスに役立つ。)
　ポイント make に「進む」という意味があり、それに for (〜の方に) を加えて上記の意味が生まれた。

112 □ **make out** うまく行く、理解する、作成する、言う (≒ **go, recognize, understand, claim, draw up**)
　I can't completely **make out** what you're trying to say.
　(あなたが何を言おうとしているのかが、全くわかりません。)

113 □ **map out** 詳細な計画を立てる (≒ **work out, draw up**)
　The government needs to **map out** an effective economic policy.
　(政府は、効果的な経済政策の詳細な計画を立てる必要があります。)
　ポイント map のように細かい計画を立てるイメージ。

114 □ **mark down** 値下げする、書き留める (≒ **discount, write down**)
　All the products are **marked down** from their original price during the sale.

(セール期間中には、あらゆる商品が元の価格から値下げされている。)
ポイント 反意語はmark up、またbeat [knock] down（値切る）も覚えておこう。

115 □ **measure up (to)** ～に達する、沿う（≒ **match [live] up (to)**）
The service needs to be improved so that it can **measure up to** consumers' expectations.
(サービスは改善し、常に顧客の期待に応える必要性がある。)

116 □ **miss out on** 見逃す（≒ **pass up**）
Don't **miss out on** this golden opportunity to make a big business.
(ビッグビジネスを生み出す、この絶好の機会を見逃すなよ。)

117 □ **move up** 昇進する、繰り上げる（≒ **increase, advance**）
It is not so difficult for women to **move up** within the company.
(女性がその会社で昇進するのは、それほど難しくはない。)
ポイント move up the schedule from A to B（予定をAからBに繰り上げる）も覚えておこう。

118 □ **narrow down** 絞り込む（≒ **reduce the number of possibilities**）
The leading party is **narrowing down** the candidates for the general election.
(与党は、総選挙のための候補者を絞り込んでいる。)
ポイント boil downは「煮詰める、煮詰まる」。

119 □ **opt for** 選択する（≒ **choose, pick out**）
Some travelers **opt for** train travel, giving top priority to safety.
(安全を最優先にして、列車の旅を選択する旅行者もいる。)
ポイント optionからもわかる。この反対にopt out of～は「～を見合わせる」。

120 □ **part with** 手放す、売り払う（≒ **give up, dispose of**）
The family had to **part with** its estate to pay off the debt.
(家族は、借金を清算するために不動産を手放さなければならなかった。)
ポイント with（～と）＋part（別れる、分ける）から来た表現。

121 □ **pass around** 順々に回す（≒ **offer to each person in a group**）
The town people **passed around** a petition to attract companies.
(町民は、企業を誘致するために請願書を回していた。)

OVER の必須句動詞 Top10 マスター!
「越」「覆」→ 超えて・渡す・覆う・優先する・繰り返しをイメージ

- [ ] **carry** the agenda item **over to** the next meeting
　　その議題項目を次の会議に持ち越す
- [ ] **get over** the cold　　風邪が治る
- [ ] **go over** the document　　書類を見直す
- [ ] **hand** [**make, sign**] **over** the property to his son　　息子に土地を譲る
- [ ] **walk over** individuals　　個人の権利を踏みにじる
- [ ] **run over** the budget　　予算を超える
- [ ] **tide over** the difficulty　　困難を乗り越える
- [ ] **pull over** at the corner　　その角に車を止める
- [ ] **stop over** in San Francisco　　途中でサンフランシスコに寄る
- [ ] **take over** the company　　その会社を乗っ取る

FOR の必須句動詞 Top10 マスター!
「片方」「双方向」に向かう → 予定・原因・基準をイメージ

- [ ] **call for** a strike　　ストライキを求める
- [ ] **cover for** the staff　　スタッフの仕事の代わりをする
- [ ] This purse **goes for** $50.　このハンドバッグは 50 ドルで売られている。
- [ ] **head** [**make**] **for** the exit　　出口に向かう
- [ ] **root for** the team　　そのチームを応援する
- [ ] **make for** good relationships　　よい関係を生み出す
- [ ] **opt for** the chemotherapy　　化学療法を選ぶ
- [ ] **settle for** the second best　　次善の策で妥協する
- [ ] **take** me **for** a fool　　私をバカにする
- [ ] **fall for** the trick　　トリックにだまされる

第6章　最重要句動詞を完全マスター!

第30日
句動詞・リスニング問題スコア UP に不可欠な最重要句動詞を完全マスター！ 4

122 ☐ **pass away** 死ぬ（≒ die）
My grandfather **passed away**, leaving behind a large fortune.
（祖父は多くの財産を残して亡くなった。）
ポイント die の婉曲表現。pass out は「気絶する」でこれも重要。

123 ☐ **pass down** 伝える（≒ hand down）
The traditional culture has been **passed down** from generation to generation.
（その伝統文化は世代から世代へと伝えられています。）
ポイント down は「ずっと残る」。

124 ☐ **pass for** 通用する（≒ be accepted as）
You could **pass for** 10 years younger than you really are.
（実際よりも10歳若く言っても通用するよ。）
ポイント for（〜用に、として）＋ pass（通る）からなった表現。

125 ☐ **pass on** 伝える、（病気を）うつす（≒ hand on, give）
The elderly sometimes **pass on** their life's lessons to the young.
（年配者は、時折人生の教訓を若者に伝えています。）

126 ☐ **pass out** 意識を失う、配る（≒ lose consciousness, black out）
I almost **passed out** when I saw my child bleeding from her head.
（子供が頭から血を流しているのを見て、卒倒しそうになった。）

127 ☐ **pass over** 無視する（≒ ignore）
It is very wise of you to **pass over** those insulting remarks.
（あの侮辱的な発言を無視するのは非常に賢明です。）
ポイント be passed over for promotion（昇進を見送られる）は必須表現。

128 ☐ **pass up** 見送る（≒ miss out on, turn down）
I had to **pass up** the chance to go to college due to a lack of funds.
（お金がないために、大学に行く機会を見送らなければならなかった。）
ポイント pass up はうっかり逃す miss と違って意図的にパスすること。

129 ☐ **pay down** 頭金を支払う、長期返済する（≒ put down）
I have to **pay** $1000 **down** on the house as soon as possible.

（できる限り早く、家の頭金1000ドルを支払わなければならない。）

130 □ pay off うまくいく、報われる、完済する（≒ **be successful**)
All our hard work will **pay off** when you get a big contract.
（我々のあらゆるハードワークは大口契約を取れた時に報われるだろう。）
ポイント pay off（返済を終える）から「報われる」となった表現。

131 □ phase out 段階的に廃止する（≒ **stop using gradually**）
The government plans to **phase out** nuclear plants over the next three decades.
（政府は向こう30年間で原子力発電を段階的に廃止する計画である。）
ポイント phase（段階的に）out［down］（なくなる）こと。

132 □ pick up 回復する、買う、ナンパする、逮捕する、覚える、（車で）拾う（≒ **look up, buy, arrest, learn**）
The company president announced that its performance was **picking up**.
（社長は、業績が回復しつつあることを発表した。）
ポイント 意味が20以上ある最重要多義表現で、会話で非常によく使われる。

133 □ play down 軽く扱う、見くびる（≒ **make little［light］of**）
The hospital tried to **play down** the severity of the medical malpractice.
（病院は、医療過誤を深刻ではないように見せようとした。）
ポイント この反対に play up は「吹聴する、のろける」。

134 □ play up 強調する（≒ **emphasize, stress**）
The governor tried to **play up** the benefits of creating state-run casinos.
（知事は、公営のカジノを持つ利点を強調しようとした。）

135 □ be pressed for 〜に追われる（≒ **be pushed for**）
I'm **pressed for** time to meet the deadline of the project.
（プロジェクトの締め切りに間に合わせるために、時間に追われている。）
ポイント be pressed for work は「仕事に追われる」。

136 □ prop up 支える（≒ **hold［shore］up, support**）
The government is **propping up** the failing bank to avert a financial crisis.
（政府は、金融危機を回避するために経営難の銀行を支えている。）
ポイント prop は「支え、小道具」の意味。

137 □ pull over （車）を片側に止める（≒ **pull up, pull in**）
The policeman ordered the driver to **pull over** for speeding.

（スピード違反のため、警察官は運転手に車を片側に寄せて止めるように命じた。）

ポイント 乗り物が馬車だった時の名残でpullが使われている。

138 □**pull through** 切り抜ける（≒ come［get］through, get over, ride out）
The company managed to **pull through** the recession by restructuring itself.
（会社はリストラをして、どうにか不況を乗り切った。）

ポイント ぐいっと引っ張ってthrough（通り抜ける、終える）の発想から生まれた力強い表現。

139 □**pull together** 協力する、まとめる（≒ work［hold, hang］together）
If we all **pull together**, we'll find a solution to the problem.
（みんなが協力すれば、問題への解決法を見つけられるだろう。）

140 □**pull up**（車を）止める、引き寄せる（≒ pull over, pull in）
The taxi drivers **pulled up** in front of the new condominium.
（タクシー運転手は、新しいマンションの前で車を止めた。）

ポイント pull inは「到着する」の意味も重要。

141 □**put away** 片づける、蓄える（≒ clean away）
He closed his notepad and **put** his pen **away** in his chest pocket.
（彼はメモ帳を閉じて、胸ポケットにペンを入れた。）

142 □**put down** 批判する、鎮圧する、書き留める（≒ criticize, write down, suppress）
The riot police were dispatched to **put down** the political disturbance.
（政治的混乱を鎮圧するために機動隊が派遣された。）

143 □**put off** うんざりさせる、延期する（≒ turn *somebody* off, postpone）
His rude manners at the restaurant **put off** many customers around him.
（レストランでの彼の不作法は、周囲の多くの客をうんざりさせた。）

ポイント 前者の意味は、精神的にoff（中止）にさせるから来たもの。

144 □**put on** ふりをする、かつぐ、上演する、装う（≒ pretend, present, assume）
When asked about the half-eaten cake, all the children **put on** an air of innocence.（半分食べられたケーキについて尋ねると、子供たちはみな知らんぷりをした。）

ポイント 「仮面をかぶる」イメージ。

145 □**rack up** 獲得する（≒ accumulate, collect）

The company has been **racking up** huge profits through overseas trade.
(会社は、海外取引で巨大な利益を上げ続けている。)
ポイント 得たものをラックに入れるイメージ。

146 □ **rake in** もうける（≒ gain, obtain）
The store has been **raking in** money since it released a new product.
(その店は新製品を発売してから大もうけしている。)
ポイント rake（熊手）で中に取り込むところから来た表現。

147 □ **rip off** 法外な値段を要求する、盗む（≒ overcharge, steal）
I once got **ripped off** for a piece of junk on an online deal.
(かつて、オンライン取引のガラクタ購入でぼったくられた。)
ポイント It's rip-off.（ぼったくりだ。）のように名詞でもよく使う。

148 □ **root for** 応援する（≒ cheer for, cheer on）
I'm **rooting for** a young boy who is struggling for the championship.
(選手権に挑戦している少年を応援している。)
ポイント リスニング問題で重要な表現。

149 □ **round up** 逮捕する、寄せ集める、(数字を)切り上げる（≒ pick up, pull in）
The police are going to **round up** a gang of drug dealers.
(警察は、麻薬取引の一味を一斉検挙する予定である。)
ポイント round downは「切り捨てる」、round offは「四捨五入する」。

150 □ **rub in** しつこく言う（≒ repeat）
Don't **rub in** the fact that I was dumped by her.
(彼女にフラれたことをしつこく言わないで。)
ポイント 「こすり込むように言う」から来た表現で、くどくどと批判する人に対して、You don't have to rub it in.（そんなにしつこく言わなくてもいいじゃない。）とよく言う。

151 □ **rule out** 除外する、妨げる（≒ exclude, preclude）
The police couldn't **rule out** the possibility that he was a suspect.
(警察は、彼が容疑者であるという可能性を除外できなかった。)
ポイント 「アウトであると裁定する」から来た表現で、rule out the possibility [need]（可能性［必要性］を除外する）のフレーズでよく使われる時事表現。

152 □**run down** けなす、こき下ろす、ひき倒す、突き止める（≒ criticize, knock down, discover, reduce）

The boss is always **running down** his subordinates even in front of customers.（その上司は顧客の前でさえも、いつも部下をけなしている。）

ポイント run downは「ぼろくそに言う」、put downは「こきおろす」感じ。

153 □**run up** （借金を)ためる、急増する、(旗を)掲げる（≒ pile [rack] up）

Because of the prolonged recession, the company **ran up** a huge debt.（長引く不況のために、その会社は多額の借金をためてしまった。）

ポイント「ためる」といっても、借金はrun up a debt, 家事はhousework is piling up, ほこりはgather [collect] dustと変わっていく。

154 □**see through** 見通す、最後までやり通す（≒ understand, carry through）

I can't make a poor excuse to her because she can easily **see through** me.（彼女は私のことを即お見通しだから、下手な言い訳はできません。）

155 □**set back** 遅らせる、妨げる（≒ hold back [off], cost）

The ruling party's defeat in the election will **set back** the process of political reform.（与党の選挙での敗北は、政治改革の進行を遅らせるだろう。）

ポイント hold backと同じ「遅らせる」という用法以外に、set you back $100（100ドルかかる）があるが、「お金がかかる」のも足を引っ張るという発想から来ている。

156 □**set in** 始まる（≒ start, begin）

I take an injection against influenza every year before it **sets in**.（インフルエンザが流行る前に毎年予防注射をしています。）

ポイント 不快なこと［気持ち］が始まる時に用いる。

157 □**set off** 引き起こす、出発する、目立たせる（≒ bring about, touch off, set out）

The news that stock prices took a nosedive **set off** widespread panic.（株価が暴落したというニュースは、広範囲に及ぶパニックを引き起こした。）

ポイント「花火を打ち上げる」もこの表現を用いて、set off fireworksと言える。

158 □**settle down** 落ち着く、定住する、取り組む（≒ calm [quiet] down）

The political situation **settled down** after years of bitter civil strife.（数年間の激しい内戦の後で、政情が落ち着いた。）

159 □ **settle for** 手を打つ、妥協する（≒ agree [consent] to, comply with）
The customer demanded a full refund, but **settled for** a substitute of comparable value.（その客は全額の返金を求めてきたが、同等の価値の代替品で妥協した。）
ポイント この商品で妥協する、次善の策で行くという場合に、この表現を使って settle for the product [second best] のように言う。

160 □ **shake off** 回復する、～から逃れる（≒ get rid of, get over）
It took me a couple of weeks to **shake off** the bad cold.
（悪い風邪が治るのに数週間かかった。）
ポイント 「振るい落とす」から「取り除く」となった表現。

161 □ **shake up** 刷新する、動揺させる（≒ shock, reform）
The company's plan to **shake up** the salary system caused anxiety among many workers.（給与体系を改革するという会社の計画は、多くの労働者を不安にさせた。）
ポイント up を down に変えると、shake down（恐喝する、徹底的に調べる）という意味になる。

162 □ **shape up** 行儀よくする、進展する（≒ improve one's work or behavior）
The school teacher asked her students to **shape up** during the summer holidays.（学校の先生たちは生徒たちに、夏休み中は行儀よく振る舞うように求めた。）
ポイント 日本語のシェイプアップ（体形、体調を整える）と違って、「襟元を正す」に近い。

163 □ **shop around** 見て回る（≒ comparison-shop）
My friend advised me to **shop around** for the best item before purchasing.
（友人は、購入する前に一番良い商品を店で見て回るようにアドバイスしてくれた。）

164 □ **shy away from** ～を尻込みする（≒ shrink from）
The firm **shied away from** the deal in order to avoid a budget overrun.
（その会社は予算超過を避けるために、その取引から手を引いた。）

165 □ **single out** 選び出す（≒ select, pick out）
The corporate chief executive **singled** her **out** as a sales manager.
（その企業の最高責任者は、彼女を営業部長として選び出した。）

ポイント 日本語の「白羽の矢を立てる」、「槍玉に挙げる（single ~ out for ridicule）」は、この句動詞を用いて表現できる。

166 □ **size up** 判断する（≒ evaluate）

We have to **size up** the economic situation before marketing new products.
（新製品を売り込む前に、経済状況を判断しなければならない。）
ポイント「サイズを測る」から「判断、評価する」となった表現。

167 □ **sleep on** 一晩寝て考える（≒ think over, kick around）

Let me **sleep on** your proposal and I'll get back to you tomorrow.
（オファーについて一晩考えさせてください。明日までにお返事します。）
ポイント これは覚えやすい！

168 □ **smooth out** 障害を除く（≒ straighten out, iron out）

The summit meetings are expected to **smooth out** the trade friction between Japan and the U.S.（首脳会談は日米の貿易摩擦の障壁を取り除くことが期待されている。）
ポイント「しわを伸ばす」から「障害を取り除く」となった表現。

169 □ **soak up** 吸収する（≒ absorb, suck in）

The primary school children **soak up** a lot of knowledge like a sponge.
（小学生は、スポンジのように知識を吸収する。）

170 □ **sort out** 解決する（≒ clear up, iron [work] out）

It is not easy for many countries to **sort out** the pension problem.
（多くの国々にとって、年金問題を解決することは簡単ではない。）
ポイント「完全に（out）仕分ける（sort）」から「整理する、まとめる、解決する」となった表現。

171 □ **spell out** 詳細に説明する（≒ explain, make clear）

The parties concerned must **spell out** every detail in the contract.
（当事者は、契約の細かい点まで詳細に説明しなければならない。）
ポイント「スペルを全部書く」から「逐一説明する」となった表現。

172 □ **spring up** 急に出現する（≒ crop [turn] up）

Large retail stores have been **springing up** in suburban areas.
（大型小売店が都市郊外で次々と誕生している。）
ポイント spring（泉）のように湧き出るイメージ。

173 □ **step up** 強化する（≒ beef [build] up）

The government is **stepping up** its efforts to curb CO_2 emissions.
(政府は、二酸化炭素の排出を抑える取り組みを強めている。)
ポイント 一歩(step)一歩上がっていくイメージで、step up security [production, campaign]のように用いる。

174 □ **stir up** かきたてる（≒ **work up, whip up**）
The death penalty is still **stirring up** a controversy among religious and political leaders.（死刑制度は、いまだに宗教や政治の指導者の間で論争を引き起こしている。）
ポイント stir（かきまぜる）→「かきたてる」となった表現。

175 □ **straighten out** 解決する（≒ **sort [iron, smooth] out, clear up**）
The new administration needs to **straighten out** the financial problems swiftly.
(新政権は、財政問題を速やかに是正する必要がある。)
ポイント「真っすぐに伸ばす」から「困難、誤解を取り除く」となった表現。

176 □ **take after** 似ている（≒ **resemble, look like**）
She **takes after** her mother with her blond hair and blue eyes.
(彼女は金髪と青い目が母親譲りである。)
ポイント 家族の年上のメンバーに似ている場合に用いる表現。

177 □ **be taken aback** びっくりする（≒ **surprised, astonished**）
The minister **was taken aback** at rude questions at the press conference.
(大臣は、記者会見での失礼な質問に驚いてしまった。)
ポイント 驚いて後ろに吹っ飛ぶイメージ。

178 □ **be taken in** だまされる（≒ **be deceived [fooled] by, fall for**）
Don't **be taken in** by a slick salesperson again.
(二度と口先巧みなセールスマンにだまされてはいけませんよ。)
ポイント「取り込まれる」→「だまされる」となった表現。

179 □ **take on** 雇う、引き受ける、帯びる、挑戦する（≒ **hire, employ**）
The store will be **taking on** extra staff members for the busy season.
(その店は繁忙期に、スタッフを追加で雇うことにしている。)
ポイント take on the meaning（その意味を持つ）、take on the job（その仕事を引き受ける）、take on the authorities（当局と対決する）のように幅広く使える。

180 □ **take to** 習慣になる、好きになる（≒ **like, indulge in**）

My father has **taken to** drinking since he lost his job.
（父は、職を失ってから酒びたりになっている。）
ポイント take（加える）＋to（ひっつく）から「好きになる」となった表現。

181 □ **take up** 始める、取る、受け入れる（≒ **start, consume, resume, accept**）
He **took up** the piano when he was an elementary school student.
（彼は、小学生だった頃にピアノを始めた。）

182 □ **tap into** （情報などを）利用する、進入する（≒ **use, capitalize [draw] on**）
The government needs to help jobless people **tap into** job opportunities.
（政府は失業者が雇用の機会を利用できるように手助けする必要がある。）
ポイント tap（栓を抜いて）＋into（中へ入る）から「利用する、進入する」となった表現で、tap into the database [network, resources, market] と幅広く使える。

183 □ **tell off** ひどく叱る（≒ **bawl [chew] out, call down, come down on**）
The teacher **told off** the student for failing all the subjects.
（先生は、全ての教科で落第点を取ったことでその生徒をひどく叱った。）
ポイント off（中止する）ように tell（きっぱり言う）から「叱る」となった表現。

184 □ **tell on** 悪影響を与える、こたえる、密告する（≒ **affect, inform on**）
The irregular working hours were beginning to **tell on** several workers' health. （変則的な勤務時間が、何人かの労働者の健康にこたえ始めている。）
ポイント tell（命じる）＋on（影響を与える）→「こたえる」となった表現。

185 □ **tide over** 乗り切る（≒ **get over, get [pull] through, ride out**）
The bank loan enabled the family-run company to **tide over** financial difficulties. （銀行融資によって、家族経営の会社は資金難を乗り越えることができた。）
ポイント サーフィンのように「潮流」を乗り越えることから来た表現。

186 □ **touch on** 〜に触れる（≒ **mention briefly**）
The report **touches on** the issue of long exposure to a computer screen.
（レポートは、コンピュータ画面に長時間さらされることの問題に触れている。）
ポイント この反対に「詳しく［長く］述べる」は、elaborate [dwell] on。

187 □ **touch up** 修正を加える（≒ **fix [do] up, improve**）

The damaged part of the picture was **touched up** for display at the museum.
(美術館で展示するために、絵の損傷部分は修正された。)
ポイント touch（手をつけて）＋up（仕上げる）イメージ。finishing touchは「最後の仕上げ」の意味。

188 □ **track down** 見つけ出す（≒ **find [sniff, smell] out**）
The police made all-out efforts to **track down** the criminal's hideout.
(警察は、犯罪者のアジトを見つけ出すために最大の努力をした。)
ポイント track（追跡する）＋down（本気で）→「見つけ出す」となった表現。

189 □ **turn around** 好転させる、態度を変える（≒ **improve**）
A new CEO was brought in to **turn** the ailing company **around**.
(新しい最高経営責任者が、業績不振の会社を立て直すために迎え入れられた。)

190 □ **turn in** 提出する、自首する［通報する］、寝る（≒ **hand in, retire, sell out**）
You will be required to **turn in** an application to participate in the program.
(プログラムに参加するために申込書を提出することが必要となります。)
ポイント 「～の方に入れる、向きを変えて入る」から上記の意味が生まれた多義表現。

191 □ **turn to** 頼る、～に変わる（≒ **depend [rely, count] on**）
When I was broke, I didn't know who to **turn to**.
(一文無しだった時、誰を頼りにしていいのかわからなかった。)
ポイント 「～の方へ向きを変えてto（ひっつく）」→「頼る」となった表現で、turn [look] to him for help [advice]（助け［助言］を求めて頼る）のように用いる。

192 □ **verge on** ～にほとんど等しい（≒ **border on, be very close to**）
The climbers **verged on** panic when they were stranded in the mountain.
(登山家たちは山で遭難した時、パニック寸前であった。)
ポイント 名詞形 on the verge [brink] of extinction（絶滅寸前）も重要。

193 □ **walk out** ストライキをする、退場する（≒ **go on strike**）
Many workers **walked out** on strike to protest their unfair treatment.
(多くの労働者が、不当な待遇に抗議するためにストライキを決行した。)
ポイント 「抗議して出て行く」→「ストライキする」になった表現。

194 □ **wear off** 徐々に消えていく（≒ go [wear] away）
He became very drowsy because the effect of the drug didn't **wear off**.
（薬の効果が徐々に消えていかなかったので、彼は非常に眠くなった。）
ポイント 「すり減る」→「効果・痛みが薄れる」となった重要表現。

195 □ **wear out** 摩耗する、疲れ果てさせる（≒ wear down [away]）
The car engine is starting to **wear out** due to poor maintenance.
（車のエンジンが、整備不良のために摩耗し始めている。）
ポイント wear out my welcomeは「長居して嫌われる」という意味の重要表現。

196 □ **wind up** 結局～になる、終える（≒ end up, turn out to be）
Many employees may **wind up** losing their jobs due to the lingering recession.（長引く不況のために、多くの従業員が仕事を失うはめになるかもしれない。）
ポイント 「ねじを全部巻いて」→「終える、結局～となる」となった表現で、wind up broke（無一文となる）のように使える。

197 □ **wipe out** 壊滅させる、消去する（≒ destroy, eliminate, root [take] out）
Most of the towns were **wiped out** by the unprecedented earthquake.
（ほとんどの町が、未曾有の地震によって壊滅した。）
ポイント 「拭き取る」から「全滅させる」となった表現で非常に良く用いられます。

198 □ **work out** 考え出す、計算する、解決する（≒ become successful, calculate, solve）
We need to **work out** the details of this plan at today's meeting.
（今日の会議で、この計画の詳細を練り上げる必要がある。）

199 □ **wrap up** 終える、身を包む（≒ finish [round] off, wind up）
Let's **wrap up** today's work and go drinking at a bar.
（今日の仕事は終わりにして、バーへ飲みに行こう。）
ポイント 「包んでしまう」→「終わらせる」となった表現。

200 □ **write off** ～を（ダメだと）みなす、借金を帳消しにする（≒ dismiss, cancel）
Many citizens **wrote off** the public work as a waste of money.
（多くの市民たちが、その公共事業をお金の無駄とみなした。）
ポイント write off the debt [cost]（借金を帳消しにする [費用を経費で落とす]）のようにビジネスで用いられる。

OFFの必須句動詞 Top14 マスター!
「離」→ 離れる・発する・放つ・減る・済ませるをイメージ

- □ **call off** the baseball game　野球の試合を中止する
- □ **doze off** to sleep　眠りに落ちる
- □ The alarm **went off**.　アラームが鳴った。
- □ **let off** steam　憂さを晴らす
- □ **live off** my parents　親のスネかじりをする
- □ **kick off** a game　試合を始める
- □ **work off** stress　ストレスを発散させる
- □ **shake off** a cold　風邪が治る
- □ His attitude **turned** me **off**.　彼の態度にはうんざりした。
- □ **pull off** a trick　いたずらをしでかす
- □ **tell** him **off** for being late　遅刻したことで彼を叱る
- □ The growth started to **level off**.　成長が横ばいになり始めた。
- □ The medicine is **wearing off**.　薬の効き目が切れてきた。
- □ **write off** my debt　借金を帳消しにする

AROUND の必須句動詞 Top10 マスター!
「回」→周りを回って・避けるをイメージ

- [ ] **bring** him **around to** my opinion　彼を説得して意見を変えさせる
- [ ] **get** [**skirt**] **around** the problem　その問題を回避する
- [ ] cannot **get around to** studying Chinese　中国語を勉強する時間がない
- [ ] She's **coming around**.　彼女は意識が戻ってきている。
- [ ] **stick** [**hang, sit**] **around** for a while　しばらくそこにいる
- [ ] **turn** the economy **around**　経済を好転させる
- [ ] **kick around** a plan　計画をあれこれ検討する
- [ ] **pass around** a document　書類を回覧する
- [ ] **push** [**boss**] him **around**　彼をこき使う
- [ ] **shop around** for insurance　保険を見て回る

その他の必須句動詞 Top30 マスター！

- **get away from** the old idea　その古い考えを捨てる
- **give away** the secret　秘密をばらす
- **pass away** at the age of 95　95歳で亡くなる
- **run away from** my responsibilities　責任を逃れる
- **stay [keep] away from** cigarettes　タバコを控える
- **bounce back from** the shock　ショックから立ち直る
- **cut back (on)** expenses　支出を切り詰める
- **hold back** my tears　涙を抑える
- **take [draw] back** his statement　発言を撤回する
- **fall back on** my family　家族に頼る
- **go back on** his promise　約束を破る
- **abide by** the rules　規則に従う
- The ticket is hard to **come by**.　そのチケットは入手困難だ。
- **get by on** a small income　わずかの収入で何とか生活する
- **go by** the name of Max　マックスという名前で通っている
- **stand [stick] by** his opinion　意見を曲げない
- The project **fell through**.　プロジェクトは失敗した。
- **pull [get, come] through** the crisis　危機を乗り越える
- **go through** the document　文書を調べる
- **go along with** the crowd　多数派の意見に従う
- **play along with** the boss　上司に合わせる
- What are you **driving at**?　何が言いたいのですか？
- **jump at** the chance　チャンスに飛びつく
- **Keep at** it!　あきらめずに頑張れ！
- **run [bump] into** a classmate　クラスメイトと偶然出会う
- **come into** a fortune　財産を受け継ぐ
- **eat into** my savings　貯金に食い込む
- **break into** the house　家に侵入する

- **amount to** nothing　無意味である
- **cater to** consumers' needs　消費者のニーズに応える

句動詞クイズにチャレンジ

●各文の空所に入る適切な表現を下から選び、正しい形に直してください。

1. Because of the prolonged recession, the company (　) a huge debt.
2. I have to (　) $1000 (　) on the house as soon as possible.
3. Let's (　) any long speeches or formalities at the party.
4. Many citizens (　) the public work as a waste of money.
5. My computer (　) due to infection by a malicious virus.
6. The bank loan enabled the family-run company to (　) financial difficulties.
7. The consumer groups (　) a moratorium on the sales of GM foods.
8. The boss (　) me and told me what she thought about the plan.
9. The experienced soccer coach always (　) the best in players.
10. The company (　) the prices on all its services to make up for the revenue decline.
11. The company tried to (　) the problem of rising labor costs by outsourcing.
12. The government has been (　) ailing banks to avert the economic crisis.
13. The government needs to (　) an effective economic policy.
14. The increasing labor costs are (　) the company profits.
15. The labor union and the management (　) an agreement on conditions.

---

act up, bail out, bring out, call for, dispense with,
eat into, get around, hammer out, jack up, level with,
map out, pay down, run up, tide over, write off

解 答

1. ran up 2. pay down 3. dispense with 4. wrote off 5. acted up
6. tide over 7. called for 8. leveled with 9. bring out
10. jacked up 11. get around 12. bailing out 13. map out
14. eating into 15. hammered out

日本語訳

1. 長引く不況のために、会社は多額の借金を溜めてしまった。
2. できる限り早く家の頭金1000ドルを支払わなければならない。
3. パーティでは長たらしいスピーチや堅苦しいことは抜きにしましょう。
4. 多くの市民たちがその公共事業をお金の無駄とみなした。
5. 悪質なウィルスに感染したため、コンピューターの調子が悪くなった。
6. 銀行融資によって家族経営の会社は資金難を乗り越えることができた。
7. 消費者グループは遺伝子組み換え食品の販売の一時停止を求めた。
8. 上司は私に正直にその計画に関する意見を述べた。
9. 経験のあるサッカー監督は常に選手の最もよいところを引き出している。
10. 会社は収益減を埋め合わせるために全サービスの値段を引き上げた。
11. 会社はアウトソーシングによって上昇する人件費の問題を回避しようとした。
12. 経済危機を回避するために政府は経営難の銀行を救済している。
13. 政府は効果的な経済政策の詳細な計画を立てる必要があります。
14. 増加していく人件費が会社の利益に食い込んでいます。
15. 労働組合と経営者側は徹底的に議論して労働条件の合意に至った。

正答数

14問以上 ― 準1級レベルの句動詞をほぼ完璧にマスター！

12問　　― もう一歩で準1級レベルの句動詞をマスター！
　　　　　もう一度復習しておきましょう！

10問　　― まだまだ安定しているといえないので、十分に
　　　　　リプロダクション・シャドーイングトレーニングを
　　　　　するなどもっと繰り返し句動詞をマスターしましょう！

8問以下 ― まだまだうろ覚えの句動詞が多いので
　　　　　準1級レベルのボキャビルに再チャレンジ！

索引

英語索引

a

abbreviate	186
abide	104
abortion right	284
abound	104
abreast	104
abrupt	48
absolute dictatorship	256
abstain	104
abstention rate	257
abstract	20
absurd	20
acceptance letter	261
acclaim	105
accommodate	20
accommodation charge	288
account for	294
accumulate	48
acid rain	277
acknowledge	20
acquaint	20
activate	105
act up	294
acute disease	284
add up	294
adequate	21
adhere	21
adjacent	186
admirable	21
admonish	186
adolescent	48
adorable	48
advance ticket	289
advent	105
adverse	48
affected	105
affiliated company	249
afflict	186
affluent	49
afforestation	277
age bracket	270
aggravate	186
agile	187
agricultural produce	278
AIDS epidemic	283
air turbulence	277
aisle seat	288
alcohol dependence	285
alert	49
alleged bribery	270
allot	187
allow for	294
allude	187
allure	106
alternative energy sources	275
alternative medicine	283
altitude sickness	284
amass	106
ambiguous	49
amiable	106
amicable	187
amnesty	258
amount to	294
ample	49
analogy	49
anatomy	106
ancestor worship	262
anecdote	107
antagonism	188
anthology	188
anthropology	188, 261
antibiotic	283
antidote	283
antipathy	49
antonym	21
apparatus	50
apparent	21
applaud	50
apprehension	107
aptitude test	249
arbitrary layoff	249
archaeology	263
ardent	107
aristocracy	50
arithmetic	50
arms smuggling	256
around-the-clock operation	249
arouse	50
artery	283
art exhibition	262
articulate	188
artificial insemination	284
asking price	249
aspiring	51
assembly plant	248
assertive	51
assets and liabilities	246
assimilate	189
associate	21
assumption	22
asteroid	278
asthma care	283
astonish	22
athlete's foot	284
atmospheric pressure	277
atoll	276
attribute	22
audience rating	289
augment	108
austerity measure	246
authentic	189
author bibliography	261
avalanche	277

b

baggage claim carousel	288
bail out	294
balance of payment	246

ballot box	257
bank on	295
ban on nuclear testing	256
barbarian	51
bar examination	261
bargaining power	256
barren	51
bashful	189
bearish market	247
bear out	295
beast	22
beef up	295
be fed up with	305
be [get] carried away	307
benign tumor	284
be pressed for	319
be taken aback	325
be taken in	325
betray	22
bewilder	51
bilateral talks	256
biodegradable materials	275
biodiversity loss	277
biomass energy	275
bird sanctuary	277
blaze	189
bleak	190
blessing	22
blink	51
bliss	108
blood donation	284
blur	108
boarding pass	288
board of directors	249
bog down	295
boil down to	295
bombing raid	256
bone marrow bank	283
boost	52
botany	52
bounce back	295
boundary	52

bow to	295
brag	108
Braille edition	261
brain drain	270
branch office	249
breach of contract	248
break in	295
breed	23
brew	52
bring off	296
bring out	296
bring somebody around	296
bring up	296
brink	109
bruise	109
brush off	296
brutal	52
bulk purchase	249
bulletin board	271
bump	283
bumper crop	277
bump into	296
bunch	52
business transaction	248

C

cabinet approval rating	257
calamity	53
call for	297
calligraphy master	262
calling	53
camper	289
candid	109
capacity	23
capacity crowd	289
capital gains	247
capricious	109
carbohydrate	275
cardboard box	289
cardiac disease	284
car exhaust	276

caricature	110
carnivorous animal	277
carpool	288
carry-on baggage	288
carry over	297
cash in on	297
casting vote	257
catastrophe	53
catch on	297
cater	190
catering company	247
cater to	297
cease	23
cease-fire agreement	256
celestial body	278
census bureau	270
centrifugal force	275
ceremonial functions	290
certified public accountant	247
cheat on	297
checks and balances / separation of powers	257
chemical fertilizer	277
cherish	53
chief executive officer	249
child molestation	269
child rearing	270
chip in	297
chronic	53
chronological order	261
circulation	271
city dwellers	270
civil war	256
clarify	56
class enrollment	261
classified ad	271
class reunion	261
claustrophobia	284
clear up	298
clerical error	250
cling	23
clumsy	23

Term	Page
clutter	110
coach class	288
coarse	110
co-education	261
coherent	110
coincide	56
cold symptoms	283
colleague	56
college tuition	261
collision	23
come around	298
come by	298
come down with	298
come into	298
commence	56
commencement	261
commendable	190
commission	248
commodity price	246
communicative competence	261
commuting time	289
compassion	111
compel	57
compile	57
complacent	190
compliment	57
complimentary beverage	289
comply	56
composure	191
comprehend	57
comprise	111
Computer Aided Design	274
Computer-Assisted Instruction	274
computer literacy	271
computer malfunction	271
conceited	58
conceive	58
concert venue	289
concur	191
condemn	58
confer	58
conference agenda	249
confidential document	256
confine	58
conflict resolution	256
conform	58
coniferous trees	278
connecting flight	288
consistent	59
conspiracy	59
constitute	59
constitutional amendment	258
consulate general	258
contemplate	59
contempt	60
contend	60
continuing education	261
contradict	60
contrive	111
convene	191
conventional	60
convert	60
convertible	289
convex lens	275
cope with	298
cordial	191
corner the market	247
corporal punishment	261
corporate takeover	247
correlation	111
correspondence course	261
cosmetic surgery	283
cough up	298
could do with	298
counterpart	112
counterterrorism measure	269
count in	299
courteous	61
courtesy call	258
cover for	299
cover up	299
coward	61
cozy	112
crack up	299
crash course	261
crash site	269
crave	112
creditor	247
credulous	192
critical mass	275
crop up	299
cross out	299
crucial	61
crust	277
cultural diversity	262
curator	289
curb	112
cutting-edge technology	274
cyber-bullying	261

d

Term	Page
daily workout	283
dairy farming	248
data transmission	271
deal in	303
death toll	269
death with dignity	269
decayed tooth	285
default in payment	246
defective	61
defective product	248
defense expenditure	258
definite	61
defy	62
deindustrialization	248
delegate	62
deliberate	62
delinquent behavior	261
demanding	113
Democratic ticket	257
demolish	192
demotion	192
denomination	246

dental clinic	283	distill	119	eat away	304
depict	113	distort	119	eat into	304
deplore	117	distract	67	eccentric	69
deserted	26	distress signal	276	economic outlook	246
desertification	276	dividend	247	editorial page	270
designate	62	divine	68	elaborate	69
despicable	117	dizzy	119	election returns	257
despot	192	do away with	303	electric appliance	289
detached	62	docile	120	electronic device	271
detective novel	263	doctrine	68	elevate	69
deteriorate	193	domesticated animals	278	eligible voters	257
detour	117	domestic drainage	277	eloquent	69
detour sign	289	dominate	26	emancipate	121
detrimental	193	dormant volcano	277	embarkation card	288
devalue	193	dormitory	261	embark on	305
devastate	197	double-digit inflation	246	embrace	121
devise	63	down payment	248	eminent	121
devour	117	downplay	197	emission trading	275
die down	303	downpour	277	empathy	197
Diet dissolution	258	doze off	303	employee turnover rate	249
digital divide	270	drain	68	enchant	69
dignity	63	drastic	68	enclose	26
dig up	303	drawback	120	encounter	26
dim	118	draw on	303	endangered species	277
diminish	63	draw up	304	endeavor	26
diplomatic immunity	258	dreadful	68	endorse	121
disabled people	283	drench	120	endow	122
disarmament talks	256	dress code	289	energy conservation	275
discard	26	drive at	304	enforce	122
discern	118	drive up	304	enhance	69
disclose	118	driveway	289	enlighten	70
discord	197	drop out	304	enrage	122
disguise	67	drought	26, 276	enrich	70
disgusting	67	drowsy	120	entitle	70
dismal	118	durable goods	290	enviable	122
dismay	67	dwell on	304	environmental degradation	278
dispatch	118			epicenter of an earthquake	276
dispense	67	**e**		equation	198
dispense with	303			equivalent	27
disposable chopsticks	290	earthquake-proof construction	270	eradicate	198
disrupt	119	ease up	304	eternal	27
dissent	197			euthanasia	284

evacuation drill	276	
evaluate	70	
evaporate	70	
eventually	27	
excavation sites	263	
exclusive interview	271	
excursion	27	
execute	27	
exert	123	
exhale	70	
exile	198	
exodus of refugees	269	
expedition	123	
expel	70	
expense accounters	250	
experimental	71	
explicit	198	
exploitation of workers	249	
expose	27	
exquisite	71	
extended family	262	
extended warranty	248	
extension number	249	
extract	71	
extraterrestrial	278	
extravagant	71	
eye strain	285	
eyewitness testimony	258	

f

fabricate	199
faculty	28
faculty member	262
fade away	305
Fahrenheit thermometer	275
faint	71
fall back on	305
fall for	305
fall out	305
fall through	305
famine	28
fascinate	123
fatigue	28
feasibility test	274
feat	123
feeble	199
feel up to	306
fermentation	275
fertile	28
feudalism	199
field study	262
fierce	71
filthy	124
final exam	262
fire extinguisher	290
first-aid kit	283
first-class car	288
fiscal policy	246
fishing vessel	270
fitting room	290
flashy	199
flat tire	289
flavor	71
flourish	71
fluorescent light	274, 290
flush toilet	290
follow through	306
food chain	278
food poisoning	285
food preservative	290
foreign exchange rate	246
foresight	124
formidable	200
formulate	124
forthcoming book	271
fortitude	200
forwarding address	247
fossil fuel	275
foster	124
fraction	125
fragile	125
fragment	125
frail	200
fret	200
frivolous	200
frown	72
frown on	306
frugal	125
fuel cell	274
full refund	249
furious	72
furnished apartment	290
fuss	126
futile	130

g

gain on	306
galaxy	278
garbage disposal	275
gaze	28
gender equality	270
generic drug	283
gene therapy	284
genetically modified foods	275
genuine	28
geology	261
geostationary orbit	278
geothermal power generation	275
get ahead	306
get around	306
get away with	307
get down to	307
get something over with	307
geyser	277
giggle	201
glass ceiling	269
glimpse	29
glisten	201
glitter	201
Global Positioning System	274
gloomy	72
glossy finish	290
go around	307

go back on	307	hedge fund	247	impair	203		
go for	308	heed	131	impartial	75		
go under	308	hereditary disease	285	imperative	75		
grade point average	261	heterogeneous society	270	impersonate	203		
graffiti	290	high-definition television	271	implicit	131		
grasp	29	high-mileage car	274	import quota	246		
gratitude	72	hinder	75	impose	30		
grave	29	historical figures	262	impromptu speech	262		
gravitational force	275	hit it off	311	impudent	204		
greedy	72	hold back	311	impulse	75		
gregarious	201	hold out	311	inaugural address	257		
grief	29	hold together	311	incentive	131		
grim	130	hold up	312	incentive program	249		
grocery store	290	hostile	29	incessant	209		
groundless	201	household chores	290	incidental	76		
grow on	308	Hubble Space Telescope	278	inclined	76		
grudge	202	human trafficking	269	incorporate	209		
grumble	202	humble	29	incumbent mayor	257		
gubernatorial election	257	humid	30	indifferent	76		
guilty verdict	258	humidity	277	indignant	132		
		humiliate	131	individuality	33		
		hunch	203	induce	132		
h		hydroelectric power generation	275	indulgent	76		
hail	277	hydrogen bomb	274	industrial complex	248		
half-life	274	hypertension	285	inevitable	76		
halt	75	hypnotic therapy	284	infectious disease	285		
hammer out	308	hypocrite	75	infer	77		
handicraft	263	hypothetical	30	infinite	132		
handling charge	249			inflammable material	277		
hand over	311			inflict	209		
hands-on training	249	**i**		in-flight meal	288		
handy	130			information retrieval	271		
hang around [about]	311	iceberg	277	infrared rays	275		
hangover	285	identity theft	271	ingenious	132		
harness	202	illicit	203	ingredient	133		
harsh	29	illiteracy rate	262	inhabitant	33		
haughty	202	immature	30	inherent	133		
haul	203	immense	30	inheritance tax	247		
haunted	130	immortal	30	in-hospital infection	285		
hazard map	276	immune therapy	283	innate	133		
head-on collision	269	immunization against influenza	283	innumerable	209		
health hazard	283			instinctive	77		

341

instruction booklet	290
insulation	274
insurance coverage	247
intact	210
intangible cultural asset	263
integrate	133
integrity	134
intelligible	210
intensify	134
intensive care unit	284
interaction	77
interactive computer shopping	274
intercultural communication	263
interdisciplinary approach	262
Internet penetration rate	271
intricate	210
intrigue	210
intrinsic	211
intrude	134
intuition	134
invaluable	134
inventory	248
investigate	33
invisible	77
iron out	312
irrelevant	211
irrigation canal	277
Islamic fundamentalism	257

j

jack up	312
jeopardy	211
jet lag	288
job applicant	249
jot down	312
jump at	312
jury system	258
justification	77

k

keep at	312
kick around	312
kick in	312
kick off	313
kick out	313
kidnap attempt	269
kitchen utensils	290
knack	212

l

lag	135
lag behind	313
lament	135
landmark event	270
land reclamation	276
land speculation	247
latitude and longitude	276
laugh off	313
lay down	313
leaflet / flier	248
leave off	313
leave out	313
leftover	135
legendary	33
legitimate	77
let off	314
let on	314
let somebody in on something	314
let up	314
level with	314
life expectancy	269
life-size statue	263
lifestyle-related disease	285
lifetime employment	250
lift-off	278
light emitting diode	274
linger	135
literacy rate	262

literary masterpiece	263
literature	33
live down	314
live off	314
live up to	315
live with	315
local anesthesia	284
local autonomy	258
lofty	212
logistic assistance	256
lost and found	290
low-income household	269
low-margin high-turnover	249
lunar module	278
luncheon voucher	249
lure	78
luxury	33

m

mail-order business	247
mainstream faction	258
major contender	258
make do with	315
make for	315
make out	315
malevolent	212
malicious	136
malnutrition patient	285
malpractice liability	284
mammal	34
mandatory education	261
mandatory retirement	250
manipulate	136
manual	34
manuscript	78
map out	315
mark down	315
markdown	249
marked	78
masculine	34
massive	78

masterpiece	34
master's degree	262
master's thesis	262
maternity leave	249
meadow	34
meager	136
meanwhile	34
measure up (to)	316
meddle	136
mediate	137
medical diagnosis	284
medieval	78
mediocre	212
meek	137
memo pad	290
memorable	78
menace	137
mend	34
mentality	213
merchandise	79
merciless	35
merger and acquisition	247
metabolic syndrome	284
metal detector	274
meteor	278
methodical	137
microorganism	278
milestone	213
military intervention	256
military junta	256
military supremacy	256
millennium celebration	263
minimize	79
minimum wage	250
miscellaneous expenses	249
mischievous	79
miserly	138
misleading	79
misplace	79
missile deployment	256
miss out on	316
mobilize	138
moisture	35
momentary	79
momentum	142
monarchy	35
monitor	35
monogamy family	270
monopolize	213
monotonous	35
monthly installments	290
monthly paycheck	248
morale	142
mortality rate	284
mortgage payment	247
motive	79
mountain range	276
move up	316
muggy	142
multiple-choice exam	262
multiply	80
mumble	80
municipal office	258
myth	80

n

nanosecond	274
narrow down	316
nasty	80
natural habitat	277
naughty	80
necessitate	80
night shift	250
nimble	213
nobility	142
nocturnal animal	278
nonrenewable energy	275
non-tariff barrier	246
nonverbal communication	263
northbound lane	289
notion	35
notorious	35
nourish	82
novelty	82
nuclear deterrence	256
nuclear holocaust	256
nuclear power generation	275
numb	142
numerous	36
nursery school	262
nursing care insurance	270
nurture	143
nutritious	82

o

obedient	36
obesity	143
obesity rate	284
objective	82
oblivion	214
obscure	82
obstinate	143
occasional	83
ocean dumping	276
office supplies	249
official development assistance	257
official language	263
offset	214
offspring	83
ominous	143
one-year warranty	248
on-the-spot coverage	271
opinion poll	270
oppressive	214
opt for	316
optimum	144
organize	36
organ transplant	284
outcome	83
outgoing	144
outlaw	144
outlive	214
outnumber	215

out-of-service train	289	
outrage	144	
outskirts	215	
outweigh	145	
overall	83	
overdo	145	
overflow	215	
overhaul	215	
overlook	36, 83	
overnight	83	
overnight delivery	250	
overrule	215	
overtake	83	
overthrow	216	
overwhelm	36	
ozone depletion	276	

p

paid holidays	249
pamper	216
paper diaper	290
paralyze	145
parliamentary system	258
part with	316
pass around	316
pass away	318
pass down	318
pass for	318
pass on	318
pass out	318
pass over	318
pass up	318
pastime	36
pathetic	84
patriotic	36
pay down	318
pay off	319
peace envoy	257
peculiar	84
peddle	216
pedestrian overpass	290

peer pressure	270
penetrate	84
per capita income	247
perceptive	217
perilous	145
periodical subscription	271
perish	84
permanent members of the Security Council	257
perpendicular	146
perpetual	146
perplex	84
perseverance	217
persistent	146
personnel cost	249
perspective	84
perspire	147
persuasive	85
peruse	217
petition	147
petroleum product	247
pharmaceutical company	248
phase	85
phase out	319
philanthropic organization	270
photosynthesis	275
physicist	85
pick up	319
pious	85
pirated edition	270
plague	37
plausible	147
play down	319
play up	319
plead	147
pledge	147
plenary convention	257
plight	217
plumbing system	290
plunge	85
plural	37
pneumonia	285

polarize	218
political arena	258
political assassination	258
political asylum	258
political contributions	269
ponder	85
population density	270
portray	85
posterity	218
post-traumatic stress disorder	285
posture	148
potent	221
potential	37
potential customer	250
power failure	276
prank call	271
preach	86
precaution	86
precede	86
precise	86
precision machinery	248
predecessor	221
prehistoric culture	263
prejudice	37
preliminary competition	262
preliminary talks	258
premise	221
preoccupy	148
prescription drug	283
presidential veto	257
prestigious university	262
presume	148
prey	86
priceless	148
procedure	86
proceed	37
proceeds of sale	249
proclaim	87
product liability suits	250
profound	87
prohibit	37

pro-life advocate	284
prolong	87
prominent	87
promising	149
promotion transfer	249
prompt	87
proofreading section	270
propaganda	149
proponent	149
propriety	221
prop up	319
prospect	149
provoke	87
prudent	150
psychiatric center	284
public hygiene	284
public prosecutor	258
pull over	319
pull through	320
pull together	320
pull up	320
punctual	38
pursuit	38
put away	320
put down	320
put off	320
put on	320

q

quaint	222
qualify	87
quest	150
questionnaire form	271
queue	150
quote	38

r

racial discrimination	269
rack up	320
radioactive contamination	276

radio wave	274
rage	88
rake in	321
rank and file	249
rash	150
ratio	88
rational	38
real-estate agent	248
reap	151
rearview mirror	288
recede	155
reckless driver	269
reckon	155
reconcile	155
rectangle	155
red-tape	258
redundant	222
refined	88
refuge	156
regional dialect	263
registered mail	271
reinforce	88
relatively	38
relevant	156
religious ceremony	263
relish	222
remainder	88
remedy	88
reminder	88
remnant	222
remote	38
render	223
renowned	156
renunciation of war	258
repeal	223
repel	156
representative	38
repress	223
reproach	223
reproductive organ	283
required courses	262
research grant	274

resent	157
reserved seat	289
residential Internet subscriber	271
resign	39
resignation letter	250
resolve	157
restrain	224
resume	90
retail outlet	248
retain	90
retirement allowance	250
reverence	224
revised edition	263
revoke	224
revolt	157
revolutionary	158
ridicule	90
rigid	39
rigorous	224
ripe	39
rip off	321
ritual	90
river basin	277
road rage	269
roam	225
roar	90
robust	225
roll book	262
root for	321
rote memorization	262
round-trip	289
round up	321
row	39
royalty income	247
rubbish	158
rub in	321
rudimentary	225
rule out	321
ruling party	257
runaway	225
run down	322

345

running mate	257	
run up	322	
rupture	158	
rural	39	
rustle	158	
rusty	158	

S

safe deposit	288	
sales quota	249	
salute	90	
sand dune	277	
sanitary	91	
sanity	159	
sarcastic	159	
satire	159	
scarce	91	
scenic spot	289	
school diploma	262	
scientific breakthrough	274	
scorn	226	
scramble	159	
scrutinize	226	
seclude	226	
secular	160	
securities company	247	
security screening	288	
seduce	226	
seeing eye dog	269	
seemingly	227	
see through	322	
seismic center	276	
seize	39	
senile dementia	285	
serene	91	
sermon	160	
set back	322	
set in	322	
set off	322	
settle down	322	
settle for	323	
severance pay	250	
sewage disposal	276	
sewage system	290	
sexual assault	269	
shake off	323	
shake up	323	
shape up	323	
shatter	91	
sheer	160	
shipping cost	248	
shiver	160	
shop around	323	
shortcoming	161	
showy	161	
shrewd	161	
shriek	227	
shudder	227	
shuttle bus	289	
shy away from	323	
simultaneous	91	
single out	323	
singular	227	
size up	324	
skeptical	91	
slam	161	
slaughter	228	
sleep on	324	
smooth out	324	
soak	161	
soak up	324	
soar	91	
sober	162	
social implications	270	
social integration	270	
soil erosion	276	
solar eclipse	278	
solar power generation	275	
sole	39	
solemn	92	
soothing	162	
sort out	324	
space debris	278	
space probe	278	
spacious	92	
spare key	290	
spark	162	
species extinction	277	
specimen	92	
spectacular	92	
spectator	92	
spell out	324	
sphere	162	
spontaneous	92	
sprain	163	
sprained ankle	285	
spring up	324	
spur	163	
staggering	228	
stake	228	
stale	228	
stall	163	
stammer	229	
stand-by fare	288	
standoff	234	
standpoint	167	
standstill	167	
staple food	269	
stark	234	
startle	93	
static electricity	274	
statistical analysis	274	
steering wheel	288	
stem	167	
step up	324	
stern	234	
stifle	234	
stipulate	235	
stir up	325	
stomach ulcer	285	
stoop	235	
stout	235	
straighten out	325	
straightforward	167	
strait/channel	276	

stray	168	
strenuous	168	
stroll	93	
stuffy	235	
stumble	168	
stun	93	
sturdy	236	
subdue	236	
sublime	168	
subsequent	169	
substantial	169	
subtle	40	
subtraction	169	
sue	169	
suffocate	236	
sullen	236	
summer retreat	289	
summon	170	
superficial	40	
superfluous	237	
supervise	93	
suppress	237	
surcharge on imports	246	
surface mail	271	
surge	170	
surpass	170	
surrender	40	
surrogate mother	270	
surveillance camera	274	
susceptible	170	
sustainable development	275	
sustenance	93	
sway	237	
swift	94	
synthesize	237	

t

table of contents	271	
tactful	171	
take after	325	
take on	325	

take to	325	
take up	326	
tale	40	
tame	40	
tap into	326	
tap water	290	
tax break	247	
tax deduction for spouse	247	
tax evasion	247	
tax revenue	247	
teaching certificate	262	
technical expertise	247	
tectonic activity	276	
tedious	171	
telephone subscriber	271	
tell off	326	
tell on	326	
temperament	171	
temporary worker	250	
tempt	172	
tenacious	238	
terminal care	284	
terminate	172	
terraforming	278	
territorial dispute	269	
the accounting department	248	
theater intermission	289	
the evolution theory	278	
the Japanese Archipelago	277	
the knowledge-intensive industry	248	
the legislative branch	258	
the Meteorological Agency	276	
the National Aeronautics and Space Administration	278	
the Northern hemisphere	276	
theology	238	
the primary industry	248	
therapeutic effect	284	
the Republican convention	257	
thermal power generation	275	
the seniority system	250	

thesis	172	
the temperate zone	276	
the textile industry	248	
the U.N. Charter	257	
the United Nations Security Council	257	
thorough	94	
thrifty	238	
thrive	40	
thrust	172	
tidal wave	276	
tide over	326	
tidy	41	
tissue regeneration	284	
token	94	
tolerate	94	
toll road	289	
topography	276	
torment	173	
torture	41	
touch on	326	
touch up	326	
tourist destination	289	
tow	173	
toxic substance	276	
track down	327	
trade liberalization	246	
trade surplus	246	
trade union	248	
traffic congestion	271	
traffic fatalities	269	
trail	173	
trainee teacher	262	
trait	173	
transaction	94	
transcend	94	
transient	174	
transitional	174	
transparent	95	
trap	41	
trash can	290	
travel itinerary	289	

347

treacherous	238
tremor	276
trespass	174
tribe	41
trifling	174
trivial	95
trustworthy	41
tuberculosis	285
turn around	327
turn in	327
turn to	327
tyranny	174

u

ubiquitous society	270
ultimate	95
ultimatum	257
unanimous	95
undercover agent	257
undergo	41
undergraduate student	262
undermine	239
undertake	41
universal care	270
universal suffrage	257
unleash	239
unprecedented	239
uphold	239
upright	95
utensil	95
utility company	290
utmost	175
utter	96

v

vaccination against measles	283
valid passport	288
vanity	175
variable	175
vast	42
vending machine	290
verge	240
verge on	327
vernal equinox	278
vertical	96
veterinary care	269
viable	240
vicinity	240
vicious circle	270
vigorous	175
virgin forest	278
visible	42
vocational school	262
voice recognition	274
volcanic eruption	277
vow	176
vulgar	176
vulnerable	176

w

wage	240
walk out	327
walkout	240
waste disposal	275
water vapor	277
wear off	328
wear out	328
weary	176
weave	177
web	96
whim	241
wholesome	241
wicked	96
wildlife preservation	277
wind power generation	275
windshield wiper	288
wind up	328
wind velocity	277
wipe out	328
withdraw	42
withdrawal of the U.S. forces	256
wither	241
withholding taxation	247
withstand	177
word-of-mouth advertising	248
work out	328
world cultural heritage	289
wrap up	328
wrinkle	177
write off	328

y

yearning	96
yen quotation	246
yen's appreciation	246

z

zeal	177

著者略歴

植田　一三
うえだ　いちぞう

英語のプロ・達人養成教育研究機関Aquaries School of Communication学長。映画英語・翻訳研究学会、時事英語・時事問題研究学会、通訳ガイド・日本文化研究学会会長。ノースウェスタン大学院・テキサス大学院(コミュニケーション学部)修了後、同大学で異文化間コミュニケーション、パブリックスピーキングを指導。英語の百科事典を10回以上読破し、辞書数十冊を制覇し、洋画100本以上の全せりふをディクテーションするという「超人的」努力を果たす。Let's enjoy the process!（陽は必ず昇る！）をモットーに、過去28年の教歴において、英検1級合格者を1500人以上、TOEIC満点突破者を80人以上、資格3冠(英検1級・通訳案内士・TOEIC960点)突破者を180名以上、ハーバード大学、プリンストン大学、UCバークレー、ロンドン大学などをはじめとする英米一流大学院合格者を80名以上育てる。主な著書に、『英検1級100時間大特訓』、『英検準1級100時間大特訓』、『英語で経済・政治・社会を討論する技術と表現』、『スーパーレベルパーフェクト英文法』、『発信型英語10000語レベルスーパーボキャブラリービルディング』、『英語で意見を論理的に述べる技術とトレーニング』（ベレ出版）、『TOEIC TESTこれ1冊で990点満点』（明日香出版社）、『英語で説明する日本の観光名所100選』（語研）、『Global Dynamics世界情勢を英語で読む』（CENGAGE Learning)などがあり、出版した著書（総計100万部突破）の10冊以上はアジア5カ国で翻訳されている。

CD BOOK 英検準1級英単語大特訓
えいけんじゅん きゅうえいたんご だいとっくん

2013年 5月25日	初版発行
2014年11月19日	第2版発行
著者	植田　一三
カバーデザイン	赤谷　直宣

© Ichizo Ueda 2013. Printed in Japan

発行者	内田　真介
発行・発売	ベレ出版 〒162-0832 東京都新宿区岩戸町12 レベッカビル TEL (03) 5225-4790 FAX (03) 5225-4795 ホームページ　http://www.beret.co.jp/ 振替 00180-7-104058
印刷	株式会社　文昇堂
製本	根本製本株式会社

落丁本・乱丁本は小社編集部あてにお送りください。送料小社負担にてお取り替えします。
本書の無断複写は著作権法上での例外を除き禁じられています。
購入者以外の第三者による本書のいかなる電子複製も一切認められておりません。

ISBN978-4-86064-353-9 C2082　　　　　編集担当　脇山和美

【CDについて】
CDのタイム：CD1　68分03秒／CD2　74分27秒
ナレーター：Howard Colefield／久末絹代
本書のCD（Disc 1とDisc 2）はビニールケースの中に重なって入っています。

【収録内容】
第1章（2級語彙）・第2章（5000語水準語彙）は、①見出し語（英語）、②1番目に掲載されているコロケーションと対訳、第3章（6000語水準語彙）・第4章（7000語水準語彙）は、①見出し語（英語）、②例文（英語）、第5章（時事英語語彙）は、①見出し語コロケーションと対訳、第6章（句動詞）は、①見出し語（英語）、②例文（英語）の順でそれぞれ収録されています。

本書の発音記号は『ジーニアス英和辞典（第3版）』（大修館書店）に準拠しています。

意見・考えを論理的に述べる英語表現集

石井隆之 著

A5 並製／定価 2520 円（5% 税込）　本体 2400 円
ISBN978-4-86064-147-4 C2082　■ 320 頁

英語で自分の意見や考えをしっかり伝えたい、という人にピッタリの一冊。ホンモノの英語力に近づくための例文集です。多彩なテーマの中から著者が実に興味深く　そして楽しく意見　考えを述べていきます。情報を伝える基礎表現から自分らしい意見の表明、話題の社会問題についての考察・議論など、例文たっぷり英語表現のコツが身につきます

英語で意見を論理的に述べる技術とトレーニング

植田一三 著

A5 並製／定価 1995 円（5% 税込）　本体 1900 円
ISBN978-4-86064-048-4 C2082　■ 312 頁

英語圏の人たちは、自分が話している相手に対して自分の意見がより強いことを示そうとします。わかりやすくて説得力のある英語のスピーキング力は英語圏の人たちとコミュニケーションするために必須のものです。本書はさまざまな社会情勢や事情に関する知識と、それらを英語で論理的に述べる表現力を養うトレーニングブックです。

国際会議・スピーチ・研究発表の英語表現

石井隆之 著

A5 並製／定価 2835 円（5% 税込）　本体 2700 円
ISBN978-4-86064-111-5 C2082　■ 328 頁

国際化と情報化の現代、英語による一歩進んだコミュニケーションをする機会が増えてきています。国内　国外を問わず、英語で会議、講演、研究発表をするという状況も珍しくなくなりました。本書は国際会議やセミナーの場で、英語で講演や研究発表をする研究者、学生、ビジネスマンのために有益な英語表現を、状況別　テーマ別にまとめた使える英語表現集です　CD2 枚付き。

資格5冠（英検1級・TOEIC990点・通訳案内士・国連英検特A・工業英検1級）突破者全国第1位

Aquaries School of Communication

HOP

英検準1級1次・2次
TOEIC 800点突破
集中講座（通学・通信）

最短距離で、準1級＆TOEIC 800点をGETし、キャリアUP！

→ 英検準1級・TOEIC800点 国連英検A級合格

STEP

通訳案内士試験合格
集中対策講座
（通学・通信）

少人数制添削指導＆カウンセリングによって確実に実力をUPさせ、合格まで徹底サポート！合格保証制度あり！

→ 英検1級・TOEIC920点 通訳案内士合格

JUMP

英検1級1次・2次試験
突破＆TOEIC満点突破
集中講座（通学・通信）

英検1級指導30年で1500人以上合格者を出した、最強のカリキュラムと＆講師陣

→ 国連英検特A級 TOEIC990点 工業英検1級合格

Ichy Uedaの最強の資格5冠突破本

- 英検1級 100時間大特訓
- 英検準1級 100時間大特訓
- 990点レベル TOEIC TEST スーパーボキャブラリービルディング
- 英語で経済・政治・社会を討論する技術と表現
- これ一冊で！日本のことが何でも話せる 英語で説明する日本の文化

☆詳しくはホームページをご覧下さい。

http://www.aquaries-school.com/　e-mail: info@aquaries-school.com

※お問い合わせ、お申し込みはフリーダイヤル　0120-858-994（えいごはここよ）